W0360895

División autonómica de España

¡vale vale!

Unterrichtswerk für Spanisch im G8 (Sekundarstufe II)

Schülerband 1

C.C. Buchner

¡vale vale!

Unterrichtswerk für Spanisch im G8 (Sekundarstufe II)

Herausgegeben von Mónica Duncker und Eva-Maria Hammer

Schülerband 1

Erarbeitet von Emilia Conejo López Lago, Mónica Duncker, Eva-Maria Hammer, Elke Hildenbrand, Irma Ochoa-Nebel, Ulrike Stömmer und Franz Trimpl-Hermann

Bildnachweis:
Oriol Brasó Campderrós, Barcelona: S. 132 (2), 133, 135 (2), 138; dpa picture alliance, Frankfurt: Umschlag, S. 10, 11 (2), 14 (2), 15, 17, 36, 50, 68 (4), 87 (4), 95, 96, 97, 102, 148 (2); Mónica Duncker, Buenos Aires: S. 49 (2), 50, 51, 157; Interfoto, München: S. 68; Marek Jarzombek, Nürnberg: S. 10, 11, 19 (2), 22, 24, 73 (2), 118, 121 (4), 140; Matthias Lederle, Nürnberg: S. 10, 11, 14, 22, 27 (6), 45, 61 (4), 64, 66, 77, 80, 87 (2), 109, 121 (2), 125 (2), 140; Mauritius, Mittenwald: S. 49, 68; Caroline Meidenbauer, Bamberg: S. 127 (2); Irma Ochoa Nebel, Bayreuth: S. 71, 77 (3); Bernd Reitberger, Roth: S. 74, 112, 131 (3), 132 (2), 133, 134 (2); Gudrun Sjödén, Stockholm: S. 133; Superbild, Unterhaching: S. 141; Franz Trimpl-Hermann, Coesfeld: S. 132, 133; Ullstein-Bild, Berlin: S. 14, 68 (4); Verlagsarchiv: S. 10 (2), 11, 14, 27, 52, 69 (2), 82, 129, 130 (3), 145 (9), 154 (2), 155 (3), 156 (3), 157 (3); Renato Villone, Buenos Aires: S. 31, 52 (2)
Kartenmaterial: Kartographie Huber, München: Vorsatz, S. 90, 128, 143; tiff.any GmbH, Berlin: S. 129

Dieses Werk folgt der reformierten Rechtschreibung und Zeichensetzung. Ausnahmen bilden Texte, bei denen künstlerische, philologische oder lizenzrechtliche Gründe einer Änderung entgegenstehen.

1. Auflage 1 5 4 3 2 2016 14 12 10
Die letzte Zahl bedeutet das Jahr dieses Druckes. Alle Drucke dieser Auflage sind, weil untereinander unverändert, nebeneinander benutzbar.

© 2008 C.C. Buchners Verlag, Bamberg
Das Werk und seine Teile sind urheberrechtlich geschützt. Jede Nutzung in anderen als den gesetzlich zugelassenen Fällen bedarf der vorherigen schriftlichen Einwilligung des Verlages. Das gilt insbesondere auch für Vervielfältigungen, Übersetzungen und Mikroverfilmungen. Hinweis zu § 52a UrhG: Weder das Werk noch seine Teile dürfen ohne eine solche Einwilligung eingescannt und in ein Netzwerk eingestellt werden. Dies gilt auch für Intranets von Schulen und sonstigen Bildungseinrichtungen.

www.ccbuchner.de

Lektorat: Caroline Meidenbauer
Illustrationen: Ylva Böhm, Nürnberg
Gestaltung: Artbox Grafik & Satz GmbH, Bremen
Druck: Creo Druck & Medienservice, Bamberg
Bindearbeiten: Stürtz GmbH, Würzburg

ISBN 978-3-7661-**6911**-2

Vorwort/Wegweiser

Liebe Schülerinnen und Schüler!

Bevor ihr mit **¡vale vale! 1** in die neue Sprache startet, möchten wir euch einige Hinweise zur Handhabung des Buches geben.

¡vale vale! ist für Schülerinnen und Schüler gedacht, die schon Erfahrung mit dem Erlernen von Fremdsprachen haben, die viel über den neuen Kulturkreis erfahren und gerne auch einmal eigenverantwortlich arbeiten möchten.

¡vale vale! bietet euch einen Sprachlehrgang in zwei Bänden an, der euch zum Niveau B1/2 nach dem Europäischen Sprachreferenzrahmen führt, das heißt dass ihr euch nach dem Durcharbeiten klar und zusammenhängend zu einer Vielzahl von Themen äußern und mit einem Muttersprachler der neuen Sprache ein flüssiges Gespräch führen könnt. Aus komplexen Texten versteht ihr die wichtigen Aussagen.

Diesen Vorgaben entsprechend sind die einzelnen Etapas gestaltet:
Sie behandeln jeweils verschiedene Bereiche sowohl aus dem alltäglichen Leben (wie z. B. das Einkaufen), als auch landeskundliche Aspekte, etwa ein Wochenende in Mexiko-Stadt.

Innerhalb der Etapas gibt es Material unterschiedlichen Anspruchsniveaus, so dass unterschiedliche Lerngeschwindigkeiten berücksichtigt werden können. Wo es möglich ist, findet ihr authentische oder nur leicht bearbeitete Texte. Am Ende der Etapas stehen Vorschläge zur Internetrecherche und zu Fächer übergreifenden Projekten.
Besondere Seiten mit Lernstrategien sollen euch dabei helfen, eure eigenen Lernfähigkeiten zu erkennen und erfolgreich zu arbeiten.
Im Buch begegnen euch außerdem folgende Zeichen:

1–2

Dieser Text liegt auch als Hörtext auf CD vor. Das Symbol kennzeichnet zudem alle Hörverstehensübungen. Die Ziffern verweisen auf die entsprechenden Tracks der Audio-CDs.

Hierbei handelt es sich um einen Lesetext.

Diese Aufgabe sollte schriftlich ausgeführt werden.

Hierbei handelt es sich um einen abgedruckten Liedtext.

Hier sollst du nicht wörtlich übersetzen, sondern frei das Wesentliche des Textes einem Gesprächspartner in der jeweils anderen Sprache mitteilen.

Hier handelt es sich um eine Partnerübung.

Hier arbeitet ihr am besten in einer Gruppe zusammen.

Zur Lösung dieser Aufgabe recherchiert ihr im Internet.

¡Ojo! Hier wird auf grammatische Phänomene hingewiesen, bei denen deutschsprachige Lernende häufig Fehler machen.

Para leer Übungen mit diesem Titel sind als fakultativ zu betrachten.

Das **¡vale vale!**-Team wünscht euch viel Spaß und vor allem viel Erfolg beim Spanisch lernen!

Inhalt

Etapa 1

España: un país en Europa

Paso 1 ¿Qué conoces? Was kennst du?

¡Ojo! Frage- und Ausrufezeichen werden immer am Anfang und Ende des Satzes oder Teilsatzes geschrieben.

7

EL INGENIOSO HIDALGO
DON QUIJOTE
DE LA MANCHA
Compuesto por
Miguel de Cervantes Saavedra

9

10

12

E 1 **Números – Zahlen**

¿Qué corresponde a cada una de las fotos?

1 uno *2 dos* *3 tres* *4 cuatro* *5 cinco* *6 seis*

7 siete *8 ocho* *9 nueve* *10 diez* *11 once* *12 doce*

Was wird auf den Fotos der vorausgehenden Seiten dargestellt?

E 2 *Escucha e identifica – Höre zu und ordne zu.*

1 2–3

- Las montañas de Sierra Nevada
- La Alhambra: un palacio árabe, Andalucía
- El flamenco - Paco de Lucía - un maestro de la guitarra
- Don Quijote de la Mancha y Sancho Panza - figuras famosas de la literatura española
- Guernica es una ciudad en el norte de España.
- Palacio de Marivent de Los Reyes de España en Mallorca
- Salamanca: una de las universidades más antiguas del mundo
- Gibraltar es territorio inglés.
- El arte de Dalí, un famoso pintor catalán, Figueras
- El Seat Ibiza es del grupo Volkswagen.
- La fábrica Chupa-Chups en Barcelona
- La arquitectura de Gaudí: la Sagrada Familia en Barcelona
- La Paella típica de Valencia
- Playas, restaurantes, bares y hoteles de la costa
- Springfield, Mango, Zara, La Coruña
- El Parque Nacional de Picos de Europa
- Turismo rural en las costas de Galicia y Cantabria
- El camino de Santiago de Compostela
- El equipo del Real Madrid, el F. C. de Barcelona
- El teatro romano en Mérida
- Los toros de Huelva
- Esquí en las montañas de Sierra Nevada
- Los volcanes en las Islas Canarias

E 3 **La pronunciación – Die Aussprache**

1 4

Escucha y escribe en tu cuaderno las palabras que faltan.
Höre den Text der CD an und ergänze die fehlenden Wörter.

ñ	ch	h	ll
señor	noche	hotel	Sevilla
?	?	?	?

ge/gi/j	ca/co/cu/qu	ce/ci/z	rr/r	b/v	y
Gijón	Colombia	?	Almería	Bolivia	Yucatán
?	?	gracias	?	?	?
Jaén	?	Zaragoza	Torremolinos	Valencia	?
?	qué	?	?	?	?

Escucha otra vez y lee en voz alta. Höre noch einmal zu und lies laut vor.

E 4 ***¿Qué es interesante en España?***

¿Qué artículos faltan? Welche Artikel fehlen? G → 1.4

¿El turismo?
El mar y __ playas de la Costa Brava y de __ Costa del Sol,
los puertos de __ Costa Brava, por ejemplo Palamós ...
Las Islas Baleares o __ Islas Canarias ...
__ discotecas, los restaurantes, los bares ...

¿El paisaje?
__ montañas en el norte (__ Pirineos y __ Picos de Europa)
o __ montañas en __ sur (__ Sierra Nevada) ...
__ costas del Mar Mediterráneo y del Océano Atlántico ...

¿Las ciudades?
En __ norte: Santander, en __ oeste: Santiago de Compostela,
en __ este: Barcelona, en __ sur: Granada y en __ centro: __

¿La cultura?
__ museo Guggenheim, __ Catedral de Santiago de Compostela,
__ Sagrada Familia en Barcelona, __ Alhambra en Granada, __ ópera ...
¡... y mucho, mucho más!

¡Ojo! de + el → del

E 5 *Wie wird der Plural der Wörter gebildet, die auf Vokal enden?*
Wie wird der Plural der Wörter gebildet, die auf Konsonant enden?
Modelo: la isla → las islas.
Suche im Text von E 2 und E 4 weitere Beispiele.

E 6 ***¿Dónde falta un acento? – Wo fehlt ein Akzent?***

CD 1, 5

Höre die Wörter auf der CD an und entscheide dann, ob sie einen Akzent benötigen. Informiere dich im Grammatischen Beiheft. G → 1.3
Atlantico – Zaragoza – Costa Blanca – tipico – Mallorca – Lanzarote – Republica Dominicana – Bilbao – Dali – Real Madrid

¡Ojo! es = ist son = sind

E 7 *Haz frases. Bilde Sätze.*

El museo Dalí	es	un museo de arte moderno.
Los volcanes de las Islas Canarias	son	atracciones turísticas.
		un pintor catalán.
		un actor de cine.
		un guitarrista famoso.
		un coche español.
		figuras literarias.
		un monumento extraordinario en Granada.
		un famoso equipo de fútbol.
		atracciones turísticas en las costas.
		una fábrica en Barcelona.
		una fábrica de coñac.
		un plato típico de Valencia.
		un maestro de la arquitectura, el arquitecto de la Sagrada Familia.

E 8 *Escribe un texto parecido sobre Alemania. Schreibe einen vergleichbaren Text über Deutschland.*

Paso 2 Hola, ¿qué tal? ... ¡Adiós!

T

1
6

E 1 ***Pronombres sujeto – Subjektpronomen***

¿Puedes completar el esquema? Kannst du das Schema vervollständigen?

	Sg	Pl
1	?	?/?
2	tú	vosotros/vosotras
3	?/ella usted*	ellos/ellas ustedes*

*Höflichkeitsform („Sie")

¡Ojo! Die Verwendung dieser Subjektpronomen ist nicht verpflichtend.
Yo soy Jaime. – Soy María.
Sie werden zur Präzisierung benutzt.

Los verbos en -ar (HABLAR)

	Sg	Pl
1	yo ?	nosotros/as ?
2	tú hablas	vosotros/as habláis
3	él/ella, usted ?	ellos/as, ustedes hablan

El verbo SER

	Sg	Pl
1	yo ?	nosotros/as ?
2	tú eres	vosotros/as sois
3	él/ella, usted es	ellos/as, ustedes son

E 2 ***Soy Maribel***

Versuche, diese Personenvorstellungen zu vervollständigen.
Alle Verbformen, die du benötigst, sind in den Beispieldialogen enthalten.

¡Ojo! Él habla alemán **e** inglés.
Kannst du erklären, was hier passiert und woran das liegt? **G → 1.16**

E 3 ***Ahora tú***

Was kannst du über dich und deine Freunde sagen? Die folgende Liste soll dir helfen. Weitere Nationalitäten bzw. Sprachen siehe S. 222 f.

alemán/alemana – español/española – italiano/italiana – inglés/inglesa – francés/francesa – polaco/polaca – ruso/rusa – turco/turca

– *Preséntate. Stelle dich selber vor.*
Yo soy __. Soy de __. Estudio en __. Hablo __ (y un poco de __).

– *Presenta a tu compañero/a. Stelle deinen Nachbarn/deine Nachbarin vor.*
¿De dónde eres? ¿Hablas francés?
Él/Ella es __. Es de __.

E 4 ***¿Quién soy? Wer bin ich?***

Ein kleines Ratespiel. Du nimmst die Identität eines der obigen Jugendlichen oder eines Klassenkameraden an, ohne den Namen zu nennen. Dein Partner muss raten. Dann tauscht ihr einfach die Rollen.
Modelo: Soy de Zamora, pero estudio en Zaragoza. Hablo español.
No hablo alemán. ¿Quién soy? – Eres Luis.

E 5 ***Palabras pequeñas – Diese vielen kleinen Wörter!***

Setze sie an passender Stelle ein.

de – de – en – es – la – no – sí – tú – es – yo

A: ¿__ dónde eres __?
B: ¿__? __ León. Pero estudio __ Salamanca.
A: Salamanca __ una ciudad en España, ¿__?
B: __. Y __ universidad __ muy famosa.

E 6 ◎1 7

A ver cuánto entiendes ya

Mal sehen, wie viel du schon verstehst …

Escucha otra vez e identifica las siguientes palabras.
Höre noch einmal den Text.

estudiante - Mallorca - Mercedes -
economía - policía - Sevilla - marido

¿Correcto o falso? – Richtig oder falsch?

1. Sie wohnt in Málaga, stammt aber aus Sevilla.
2. Sie hat drei Kinder, die alle noch zu Hause leben.
3. Das mittlere Kind ist ein zehnjähriger Junge.
4. Ihr Mann ist Polizist.
5. Eines der Kinder heißt Alicia.
6. Sie ist Hausfrau.

Estrategia: Escuchar y comprender – Hörverstehen

Um mit einem Spanier oder Lateinamerikaner sprechen zu können, musst du natürlich erst einmal begreifen, was er zu dir sagt. Wenn du die sprechende Person gleichzeitig siehst, verstehst du sie leichter, denn ihre Mimik und Gestik unterstreichen die Aussage. Bei einem reinen Hörtext aber gibt es diese Hilfe nicht.
Daher ist es ganz normal, wenn man nicht jedes Wort sofort verstehen kann, insbesondere wenn die Sprechgeschwindigkeit sehr hoch ist. Dennoch wird es dir durch regelmäßiges Üben gelingen, Hörtexte ganz oder zum größten Teil zu verstehen. Folgende Strategien können dabei helfen:

1. Vor dem ersten Zuhören
Versuche, dich auf den Inhalt bzw. das Thema des Hörtextes einzustellen. Wenn du weißt, was du heraushören willst, gelingt dir das Verstehen besser. Bei Hörtexten aus dem Lehrbuch kannst du dir für ein geleitetes Hörverstehen zuerst die Fragen zum Text ansehen. Erste Orientierung geben häufig auch die Überschrift und die einleitenden Bilder.

2. Während des ersten Zuhörens
a. Konzentriere dich vor allem auf das Heraushören allgemeiner Informationen:
- Wie viele Personen sprechen?/Von wie vielen Personen ist die Rede?
- Wie heißen sie?
- Wo und wann findet das Gespräch statt?
- Worüber wird – ganz generell – gesprochen?
- Können Stimmlage, Tonhöhe und Lautstärke des Gesprächs, aber auch Hintergrundgeräusche etwas über die Thematik/den Anlass/die Sprechsituation aussagen?

b. Versuche auch schon Details zu verstehen. Achte jedoch nur auf das, was du verstehst, nicht aber auf das, was du nicht verstehst!
c. Bei einem längeren Hörtext kann es nützlich sein, stichwortartig Notizen zu machen.

3. Nach dem ersten Zuhören
a. Tausche deine Beobachtungen mit deinen Mitschülern aus, wenn ihr gemeinsam einen Text gehört habt. Überlegt, zu welchen übergeordneten Themen die herausgehörten Details passen.
b. Überlege dir das Ziel des zweiten Zuhörens: Welche Informationen möchtest du genauer herausarbeiten? Was gilt es zu ergänzen?

4. Während des zweitens Zuhörens
a. Konzentriere dich auf die Stellen, die du nach dem ersten Hören ergänzen möchtest.
b. Versuche, unbekannte Wörter aus dem Zusammenhang heraus zu verstehen.

5. Nach dem zweiten Zuhören
Vervollständige deine Notizen und tausche dich anschließend mit deinem Nachbarn aus.

Paso 3 España: un país de contrastes

8

¡Ojo! «hay» = es gibt

T

España es un país grande con muchos contrastes. Hay ciudades grandes como Madrid, Barcelona y Sevilla. Pero también hay pueblos muy pequeños. Madrid es la capital de España. Hay ríos importantes como el Ebro, el Duero y el Tajo. Hay costas con mucho turismo, como por ejemplo la Costa Brava en Cataluña o la Costa del Sol en Andalucía. Hay montañas como los Pirineos en el norte y la Sierra Nevada en el sur. Allí también hay estaciones de esquí. El clima también es muy variado. En la costa del norte hay un clima atlántico, en el este y en el sur el clima es mediterráneo. Cataluña es una región con dos lenguas oficiales: el español (el castellano) y el catalán (el català). Otras regiones con dos lenguas son Galicia y el País Vasco. En Galicia hablan también el gallego (galego), y en el País Vasco hablan también el vasco (euskera).

ajo

ueblo pequeño:
nal del Camino

E 1 ***¿Nuevas palabras? – Neue Wörter? – und doch „alte Bekannte"***

Einige der neuen Wörter in diesem Text kannst du dir ohne große Mühe selbst erschließen. Estrategia → S. 94

contraste	ejemplo	variado
capital	estaciones	región
costas	esquí	oficiales
turismo	clima	

E 2 ***¿Qué sabes ya de la geografía española?***

Was weißt du schon über die spanische Geografie?

Sevilla Ebro Costa del Sol Pirineos Madrid Cataluña Tajo País Vasco gallego Barcelona Sierra Nevada	ser	montañas un río una región una ciudad una lengua	...	este oeste sur norte centro

E 3 *Haz frases. Bilde Sätze.*

1. España – país – grande – contrastes
2. ciudades – como – Madrid ...
3. también – pueblos – pequeños – La Nou
4. Madrid – capital
5. ríos – importantes – Ebro, Duero, Tajo
6. costas – turismo – ejemplo – Costa Brava, Cataluña, Costa del Sol, Andalucía
7. montañas – los Pirineos – norte – Sierra Nevada – sur
8. allí – estaciones – esquí
9. clima – muy – variado
10. en – costa – norte – clima – atlántico – este – sur – mediterráneo
11. Cataluña – región – lenguas oficiales – el español – el catalán
12. otras – regiones – dos – Galicia – País Vasco
13. Galicia – hablan – gallego – País Vasco – vasco

E 4 ***¿Qué hay en Europa?***

Describe el mapa. Beschreibe die Landkarte.

¿Qué países hay?
¿Con qué países limita __?

Modelo: Andorra limita con España y Francia.

La capital de España es __.

OCÉANO GLACIAL ÁRTICO
OCÉANO ATLÁNTICO
ISLANDIA
REIKIAVIK
NORUEGA
OSLO
SUECIA
ESTOCOLMO
FINLANDIA
HELSINKI
TALIN
ESTONIA
RIGA
LETONIA
LITUANIA
VILNA
R U S I A
MOSCÚ
ESCOCIA
IRLANDA
DUBLÍN
REINO UNIDO
INGLATERRA
LONDRES
MAR DEL NORTE
DINAMARCA
COPENHAGUE
MAR BÁLTICO
MINSK
BIELORRUSIA
ÁMSTERDAM
HOLANDA
BRUSELAS
BÉLGICA
LUXEMBURGO
COLONIA
BERLÍN
LEIPZIG
ALEMANIA
POLONIA
VARSOVIA
KIEV
UCRANIA
KASAKISTÁN
MAR CASPIO
PRAGA
REP. CHECA
STUTTGART
MÚNICH
PARÍS
FRANCIA
BASILEA
BERNA
ZÚRICH
SUIZA
VIENA
AUSTRIA
BRATISLAVA
ESLOVAQUIA
BUDAPEST
HUNGRÍA
MOLDAVIA
KISINAU
LIÓN
LIUBLIANA
ESLOVENIA
ZAGREB
CROACIA
RUMANIA
BUCAREST
MARSELLA
MÓNACO
ANDORRA
PORTUGAL
MADRID
ESPAÑA
BOSNIA HERZEGOVINA
SARAJEVO
BELGRADO
SERBIA
BULGARIA
SOFÍA
MAR NEGRO
GEORGIA
TIFLIS
BAKU
AZERBAYÁN
ARMENIA
EREVÁN
CÓRCEGA
ROMA
ITALIA
BALEARES
CERDEÑA
SKOPIA
MACEDONIA
TIRANA
ALBANIA
GRECIA
ATENAS
TURQUÍA
ANKARA
IRÁN
MAR MEDITERRÁNEO
ARGEL
SICILIA
TÚNEZ
CRETA
NICOSIA
CHIPRE
LÍBANO
BEIRUT
DAMASCO
SIRIA
BAGDAD
IRAQ
JERUSALÉN
AMMÁN
ISRAEL
JORDANIA
RUECOS
ARGELIA
TÚNEZ
LIBIA
EGIPTO

Paso 4 ¿Dónde está? ¿Cómo es?

1 9

T Soy gallego, de Santiago

- Y tú, ¿eres español?
- Sí, soy gallego. Soy de Santiago.
- ¡Ah, Santiago de Compostela! Una ciudad famosa con una universidad muy antigua, ¿no?
- Sí, Santiago no es una ciudad muy grande, pero es muy interesante y alegre.
- ¿Alegre?
- Claro, es una ciudad universitaria, hay muchos estudiantes y bares. También hay una catedral muy famosa, museos, monumentos ...
- ¿Y vosotros en Galicia habláis español?
- Sí, también, pero la lengua oficial es el gallego.

E 1 *Busca los adjetivos. Suche die Adjektive aus dem Text.*

¡Ojo!

una ciudad famos**a**/**un** museo famos**o**
pero
una ciudad interesant**e**/**un** museo interesant**e**

E 2 ***¿Cómo es ...? ¿Qué hay?***

Describe. Beschreibe deine Stadt einem spanischen Freund/einer spanischen Freundin.

E 3 *Combina. Kombiniere.*

atlántico, -a – bueno, -a – diferente – guapo, -a – interesante – mediterráneo, -a – oficial – pequeño, -a – típico, -a

Una chica muy __ - el clima __ - libros __ - un restaurante __ - una paella muy __ el Océano __ - paisajes __ - tres lenguas __ - un país muy _

E 4 *El verbo* ***estar*** *¿Puedes completar?* G → 1.10

1. Yo __ en la universidad. ¿Y tú? ¿Dónde __?
2. Juan y yo __ en Madrid. ¿Y vosotros? ¿Dónde __?
3. María __ en el bar y Pepe __ en la Plaza de Santo Domingo.
4. Miguel y Lola también __ en Madrid.

E 5 ***¿Dónde estás?***

⊚1 10

Haz otro diálogo.

Paso 5 Latinoamérica

Chichén Itzá

T

11–12

En el continente americano se habla español o castellano: Es la lengua oficial en diecinueve países, de México a Argentina. Pero también en los Estados Unidos hay muchísima gente que habla español.
Latinoamérica es una región extraordinaria, con muchas culturas diferentes, como los mayas en Guatemala y México, los incas en Perú, los guaraníes en Paraguay y los mapuches en Chile.
También hay gran variedad de paisajes: desde las playas fantásticas del Caribe hasta los glaciares en el sur de Chile y Argentina. Muy famosos son los parques naturales, como el Parque Tortuguero en Costa Rica, las impresionantes cataratas del Iguazú o la selva del Amazonas.
Ciudades grandes y modernas como Caracas en Venezuela, Buenos Aires en Argentina y Ciudad de México son junto a pirámides como Chichén Itzá, Teotihuacán y plazas de las antiguas culturas, características del continente americano del siglo XXI.

¡Ojo!

... hay **gran** variedad de paisajes
grande wird vor Substantiv im Singular verkürzt: **gran**

E 1 ***Preguntas sobre el texto – Fragen zum Text***

1. El español es la lengua oficial en muchos países. ¿En qué países?
2. Latinoamérica es una región extraordinaria. ¿Por qué?
3. ¿Hay también ciudades modernas?
4. ¿Qué hay en Latinoamérica?

¿Hay? – ¿Está? – ¿Es?

*Vergleiche den Gebrauch von **hay** und **estar:***

En Latinoamérica **hay** diecinueve países donde se habla español.
En Santiago de Compostela **hay** una universidad muy antigua.
En España **hay** paisajes diferentes. Madrid **está** en el centro de España.
Estamos en el restaurante.

*Vergleiche den Gebrauch von **ser** und **estar:***

El español **es** la lengua oficial en diecinueve países.
Las ciudades grandes y las plazas **son** características del continente americano.
Caracas **está** en Venezuela, y Buenos Aires **está** en Argentina.
Ciudad de México **es** la ciudad más grande del mundo.

Überlege jeweils eine Regel und überprüfe deine Hypothese im Grammatischen Beiheft. **G** → 1.11

E 2 ***¿Hay? – ¿Está? – ¿Es? – Repaso***

1. En Latinoamérica __ gran variedad de paisajes.
2. En México __ las pirámides mayas de Chichen Itzá.
3. En Perú __ las ruinas de Machu Picchu.
4. En Torre del Mar __ tres bares: El Toro, Rincón de María y La Vaca Loca.
5. También __ un restaurante: La Casa del Gallego.
6. La Casa del Gallego __ en la zona turística, pero los bares __ en el centro.
7. El español __ la lengua oficial en diecinueve países.
8. Las ciudades grandes y las plazas __ características del continente americano.
9. Caracas __ en Venezuela, y Buenos Aires __ en Argentina.
10. Ciudad de México __ la ciudad más grande del mundo.
11. Adclina y Leticia __ buenas amigas de Ana.
12. Adelina __ colombiana. Leticia __ venezolana.
13. Ahora __ en España con Ana.
14. La casa de Ana __ en Soria, en la calle Obispo Agustín.

Machu Picchu

1 13

Canción

Tengo una muñeca
vestida de azul
con su camisita
y su canesú
La saqué a paseo
se me constipó.
La tengo en la cama
con mucho dolor.

2 y 2
son 4,
4 y 2
son 6,
6 y 2
son 8
y 8,
16.

(Canción popular de España y América Latina)

Canción

A E I O U
Borriquito como tú
que no sabes
ni la u
eres tú, y tú, y tú.

(popular)

Estrategia: Pretextos para hablar – Sprechstrategien

Das Sprechen lernt man am besten, indem man spricht. Hier schlagen wir dir sechs Techniken vor, die du ausprobieren kannst, um das Sprechen zu üben, sei es mit einem Partner oder allein.

1. Allein oder mit einem Partner. Du oder dein Partner bestimmt ein Thema, zu dem du spontan mindestens zwei Minuten lang sprechen sollst. Wenn du das regelmäßig ausprobierst, hilft es dir, flüssiger in der Fremdsprache zu werden. Rede vor dem Spiegel, mit deinem Hund oder mit dir selbst. Hauptsache, du sprichst!

2. Wenn du allein bist, kannst du innere Dialoge führen. Setzte dich mit einer bestimmten Situation gedanklich auseinander und spiele das Thema mehrmals durch. Die fehlenden Ausdrücke kannst du nachschlagen. Das kannst du fast immer machen. Zum Beispiel kannst du Situationen kommentieren (Film/Video/Tagesgeschehen), deinen Tagesablauf oder deine Umgebung beschreiben; erzählen, was du gestern gemacht hast, womit du dich zurzeit beschäftigst oder was du am Wochenende machen wirst, was dir Sorgen macht, was dich freut, usw.

3. Viel besser als Selbstgespräche sind natürlich richtige Gespräche. Suche dir einen Tandem-Partner. Im Team ist jeder für den anderen Lehrer und Schüler zugleich. Frage deinen Lehrer nach Möglichkeiten oder probiere im Internet den Tandem-Service der Uni Bochum aus: www.slf.ruhr-uni-bochum.de (e-Tandem).

4. Versuche, alles Mögliche aus einem Gespräch zu entnehmen. Dafür solltest du Fragen nicht einfach mit ja oder nein beantworten, sondern Begründungen, den Hintergrund, eine Geschichte dazu bringen. Auch die banalste Frage kannst du als Anlass zum Sprechen benutzen. Und stelle auch selbst einige Fragen!

5. Manchmal hat man Angst, dass man beim Sprechen den Faden verliert, dass das Schlüsselwort zu einer Mitteilung fehlt, oder man befürchtet, in der Mitte einer grammatikalischen Konstruktion stecken zu bleiben.
   Eine gute Technik in diesem Fall ist das Umformulieren. Das stört den Gang des Gesprächs kaum. Danach kannst du um die gesuchte Übersetzung bitten und sogar manchen unbekannten Ausdruck in einer anderen Sprache einfließen lassen. Meist werden diese aus dem Kontext verstanden. Und für alle Fälle ist es gut, Ausdrücke zu lernen, die dir Zeit zum Nachdenken geben: *"En mi opinión"*, *"Lo que quiero decir es"*, *"si no recuerdo mal"*, usw.

6. Eine sehr gute Übung ist auch, Texte zu lesen oder zu hören und ihren Inhalt mündlich zusammenzufassen und wiederzugeben.

Etapa 2

Gente

Saludos

1

- Buenos días, soy Juan Pablo Benítez, de Bogotá.
- Mucho gusto[1]. Yo soy Jacinto Pérez Villalba, de Barcelona.

14–21

2

- ¡Hombre! ¿Tú por aquí?
- ¡Mariano! ¡Qué sorpresa!

3

- ¡Juana, chica! ¿Qué tal?
- ¡Hola, Merche! Muy bien, ¿y tú?

4

- ¡Hola, Belén! ¿Qué tal?
- Pues, muy bien, Quique, ¿y tú?

[1] angenehm; [2] Glückwunsch; [3] „Ist hier noch frei?"

-Hola, Lola. ¡Felicidades![2]
-¡Hombre! Pedro. ¡Gracias por venir!
Bienvenido a mi casa.

- ¡Franziska! ¡Oye, Franziska! Éste es Pedro, un amigo mexicano.
- Pedro, guapo, ¿qué tal?
- Yo, bue ..., bien, bien.

- Hola, Katrin. ¡Ay!
- Hola, Paco. ¡Perdona!

- Hola. ¿Se puede ...?[3]
-¿Y éste? ¿Quién es? Pues ...

E 1 1. *¿Cómo se saluda en otras culturas?*
Welche Begrüßungsrituale gibt es in anderen Kulturen? Informiert euch.
2. *Haced juegos de rol. Macht kleine Rollenspiele dazu.*

Paso 1 Una entrevista con Carmen

T

1 22–23

[1] me = *mich*
[2] me = *mir*

Carmen: Diga.
Álvaro: Buenos días. Me llamo Álvaro Uribe. Soy periodista. Trabajo para *El País*. Se trata de una entrevista. Preparamos un artículo sobre jóvenes en España ...
Carmen: ... y ahora me[1] quiere entrevistar.
Álvaro: Sí, eso es. ¿Me[2] permites algunas preguntas?
Carmen: ¿Son muchas?
Álvaro: No, tranquila. Son muy pocas.
Carmen: ¿Y qué tipo de preguntas son?
Álvaro: Son muy generales. No son íntimas. Buscamos a la típica joven española. ¿Empezamos?
Carmen: De acuerdo.
Álvaro: ¿Cómo te llamas?
Carmen: Carmen Cervera López.
Álvaro: ¿Y cuántos años tienes?
Carmen: Je. No son íntimas, ¿verdad? Diecinueve. Tengo diecinueve años.
Álvaro: Diecinueve. ¡Qué bien! Eres ideal para la entrevista. ¿A qué te dedicas?
Carmen: Estudio bachillerato, voy al instituto, me falta poco para terminar.
Álvaro: Muy interesante. Y luego, ¿cómo te imaginas el futuro?
Carmen: Pues, a la universidad, a estudiar filología. Los idiomas son muy importantes.
Álvaro: Sí, claro. ¿Pero no quieres casarte y tener hijos?
Carmen: Ahora no, soy muy joven para casarme y tener familia.
Álvaro: ¿Dónde vives actualmente?
Carmen: En casa de mi madre, con mi hermana.
Álvaro: ¿Y tu padre?
Carmen: Está en Francia. Trabaja allí. Nos manda e-mails, pero no nos visita mucho.
Álvaro: ¿Entonces hay sólo mujeres en tu casa?
Carmen: Sí, sólo mujeres, hombres no hay, pero está bien así.
Álvaro: ¿Tienes habitación propia?
Carmen: No, comparto una con Mar, mi hermana.
Álvaro: ¿Hay ordenador en casa?
Carmen: Sí, me interesa la informática.
Álvaro: ¿Tienes conexión a Internet?
Carmen: Sí, mi hermana y yo escribimos muchos e-mails.
Álvaro: ¿Tienes hobbies?
Carmen: A ver, creo que son tres: leer, nadar y bailar.
Álvaro: ¡Qué casualidad! Yo también leo un poco, también nado – y bailo muy bien. Oye, ¿tienes novio?
Carmen: Pero qué pregunta más íntima ...
Álvaro: Tranquila, mujer. ¿Vamos a bailar esta noche?

E 1 ***¿Correcto o falso? Richtig oder falsch?***

1. Carmen es periodista.
2. El periodista se llama Álvaro.
3. Carmen tiene dieciocho años.
4. Quiere estudiar en la universidad.
5. Tiene dos hermanas.
6. El padre de Carmen vive en casa con la familia.
7. Carmen no tiene habitación propia.
8. Carmen tiene novio.

E 2 ***La ficha del periodista***

Hier siehst du die Karteikarte, auf der Álvaro die Angaben festhält, die er am Telefon bekommt. Ergänze aus dem Text die fehlenden Details.

Nombre	Carmen
Apellidos	Cervera
Edad	17/18/**19**/20/21/22
Estudios/Profesión	
Familia	❑ padre ❑ madre ❑ hermano(s) (número) ❑ hermana(s) (número)
Domicilio	❑ casa propia ❑ en casa de la familia ❑ habitación propia
Futuro	
Ordenador/Internet	sí/no – sí/no
Hobbies	

¡Ojo!

El padre de Carmen se llama Jorge Cervera Trigo.
La madre de Carmen se llama Milagros López Gil.
El nombre completo de Carmen es __ __ __.

E 3

Más verbos – Noch mehr Verben!

¿Puedes completar el esquema? G → 2.1

*1. Los verbos en **-er** e **-ir***

creer	vivir
cre-?	viv-o
cre-es	viv-?
cre-?	viv-e
cre-emos	viv-?
cre-éis	viv-ís
cre-en	viv-en

En parejas. Ordena los siguientes verbos según su terminación (-ar, -er, -ir) y conjúgalos.
Ordne die folgenden Verben den Konjugationsklassen zu und konjugiere.

trabajo	visita	estudio
imaginas	escribimos	vives
nado	bailo	escribe
preparamos	manda	comparto
entrevistar	leer	creo
buscamos	permites	terminar

2. Irregularidades G → 2.2/2.3
Unregelmäßigkeiten – Wechsel im Stammvokal
Manche Verben verändern die Stammsilbe beim Konjugieren.
Findest du die Formen im Text?

Querer qu__o, qu__s, __
ebenso:
Empezar emp__o; emp__s, __

*3. Ein besonderes Verb: **tener*** G → 2.2/2.3

E 4

Me llamo Carmen

1. Im Spanischen gibt es viele reflexive Verben – hast du im Text welche entdeckt?
Hier siehst du die Reflexivpronomen:

me	nos
te	os
se	se

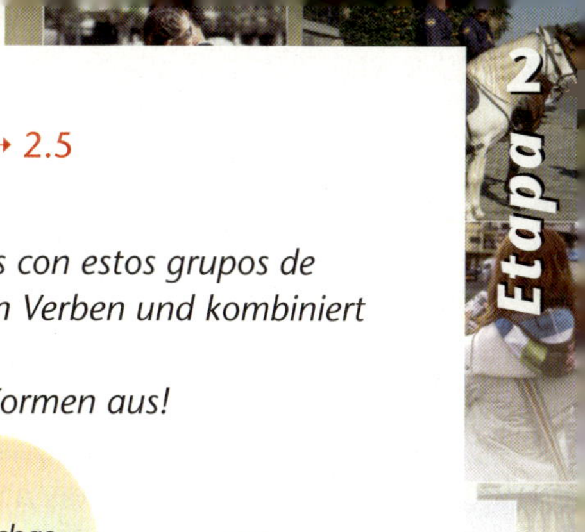

Konjugiere die reflexiven Verben aus dem Text! **G** → 2.5
Trabajad juntos. Arbeitet zusammen!

2. Haz frases con los nuevos verbos combinándolos con estos grupos de palabras. Bildet möglichst viele Sätze mit den neuen Verben und kombiniert sie mit folgenden Wortgruppen.
¡A practicar las formas nuevas! Probiert die neuen Formen aus!

en Múnich · *casa en Alemania* · *a mi hermano* · *la música* · *a muchas personas* · *una paella* · *en el mar* · *un tango* · *con Carmen* · *en "El País"* · *a mi novia* · *vivir en España* · *pocos euros* · *la casa* · *e-mail a mis amigos* · *en la justicia*

¡Ojo! El objeto directo de personas se forma con la preposición **a**.
Beachte die Anbindung von Personen als Akkusativobjekt mit **a**.

E 5 ¿Cuántos años tienes? Wie alt bist du?

¡Ojo! tener + años

Und selbstverständlich brauchst du auch weitere Zahlen:

11	12	13	14	15
once	doce	trece	catorce	quince
16	17	18	19	20
dieciséis	diecisiete	dieciocho	diecinueve	veinte

diez y seis = dieciséis!

1. ¿Cuántos años tiene?
Ejemplo: Carmen – 19
¿Cuántos años tiene Carmen? – (Carmen) tiene 19 años.

Mar – 17 Alex y Jorge – 16
Quique – 14 Pili – 15
Consuelo – 11 los hermanos de Clara – 8, 13

2. Ahora pregunta a tus compañeros de clase.
Frage jetzt deine Klassenkameraden.
¿Cuántos años tienes tú? – Tengo __. – ¿Y tú? ...

3. Lee rápidamente. Lies die folgenden Angaben laut und möglichst schnell.
10 ciudades, 20 hoteles, 12 años
19 amigos, 5 lenguas, 13 ó 14 números
11 plazas, 18 compañeros, 15 culturas diferentes
A ver, ¿cuántos libros tengo? 5, 10, 12, 14, 16, 17, 18, 19 – ¡19!

E 6 ***¿Qué número de teléfono tienes?*** G → 2.14

⊚1 24

Escucha estos números de teléfono y escríbelos en tu cuaderno.
Du hörst einige Telefonnummern: notiere sie.

E 7 ***Diálogos más largos***

Trabaja con un/a compañero/a y haz diálogos como el modelo.
- ¿Cómo te llamas?
- Me llamo Penélope Cruz. ¿Y tú?
- ...
- ¿Cuántos años tienes?
- ...

E 8 ***Preposiciones*** G → 2.7
In den Teilsätzen werden ***a, con*** *und* ***en*** *verwendet.*
Setze sie zur Verknüpfung der Satzteile ein:

¡Ojo! a + el = al

Estoy	el Parque Nacional Doñana.
Escriben cartas	los amigos.
Bailo	el Príncipe de Asturias.
Doña Sofía se casa	Juan Carlos.
¿Visitas	el Museo Dalí?
¿Trabajas	el Internet?
Entrevistan	los jóvenes en Alemania
¿Visitas	Carmen?

E 9 ***Más fichas***

⊚1 25

Du hörst nun einen Text, in dem sich ein junger Spanier vorstellt. Versuche die zum Anlegen einer Karteikarte nötigen Informationen zu notieren.

E 10 ***Me llamo ...***
Ahora preséntate tú. Nun stellst du dich vor! Verfasse einen Text wie den obigen; dein Partner soll daraus eine Karteikarte erstellen.

Paso 2 La familia de Carmen

T

1
26–27

¿Quién es éste? ¿Quién es ésta?

La familia de Carmen Cervera López es bastante grande: el papá de Carmen se llama Jorge Cervera Trigo y tiene dos hermanos, Carlos y Jaime. Son de un pueblo de Aragón. Carlos y Jaime son los tíos de Carmen y viven con sus familias también en Madrid. Carmen quiere mucho a sus tíos, sobre todo a Jaime. Es muy simpático y con él no te aburres nunca. Sus hijos son los primos de Carmen. Él charla mucho con su sobrina Carmen. Es periodista y sabe cosas interesantes.
El tío Carlos trabaja mucho y es muy serio. Es médico en el Hospital General. No tiene hijos. Carmen y su tío Carlos se ven poco.
La madre de Carmen se llama Milagros López Gil. Es de Zara, un pueblo cerca de La Coruña. Sus padres viven todavía allí. Ellos tienen un pequeño restaurante en el centro de La Coruña. Milagros es hija única, no tiene hermanos. Ella trabaja en Madrid, pero solamente por las mañanas.
Los abuelos de Carmen, Concha y Pepe, vienen a menudo a Madrid a ver a su nieta Carmen. Los padres de Jorge ya no viven.

E 1 *Ahora pinta un árbol genealógico de la familia.*
Zeichne einen Stammbaum der Familie!

E 2 ***Un árbol diferente*** G → 2.10
¿Puedes completar?
Álvaro pregunta a Carmen: ¿Cómo es __ familia?
Carmen: __ madre se llama Milagros y es de La Coruña. __ padres, Concha y Pepe, son __ abuelos.
__ padre se llama Jorge. Vive y trabaja en Francia. Tiene dos hermanos, Carlos y Jaime, __ tíos.
Mar es __ hermana. Tenemos una habitación para las dos. __ habitación no es muy grande y por eso a veces está un poco desordenada.
Cada día __ madre pregunta: "¿Cuando ordenáis __ habitación?"

E 3 *La Familia Real Española*

Completa las frases utilizando las palabras para relaciones familiares: Vervollständige die Sätze und benutze die Wörter für Verwandtschaftsbeziehungen:

1. Doña Elena es __ de Doña María de las Mercedes.
2. Ella es __ de Don Juan Carlos.
3. ...

Continúa. Fahre fort.

(www.casareal.es)

E 4 *¿Y tu familia?*

Preguntad a vuestros compañeros por sus familias. Fragt euch gegenseitig nach euren Familien.

Nützliche Wörter: pertenecer a – llamarse – ser – tener – formar parte de

E 5 ***Otra familia. Noch eine Familie***

Un árbol genealógico. Ein Stammbaum.
Aquí tenéis algunas informaciones sobre la familia de Paco. Trabajad en grupos y escribid los nombres en un árbol genealógico así como también las profesiones de las personas.

1 29–30

La familia de Paco

El abuelo de Paco se llama Juan.
El marido de Sara es electricista.
Ana tiene dos hijos.
Raquel es la prima de Amanda.

La madre de Amanda es enfermera.
Pedro tiene dos hijas.
La nuera de Silvia es médica
Daniel y Pedro son hermanos.

La periodista está casada con Daniel.
Marcos es el padre de Amanda.
Juanita y Raquel son hermanas.
Juan tiene dos hijos y una hija.

Sara es la tía de Roberto.
Uno de los sobrinos de Pedro se llama Roberto.
Daniel está casado con Ana.
Amanda es hija única.

El padre de Juanita es profesor.
Silvia es una abuela.
Nina es la mujer de Pedro.
Marcos es el yerno de Silvia.

Pedro es el hijo de Silvia.
Sara tiene dos hermanos.
El pintor se llama Daniel.
Roberto y Paco son hermanos.

E 6 *Busca informaciones en Internet sobre la situación actual de las familias españolas. Suche Informationen im Internet zu der Situation der spanischen Familie (Geburtenrate, Berufstätigkeit der Frau, Versorgung der Großeltern-Generation, Anzahl der Single-Haushalte, Zahl der Scheidungen). Fragt eure Sozialkunde-Lehrer.*

Paso 3 El mundo del trabajo

T

La cara más brillante de nuestra compañía la componen ***profesionales como tú***

Asesor Médico Regional

Base: Santander, Bilbao u Oviedo

Integrado en el Dpto. Médico será responsable de colaborar en la puesta en marcha de las acciones previstas por las áreas de Médico y Marketing en la zona, mediante el asesoramiento médico-científico. Entre sus funciones principales estarán las de información y entrega de documentación sobre productos del área terapéutica, asistencia a reuniones y congresos, ejecución de presentaciones, participación en la generación de proyectos a nivel nacional y regional, seguimiento de los mismos, colaboración activa en el entrenamiento científico del equipo de ventas del área, etc.

Perfil requerido

- Licenciados en Medicina y Cirugía. Se valorará el MIR en Cardiología, Medicina Interna, Neurología, Medicina de Familia…
- Se valorará experiencia previa en la industria farmacéutica.
- Capaz de trabajar con documentación en inglés.
- Gran capacidad de trabajo en equipo, organización y planificación.

Se ofrece

- Contrato Indefinido.
- Retribución atractiva.
- Posibilidades reales de desarrollo profesional.
- Formación permanente.

GRUPO HOTELERO

RECEPCIONISTAS

Diplomatura en Empresas y Actividades Turísticas o equivalente.

Nivel alto de inglés.

Posibilidad de cubrir turnos de día y noche (indicar disponibilidad de turno)

Interesados enviar c.v. al apartado de correos nº 40183, 28007 (Madrid) o a la dirección de e-mail: rrhh@sandi.es, indicando Ref: REC 07/06

PROMOCIONES INMOBILIARIAS

Importante grupo promotor, constructor y hotelero, con más de 2.000 personas en plantilla e inmerso en un ambicioso proceso de expansión, precisa incorporar a su organización:

JEFE DE VENTAS (Madrid)

Ref. Delegado

Reportando a la Dirección Territorial, será responsable de definir el Plan Comercial en la Comunidad de Madrid y zona norte de la península, supervisando el correcto funcionamiento de los diferentes canales de comercialización y dirigiendo y motivando al equipo a su cargo.

Requisitos:

- Formación Universitaria.
- Experiencia mínima de 3 años como Delegado en empresas promotoras o agencias inmobiliarias, habiendo dirigido equipos numerosos a su cargo.
- Profesional con visión de negocio.
- Excelentes dotes comerciales y organizativas.
- Valorable conocimientos de urbanismo.

Se Ofrece:

- Incorporación en un holding empresarial líder en su sector, con presencia a nivel nacional e internacional.
- Posibilidad de desarrollar importante trayectoria profesional en el área comercial; en Aifos apostamos por el capital humano y por el crecimiento profesional de nuestros trabajadores.

*AZAFATAS *AUXILIARES DE VUELO (TCP)

Requisitos

- Idiomas: inglés (nivel alto)
- Edad entre 18 y 30 años
- Incorporación inmediata
- Nacionalidad comunitaria

Interesados enviar C. V. urgente a:

fax - 976 228 736 - 976 233 671

e-mail: lesmazar@arrakis.es

EMPRESA CONSTRUCTORA
PRECISA PARA SUS OBRAS **EN MADRID**

ARQUITECTO Y ARQUITECTO TÉCNICO

Interesados llamar al: **91 565 17 48** (Srta. Mercedes) o enviar C.V. al **fax: 91 560 87 56**

E 1 *Anuncios. Stellenanzeigen*

¿Reconoces algunas profesiones? Erkennst du die Berufsbezeichnungen?

E 2 **Profesiones – Berufe**

Busca el nombre de las profesiones en el diccionario.
Suche die Berufsbezeichnungen mithilfe des Wörterbuches.

Modelo:
¿Qué hace el número 1?

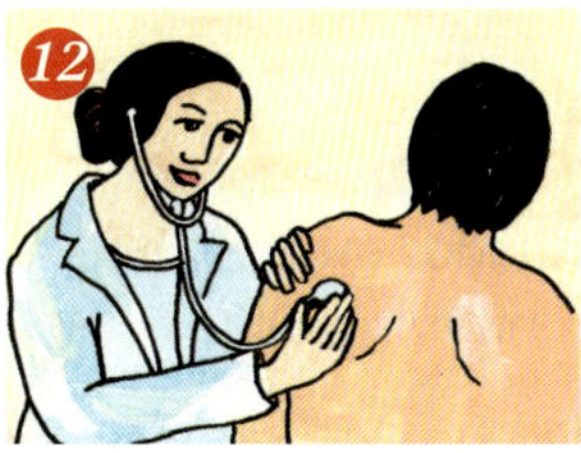

E 3 ***Tengo un trabajo interesante***

Vocabulario interesante para hablar sobre el trabajo.
Wichtige Wörter zum Reden über den Beruf.

recibir propina - necesitar estudios especiales - trabajar solo/en equipo - con mucha gente - trabajar independientemente - tener un trabajo interesante - hacer un trabajo de investigación - tener mucho tiempo libre - trabajar al aire libre - tener un trabajo importante - ganar mucho/poco - trabajar más/menos horas - levantarse temprano

Haz frases.
- Para mí (no) es importante recibir propina.

E 4 ***Cada cosa en su lugar*** G → 2.12

Intenta colocar las palabras subrayadas en la columna correspondiente.
Ordne die unterstrichenen Wörter in die entsprechende Spalte ein!

Adjetivos	Adverbios

E 5 ***Hay que saber español. Man muss Spanisch können.***

Lee otra vez los anuncios de trabajo. Lies noch einmal die Stellenanzeigen.
Con estos datos, decide lo que se necesita para cada trabajo de los anuncios.
Entscheide mit den folgenden Angaben, was für die Stellen jeweils erforderlich ist:

- edad
- conocimientos
- personalidad
- presencia
- viajes

¡Ojo!

hay que tener un nivel alto de inglés
tienes que tener un nivel ...

E 6

Construye frases. Bilde Sätze.
Para ser visitador médico tienes que tener coche propio.
Para ser secretaria bilingüe ...

E 7 ***¿Dónde trabajan?***

El bedel		la farmacia.
La fotógrafa		el colegio.
El médico		el estudio de fotografía.
El profesor		la casa.
La periodista	trabaja en	el periódico.
El farmacéutico		la residencia de estudiantes.
El dependiente		la emisora de televisión.
El ama de casa		el hospital.
El director (de cine)		la tienda.

¿Dónde trabajan los de la página 39?
Wo arbeiten die Leute von der Seite 39?

E 8 ***Para leer***

1 31

La bolsa o la vida
Un mes de vacaciones no siempre es suficiente. Algunas personas diseñan su vida con el equilibrio perfecto entre trabajo y ocio. A cambio de menos seguridad e ingresos tienen más libertad.

01 Manuel y Tito Laguna
"A veces, cuanto más dinero tienes, más pobre eres."
Edad: 35 y 30 años. Ocupación: son dueños del restaurante *Ciao* (Madrid). Aficiones: Manuel, su casa en Bahía (Brasil); Tito, viajar.

02 Chema Rubio
"Seis meses de camarero en Mallorca, y pintar y escribir el resto del año."
Edad: 40 años. Ocupación: camarero de temporada en Mallorca. Aficiones: la pintura, la poesía y el teatro.

03 Gonzalo Paniagua
"Nunca me implico en trabajos de más de dos meses."
Edad: 39 años. Ocupación: cocinero, inversor ... Aficiones: recoger setas, navegar y viajar sin fecha de regreso.

04 Karin Oostwoud
"No me preocupa el dinero, sino encontrar mi sitio en el mundo."
Edad: 31 años. Ocupación: camarera, jornalera, dependienta, "lo que salga". Aficiones: conocer mundo y aprender idiomas.

El País Semanal, texto adaptado

Infórmate sobre el mercado laboral en España y compara.
Informiere dich über den Arbeitsmarkt in Spanien und vergleiche.

Estrategia: ¿Cuál es tu estilo de aprendizaje? – Was für ein Lerntyp bist du?

Erfahrung im Fremdsprachenlernen hast du ja bereits. Und sicherlich ist es dir auch schon oft so gegangen, dass du manche Phänomene ganz schnell behalten hast, dir andere aber nur mit großen Schwierigkeiten einprägen konntest. Vielleicht lag dieser Unterschied in der Behaltensfähigkeit nicht (nur) am Inhalt des zu erlernenden Stoffes, sondern auch an der Art und Weise des Lernens. Denn es gibt unterschiedliche Möglichkeiten, sich etwas einzuprägen – und jeder von uns spricht auf bestimmte Lernstrategien besser an als auf andere.
Daher gilt: Entdecke deinen Lerntyp – und das Lernen fällt dir leichter!

Der folgende Test soll dir dabei helfen. Im ersten Teil findest du heraus, durch welche Kanäle (d. h. mit welchen Sinnen) du am schnellsten Wortschatz aufnimmst. Der zweite Teil macht dir bewusst, auf welche Weise du neue Informationen im Gehirn abspeicherst und strukturierst.
Wenn du diese „Vorlieben" deines Gehirns kennst, kannst du sie für ein effektives Erlernen der Fremdsprachen nutzen.

1. Durch welche Sinnesorgane prägst du dir eine Information ein?

Der visuelle, der auditive und der kinetische Typ
Natürlich nutzen wir alle unsere Sinnesorgane, um die Welt um uns wahrzunehmen: wir sehen, riechen, fühlen, schmecken, hören Gegenstände, Ideen, Geräusche und allerlei Informationen, die wir dann lernen. Jedoch ist für einige das Sehen am wichtigsten, während andere etwas hören müssen, um es sich zu merken. Andere merken sich etwas, indem sie sich dabei bewegen oder einen Gegenstand anfassen.

- Die folgende Übung soll dir dabei helfen herauszufinden, wo deine Gewichtung liegt:

Jeder von euch zeichnet drei senkrechte Spalten auf ein Blatt und füllt sie nach dem unten stehenden Schema aus. Nun liest Partner A die abgedruckten Begriffe langsam nacheinander vor, B überlegt sich, ob seine spontane Assoziation die des Sehens, Hörens oder des Riechens/Spürens/Schmeckens ist. In die entsprechende Spalte setzt er ein Kreuz. Daraufhin liest Partner B die in seiner Tabelle stehenden Begriffe vor.

Partner A			Partner B		
Ich sehe	Ich höre	Ich rieche/spüre/schmecke	Ich sehe	Ich höre	Ich rieche/spüre/schmecke
???	???	???	???	???	???
Tee, Wecker, Katze, Seide, Rose, Autobahn, Tapas, Ferien, Gewitter, Garage, Füße, Schule, Mozart, Sonnenuntergang, Schnecke, Spanien, rot, Regen, Vokabelheft			Kaffee, Telefon, Hund, Jeans, Tulpe, Straßenkreuzung, Käseplatte, Meer, Regen, Tankstelle, Sportverein, Kino, Frühlingsmorgen, Frosch, Griechenland, lila, Wasserfall, Klassenbuch		

■ So wertet ihr die Ergebnisse aus:

Wenn du die Mehrzahl der Kreuze auf „ich sehe" hattest, neigst du wahrscheinlich zum visuellen Lerntyp. Hattest du die Mehrzahl auf „ich höre", neigst du eher zum auditiven Lerntyp. Und wenn du vor allem den Bereich „ich rieche/spüre/schmecke" angekreuzt hast, liegt deine Gewichtung beim kinetischen Lerntyp.

Jetzt weißt du, welche Sinnesorgane eine wichtige Rolle bei deiner Wahrnehmung der Information spielen. Das ist ein wichtiger Schritt, aus dem man für das Sprachenlernen Schlüsse ziehen kann. Aber du darfst dich nicht auf ein Sinnesorgan beschränken, denn je mehr Wahrnehmungskanäle man verwendet, desto effektiver lernt man. Es lohnt sich also, Informationen auf so viele verschiedene Weisen wie möglich wahrzunehmen und zu speichern, wie das untere Bild veranschaulicht:

Der Mensch behält von dem ...

... was er liest  10%

... was er hört  20%

... was er sieht  30%

... was er sieht und hört  50%

... worüber er selbst spricht  70%

... was er selbst ausführt  90%

Aus Die Zeit, Nr. 48, 21.11.02

Suche dir einen Partner und überlegt zu zweit:
Wie kannst du beim Lernen einer Fremdsprache (zum Beispiel neuer Vokabeln) das Sehen, das Hören, das Tasten und Bewegen gleichzeitig aktivieren? Trage deine Ideen in dein Heft ein.

Visueller Typ (Lernen durch das Sehen)	**Auditiver Typ** (Lernen durch das Hören)	**Kinetischer Typ** (Lernen durch Handeln oder andere Sinne)
???	???	???

Im Anhang (S. 225 f.) findest du einige Vorschläge. Stimmen unsere Tipps mit deinen überein? Vielleicht hast du neue gefunden. Das Lernen ist ein sehr individueller Prozess. Deswegen gilt im Allgemeinen folgendes: Gut ist, was für dich funktioniert. Du kannst immer wieder neue Techniken ausprobieren und langsam entdecken, welche nützlich sind.

2. Wie verarbeitest du eine Information?

Nachdem du eine Information wahrgenommen hast, muss dein Gehirn sie verarbeiten. Auch in diesem Fall gibt es verschiedene Möglichkeiten. Diese hängen mit der Aufteilung unseres Hirns in zwei Hälften oder Hemisphären zusammen. Die linke Hälfte denkt logisch, abstrakt und analytisch. Die rechte denkt bildhaft, gefühlsbetont und schöpferisch. Das zeigen wir dir in diesem Bild:

nach Kleinschrott, 2003

Etapa 3

Ir a clase

Paso 1 Un día en la escuela

El horario de Pablo

Horario	Lunes	Martes	Miércoles	Jueves	Viernes
8:15 - 9:05	Lengua castellana	Matemáticas	Ciencias sociales	Religión	Lengua castellana
9:10 - 10:00	Educación física	Ciencias naturales	Matemáticas	Lengua castellana	Matemáticas
10:05 - 10:55	Tecnología	Francés	Educación física	Ciencias naturales	Música
11:00 - 11:20	Recreo	Recreo	Recreo	Recreo	Recreo
11:25 - 12:15	Ciencias sociales	Lengua castellana	Lengua castellana	Matemáticas	Francés
12:20 - 13:10	Matemáticas	Educación plástica	Francés	Tecnología	Ciencias sociales
13:15 - 14:05	Religión	Música	Ciencias naturales	Educación física	Educación plástica

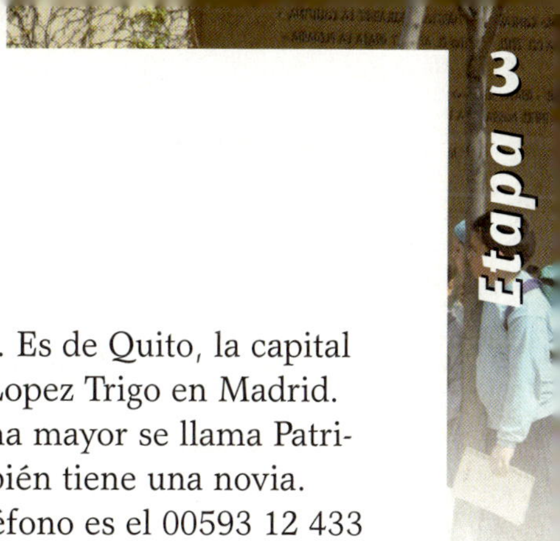

E 1 ***¿Quién es este chico?***

Mira la foto de su mesa y habla sobre él.

E 2 *Corrige el siguiente texto sobre Pablo.*

El chico se llama Pablo Gil Lopez. Tiene 16 años. Es de Quito, la capital del Ecuador. Vive con su familia en la calle Dr. Lopez Trigo en Madrid. Tiene dos hermanas y tres hermanos. Su hermana mayor se llama Patricia y su hermano menor se llama Gonzalo. También tiene una novia. Se llama Sara y vive en Quito. Su número de teléfono es el 00593 12 433 671. En su mesa hay cinco CD de Julio Iglesias y una foto de un equipo de fútbol. El equipo se llama Real Barcelona. En su mesa hay también cuatro libros: dos libros de inglés, un libro de lengua castellana y un libro de matemáticas.

El horario de Pablo

El lunes a las ocho y cuarto de la mañana tiene Lengua Castellana. Después, desde las nueve y diez hasta las diez, tiene Educación Física. El martes, antes del recreo, desde las diez y cinco hasta las once menos cinco, tiene Francés. El miércoles, después del recreo, desde las once y veinticinco hasta las doce y cuarto, tiene Lengua Castellana. El jueves, de doce y veinte a una y diez, tiene Tecnología y el viernes, de una y cuarto a dos y cinco tiene Educación Plástica.
Por la tarde no tiene clase.

¡Ojo!

Desde las … hasta las …
De … a …

E 3 ***El reloj***

Después de leer el texto – ¿sabes completar este reloj?

en punto

menos cinco ______________________ y cinco ______________________

menos cuarto ______________________ ______________________

______________________ ______________________

______________________ ______________________

y media

¿Cómo se dice en español	… y en alemán?
13.00 – __ la una (de la tarde)	__
14.00 – __ las __	__
15.30 – __	__

E 4 *Mira el horario de Pablo:*

1. ¿Qué y cuántas asignaturas tiene?
2. Habla sobre las clases que tiene cada día:
   El lunes tiene seis asignaturas: __
   A las ocho y cuarto tiene __ y después __.
   Antes/Después del recreo tiene __.

E 5 ***Ahora tú***

Ahora mira tu horario: ¿Qué asignaturas tienes tú y cuándo?
Escribe tu horario en español.

E 6 ***Tu horario preferido***

Ahora haz un horario sólo con tus asignaturas preferidas.
¿Cuándo empiezan las clases?

E 7 ***El juego de los barcos***

Vamos a jugar a los barcos:

1. Haz una copia del esquema y dibuja los barcos. Zeichne die Schiffe ein.

- *1 barco de 4 casillas*
- *2 barcos de 3 casillas*
- *3 barcos de 2 casillas*
- *4 barcos de 1 casilla*

2. Pregunta a tu compañera/o: Frage deinen Partner/deine Partnerin:
p. ej. ¿El lunes a las ocho?

3. Tu compañero/a puede contestar:
Dein Partner/deine Partnerin kann antworten:
agua (Wasser)
tocado (getroffen)
hundido (versenkt)

	8.00	12.45	2.25	5.35	1.15	1.55	11.59
Lunes	?	?	?	?	?	?	?
Martes	?	?	?	?	?	?	?
Miércoles	?	?	?	?	?	?	?
Jueves	?	?	?	?	?	?	?
Viernes	?	?	?	?	?	?	?
Sábado	?	?	?	?	?	?	?
Domingo	?	?	?	?	?	?	?

Paso 2 El Colegio Montessori de Medellín

Medellín es una ciudad importante en Colombia con cuatro millones de habitantes. Se la llama "la ciudad de la primavera eterna".

E 1 ***¿Qué actividades hay en este colegio?***
Antes de leer el texto: Aquí tienes una lista de palabras ¿puedes encontrarlas en las fotos?

el grupo de ecología - la biblioteca - una clase de informática - un profesor de deporte - la cafetería - un equipo de fútbol - un edificio tradicional

T 1 32

Nuestro colegio es un colegio privado y es bilingüe: estudiamos inglés y español. Los niños entran en el preescolar con cuatro años y terminan en la clase 11. Los padres pagan 600.000 pesos (200 euros) al mes. Si los padres no tienen dinero, los niños van al colegio público. Hay clases de lunes a viernes. Empezamos a las siete y media y salimos a las tres de la tarde. Almorzamos en la cafetería. Pero a las tres el instituto no cierra sus puertas - después de las clases los alumnos pueden hacer otras cosas. Hay muchas otras actividades. Los lunes, por ejemplo, nuestro equipo de fútbol juega entre las tres y las cinco de la tarde en el gimnasio.

También hay otras actividades interesantes:

Hola, soy Juan, el profesor de voleibol. Pienso que tenemos un equipo muy bueno. Jugamos cada jueves desde las 16.00h hasta las 18.00h ¿No quieres jugar con nosotros?

En el grupo de ecología somos quince alumnos. ¿Quieres saber más sobre nosotros? Los miércoles a las cuatro y media estamos en la cafetería.

¿No entiendes nada de informática? Puedes empezar ahora. ¿Dónde? En las aulas de informática, cada martes a las cuatro y cuarto.

Al lado del edificio está el gimnasio. Allí muchos alumnos juegan al badminton por la tarde. Detrás del edificio están las aulas de informática. Son aulas muy modernas. Entre estas aulas y el gimnasio está nuestro patio donde se puede jugar al baloncesto. La biblioteca está enfrente de la cafetería. Allí los alumnos pueden estudiar, hacer sus deberes o leer el periódico cuando no tienen clase.

El colegio Montessori quiere apoyar también los valores éticos y sociales. ¿Qué te parece?

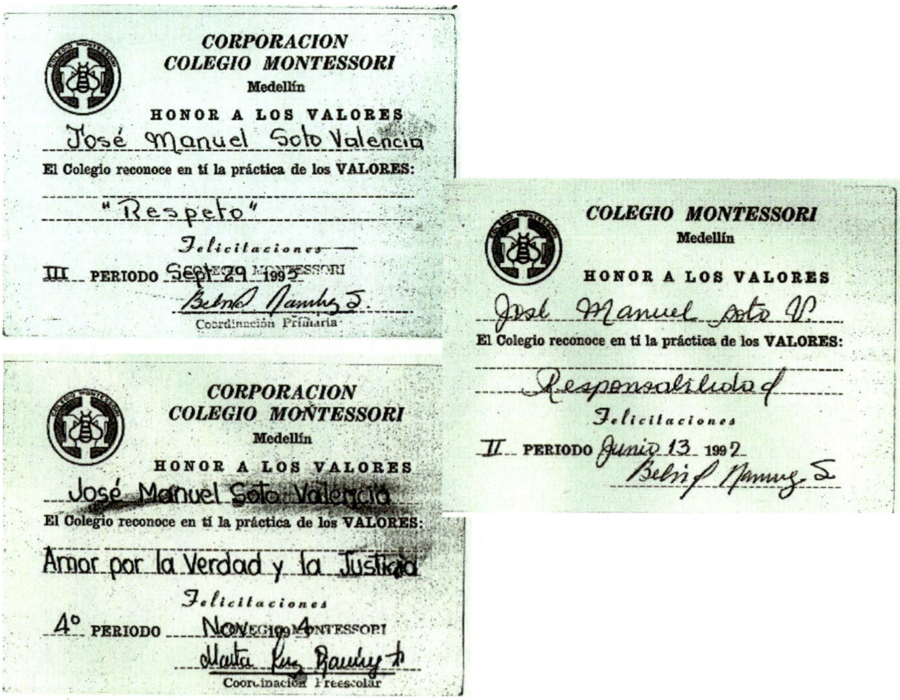

CORPORACION
COLEGIO MONTESSORI
Medellín
HONOR A LOS VALORES
José Manuel Soto Valencia
El Colegio reconoce en tí la práctica de los VALORES:
"Respeto"
Felicitaciones
III PERIODO Sept 29 1993
Coordinación Primaria

COLEGIO MONTESSORI
Medellín
HONOR A LOS VALORES
José Manuel Soto V.
El Colegio reconoce en tí la práctica de los VALORES:
Responsabilidad
Felicitaciones
II PERIODO Junio 13 1992

CORPORACION
COLEGIO MONTESSORI
Medellín
HONOR A LOS VALORES
José Manuel Soto Valencia
El Colegio reconoce en tí la práctica de los VALORES:
Amor por la Verdad y la Justicia
Felicitaciones
4° PERIODO Nov 4
Coordinación Preescolar

E 2 *¿Qué actividades hay en este colegio? Completa este esquema en tu cuaderno.*

¿Qué?	¿Cuándo?	¿Dónde?	¿Quiénes?	¿Cuántas veces?

¿Cuántas preguntas puedes hacer con estas palabras? Escríbelas.

E 3 ***Un alumno cuenta algo sobre su instituto***

1 33

1. En este texto encuentras formas de verbos con cambio vocálico. Completa el esquema en el cuaderno de trabajo. G → 4.3

Me llamo Juan José y soy argentino. Tengo 15 años y voy al colegio Federico Jorge Hotton. Es un colegio con muchísima historia. Pronto empiezan las clases. Yo empiezo el veinte de marzo y mis hermanos, el trece, una semana antes, porque todavía van a la primaria. ¿Quieres saber un poco más de mí? Tengo dos hermanos y una hermana. Soy el mayor. Pienso que no es una ventaja, aunque mis hermanos piensan que ser el mayor es lo mejor del mundo. Es verdad que puedo salir hasta más tarde, pero tengo más responsabilidades. Mis hermanos juegan todo el día en el club[1]. Claro, ellos no tienen que ayudar en la tienda. Mis padres tienen una librería[2]. Durante las vacaciones yo trabajo allí cada tarde desde las 5 hasta las 8. A las 8 cerramos y me voy al club donde me encuentro con mis amigos. Juego al basquet dos veces por semana y esos días no voy a la tienda. Cuando mis padres cierran la librería, también se encuentran con sus amigos en el club y juegan al paddle. Mi papá también juega al fútbol. El club es mi segunda casa. Aquí puedo hacer un montón de actividades. A las 10 de la noche vamos todos a casa y comemos algo. Ahora estamos a fines de febrero y casi se termina el verano. Quiero volver al colegio para ver a mis amigos y algunos profesores. Mi profesor preferido es el de inglés porque es joven y tiene mucha paciencia. Cuando no entiendes algo, te explica otra vez y otra vez.

→ *2. Cuenta a Juan José algo sobre tu colegio.*

[1] *club* ist eine Freizeitanlage, in der man als Mitglied Sport treiben kann – ein Treffpunkt für Jung und Alt.

[2] In Argentinien bedeutet *librería* sowohl Buchhandlung als auch Schreibwaren-Geschäft. In Spanien: *librería y papelería.*

E 4 ***En tu escuela, ¿cómo es?***

Utiliza los verbos de E3 para escribir un texto sobre tu instituto.

E 5 *Haced más preguntas.*

Alumno A: tú haces las preguntas y controlas la solución	**Alumno B:** tú contestas – mira los dibujos
¿Dónde está el profesor? (Está en la biblioteca.)	
¿Dónde están los alumnos? (Están en el gimnasio.)	
¿Dónde está la cafetería? (Está al lado de la biblioteca.)	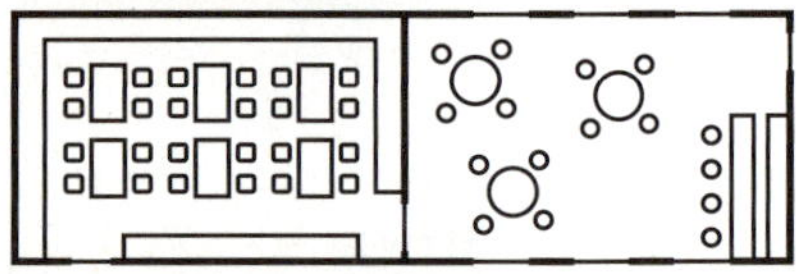
¿Quiénes están en la cafetería? (Ignacio, Wenceslao y Juan están en la cafetería.)	 *Ignacio, Wenceslao y Juan*
¿Qué hay entre el gimnasio y el instituto? (Entre el gimnasio y el instituto está el patio/hay un patio.)	instituto – patio – gimnasio

E 6 ***Me gusta, te gusta …*** G → 3.2

gustar → mögen
gustar → gefallen
gustar → schmecken

 me gusta

 me encanta

 no me gusta

 no me gusta nada

Pregunta a tu compañero/a por sus gustos. ¡Pregunta mucho!

Modelo: ¿Te gustan las matemáticas?

Escribe ahora sobre lo que a tu compañero le gusta, no le gusta, le encanta o no le gusta nada.

¡Ojo!

Después de gustar, siempre los sustantivos necesitan el artículo.
Me gusta la música de Ketama.
No me gustan las películas de ciencia ficción.

E 7 ***Sobre gustos no hay nada escrito – Über Geschmack lässt sich nicht streiten***

Lee estos ejemplos:

A: Me gustan las matemáticas.	☺	*B:* A mí también.	☺
A: No me gusta jugar al baloncesto.	☹	*B:* A mí tampoco.	☹
A: Me encanta visitar museos.	☺	*B:* A mí no.	☹
A: No me gusta nada jugar al fútbol.	☹	*B:* A mí sí.	☺

Ahora habla con tu compañero/a sobre estas cosas como en los ejemplos. ¿Tenéis más o menos los mismos gustos?

- hacer deportes
- la informática
- el verano
- aprender lenguas
- las ciencias
- las películas de ciencia ficción
- escuchar música
- jugar al vóleibol

E 8 ***Ensalada de frases***

En este diálogo las frases están mezcladas – ¿Puedes ordenarlas?

¿Qué materia te gusta más este año?

¿Las matemáticas? Yo no entiendo casi nada. Pero el profesor sí me gusta, es muy simpático, joven y tiene paciencia.

Sí, pero la profesora de lengua también.

Sí, es simpático y explica bien.

A mí, castellano, ¿y a ti?

Uy, no, a mí lengua no me gusta. A mí me gustan las matemáticas.

E 9 En el instituto – un diálogo con Pablo

1. Busca las siguientes expresiones en el texto:

en alemán	en español
Du sagst, dass du Mathe gerne hast.	?
Du fragst, ob Pablo auch gerne Mathe mag.	
Du fragst, welches Fach ihm gefällt.	
Du sagst, dass du die Musiklehrerin nett findest, dass dir das Fach aber nicht gefällt.	
Du willst sagen, dass du viele junge Lehrer hast.	
Du willst wissen, wer von den Lehrern Pablo gefällt.	

2. Ahora haz un diálogo tú – imagínate las respuestas de Pablo. Aquí tienes algunos adjetivos para hablar más de tus profesores y de las asignaturas:

simpático, -a – antipático, -a – puntual – interesante – joven – viejo, -a – bueno, -a – activo, -a – majo, -a – nervioso, -a – tranquilo, -a – estricto, -a – difícil – terrible – lento, -a – aburrido, -a

tú	**Pablo**
…	…

E 10 En clase

Relaciona las palabras con las cosas de esta clase. ¿Está todo en el dibujo?

- libro
- cuaderno
- regla
- pizarra
- estuche
- bolígrafo
- goma de borrar
- sacapuntas
- diccionario
- lápiz
- tijeras
- tiza
- mochila
- papel
- cinta adhesiva

E 11 *¡A jugar! Hacer la maleta*

Modelo: *A:* En mi maleta pongo un lápiz ...
B: En mi maleta pongo un lápiz y un estuche ...

E 12 *Infórmate sobre colegios privados y públicos en diferentes países (Inglaterra, España, Alemania ...).*

E 13 ***Para leer***
Aquí tienes las notas de una alumna del Colegio Montessori ¿Tiene buenos resultados? ¿Y tú?

COLEGIO MONTESSORI · FUNDADO 1976

Procesos de Aprendizaje

Colegio Montessori

Nombre: Soto Valencia Sarita.
Año: 1999 Grado: Séptimo B. Período: I

ASIGNATURA	METAS DE APRENDIZAJE	E.C	%
CIENCIAS SOCIALES Y TECNOLOGIA	1. Interpreta los conceptos fundamentales sobre Democracia participativa, aplicándolos al Gobierno Escolar.	L	95
	2. Establece diferencias entre el objeto de estudio de las diferentes ciencias sociales, explicando la importancia de ellas en el estudio del hombre y su cultura.	L	98
	3. Caracteriza Grecia y Roma a nivel geográfico e histórico, reconociendo los aportes técnicos de estas culturas a la humanidad.	L	100
	4. Explica con dominio, coherencia y claridad conceptos básicos sobre aspectos geográficos de Colombia.	L	80
	Evaluación Cualitativa	E	
	Evaluación Cuantitativa	93	
	Faltas de Asistencia		
EDUC. RELIGIOSA ETICA Y EN VALORES HUMANOS	1. Juzga criticamente diferentes situaciones de la vida actual a partir de la doctrina de Cristo	L	90
	2. Interpreta los diferentes signos sensibles de la Celebración Eucarística	L	90
	Evaluación Cualitativa	E	
	Evaluación Cuantitativa	90	
	Faltas de Asistencia		
MATEMATICAS	1. Aplica el concepto de número racional y orden entre los racionales.	L	98
	2. Representa gráficamente los racionales en la recta numérica.	L	100
	3. Resuelve polinomios y problemas aplicando las operaciones y propiedades en los Q.	L	95
	4. Transforma correctamente unidades lineales y cuadradas.	L	70
	5. Realiza construcciones básicas con regla y compás.	L	100
	Evaluación Cualitativa	E	
	Evaluación Cuantitativa	93	
	Faltas de Asistencia		
EDUCACION FISICA, RECREACIÓN Y DEPORTES	1. Relaciona el peso corporal con los niveles de grasa del organismo y sus consecuencias	L	90
	2. Identifica y aplica de acuerdo al reglamento las pruebas de velocidad, fondo y semifondo.	L	80
	3. Mejora las capacidades físicas realizando carreras de corta, mediana y larga duración	L	90
	Evaluación Cualitativa	B	
	Evaluación Cuantitativa	83.	
	Faltas de Asistencia		

Personería Jurídica No. 17467 del 21 de septiembre de 1976
Apartado Aereo 12890 Carrera 20 No. 20 a sur - 55 Medellín, Colombia.
Conmutador: 317 14 00 Fax: 317 13 96 Email: montessori@intic.net

Paso 3 ¡Enhorabuena! ¡Feliz cumpleaños! ¡Felicidades!

Sarita cumple 15 años

1 34–35

En esta foto mi madre está preparando el bizcocho de Novia, el pastel típico para el cumpleaños de una quinceañera. Siempre hay una rosa encima de esta tarta. Con quince años, aquí en Colombia, ya no eres más una niña.

¿Ves mi vestido blanco nuevo? Como de novia. Es muy normal para esta fiesta. Ahora estoy posando para los fotógrafos, por eso esta sonrisa.

Aquí estamos comiendo. Hoy hay carne de cerdo, no de vaca como todos los días. Para nosotros la carne de cerdo es algo especial.

El grupo de música está tocando una de mis canciones preferidas: "Dejo de ser niña". Somos casi 150 personas, toda la familia y los amigos. Por eso estamos celebrando en un club.

Aquí mi hermano José Manuel está charlando con la chica que le gusta. Nosotros los colombianos tenemos casi siempre dos nombres. Mi mamá se llama Dora Luz.

Estoy abriendo los regalos. Para nosotros es tradición recibir este día un anillo de la madre. Este anillo va de generación en generación y se regala cuando la hija cumple quince años.

Es la última foto. Estoy saliendo en coche para ir al aeropuerto. Voy a viajar al Caribe. Es el regalo de mis papás[1]. ¿Qué te parece?

¡Ojo!

man schenkt einen Ring = se regala un anillo
aber
man schenkt Blumen = se regala**n** flores

[1] En España: *mis padres*
En Latinoamérica: *mis papás*

E 1 ***Hablando se entiende la gente***

"Mi madre está preparando el bizcocho de Novia."

Busca más frases con esta forma verbal.

¿Cómo se dice en alemán?

¿Cómo se forma el gerundio en los verbos -ar, -er/-ir?

E 2 ***En casa del señor Sánchez***

1 36

Vas a escuchar una cinta. A ver si puedes adivinar que está haciendo el señor Sánchez.

E 3 *Traduce al alemán:*

1. Saluda a su amiga abriendo el regalo.
2. Posa sonriendo para los fotógrafos.
3. Los amigos entran cantando el "Feliz Cumpleaños".

¿Te das cuenta de las estructuras diferentes?

E 4 ***Esto no se hace***

En el Colegio Montessori hay algunas reglas que los alumnos tienen que respetar:

Colegio Montessori
- No se puede comer chicle en clase.
- No se puede correr por los pasillos.
- Hay que hacer cada día los deberes.
- Hay que levantar la mano antes de hablar.
- No se puede usar un teléfono móvil en clase.
- Se puede comer en el recreo.
- No se puede comer en clase.
- No se debe llegar tarde.

1. Léelas y coméntalas con tus compañeros. ¿Cómo es en tu instituto?

2. En grupos pensad en qué cosas se pueden o no se pueden hacer en vuestro instituto, en el recreo, en clase, en el gimnasio, en los pasillos. Después cada grupo debe hacer un cartel como el siguiente. Si es posible con dibujos y/o fotos.

Se puede	No se puede
En el recreo	
Hay que	

E 5 ***Para leer***

En Alemania todos los niños tienen que ir a la escuela, en otros países pueden recibir clases en casa.

37–39

1. Gabriel, Lola y Mariana

Padre: Gabriel García (45 años) tiene un servicio técnico de reparación de televisores. Madre: Lola Ruiz (42 años), ama de casa. Hijos: Gabriel (10 años) y Mariana (7 años). Lugar de residencia: Félix (Almería).
"No estamos en contra del colegio pero buscamos una educación individualizada que el sistema actual no puede darnos. No sólo es una cuestión pedagógica sino de conciencia. En casa los niños no utilizan libros de texto, siguen su propia reflexión, de manera natural y preguntan. Así respetamos su creatividad e imaginación."

2. Pol, Marcel y Daniel

Padre: Xavier Alá (39 años), profesor de instituto. Madre: Puri Gómez (42 años), ama de casa. Hijos: Marcel (12 años), Pol (9 años) y Noel (5 años). Lugar de residencia: Gavá (Barcelona).
Los niños no van a la escuela. Toman clases en casa. "Es una tarea muy difícil para nosotros, pero vemos a los chicos felices, sin tensiones", dice la madre.

3. Juani, Ruth, David y Lidia

Padre: David Kornegay (46 años). Madre: Juana Báez (43 años). Ambos dirigen una escuela de idiomas. Hijas: Ruth (17 años) y Lidia (15 años). Lugar de residencia: Mairena de Aljarafe (Sevilla).
"Después de trabajar como profesor de inglés en un colegio de Sevilla sé que ése no es el ambiente que yo deseo para mis hijas", dice el padre. "Tenemos así una relación familiar maravillosa", dice la madre.

El País Semanal, texto adaptado

E 6 ***Revisión de vocabulario de la Etapa 3***

Como resumen escribe en tu cuaderno:

- verbos irregulares
- adjetivos
- palabras que me gustan
- palabras que no me gustan

Estrategia: Aprender vocabulario nuevo

Bestimmt schaffst du dir manchmal Eselsbrücken, um dir Neues zu merken. In dieser Übung kannst du sie anwenden.
Arbeitet zu zweit und versucht, eure Arbeitsweise zu analysieren.

Partner A: Schau dir diese willkürlich gewählten Wörter an. Du hast 5 Minuten, um sie dir zu merken. Besprecht die Ergebnisse nach diesen 5 Minuten.

Lehrer	Vater	Stiefel	Eis
bloß	Schiff	Eingang	tschechisch
Straße	Tasche	Sofa	Lärche
Fußball	legen	Läufer	rudern
Urlaub	auf Granit beißen	glatt	Musik
machen	anprobieren	Dänisch	nachdenken über
Eckball	weil	Quark	Antwort
Auto	doch	Haustürschlüssel	zu
Stadtrand	erledigen	laufen	Jeans
Zigarette	streichen	schon	Kassette
Tür	Meer	Mond	traurig

Partner B: Versuche dir diese Wörter einzuprägen, indem du sie diesen oder anderen Kategorien zuordnest. Du hast 5 Minuten.

Lehrer	Vater	Stiefel	Eis
bloß	Schiff	Eingang	tschechisch
Straße	Tasche	Sofa	Lärche
Fußball	legen	Läufer	rudern
Urlaub	auf Granit beißen	glatt	Musik
machen	anprobieren	Dänisch	nachdenken über
Eckball	weil	Quark	Antwort
Auto	doch	Haustürschlüssel	zu
Stadtrand	erledigen	laufen	Jeans
Zigarette	streichen	schon	Kassette
Tür	Meer	Mond	traurig

<u>Natur:</u>	<u>Sport:</u>	<u>Essbares:</u>	<u>Fremdsprachenlernen:</u>	<u>Haus:</u>
....	....	....	....	....
....	....	....	....	....
....	....	....	....	....
<u>Urlaub:</u>	<u>Einkaufen:</u>	<u>Partikel:</u>	<u>Substantiv + Verb:</u>	________
....	....	....	....	....
....	....	....	....	....
....	....	....	....	....

Es ist auch hilfreich, neu zu lernende Wörter in Assoziogrammen bzw. Mind-Maps zu systematisieren.

Etapa 4

El tiempo libre

Paso 1 Un día en la vida de un estudiante universitario

E 1 ***Uno que no tiene tiempo libre: Pepe Méndez Toscano***

Vas a leer un texto sobre un día de un estudiante universitario, ¿qué palabras crees que pueden aparecer? Escribe frases.

volver a casa – el bachillerato – buscar – aburrirse – el ordenador – el aula – el recreo – la clase – dormir – las vacaciones – discutir

T

CD 1 *40–42*

Primer semestre

7:30 Suena el despertador. Me levanto rápidamente y estudio 15 minutos a Ortega y Gasset[1]. Interesante pero un poco aburrido. Después hago un poco de gimnasia, me lavo y me visto.

8:00 Durante el desayuno miro mis apuntes.

8:30 Salgo corriendo a la universidad. Llego puntualmente al aula pero tengo mala suerte porque la primera fila ya está ocupada. Me siento en la segunda. Mañana voy a levantarme a las siete.

9:00 Empieza la clase. Tomo notas de todo lo que explica el profesor. El bolígrafo no tiene más tinta. Esta tarde voy a comprar otros dos.

10:40 Recreo en la cafetería. El café está muy caro. Intento trabajar un poco en mis apuntes pero hay mucho ruido y no puedo concentrarme.

12.00 Clase. Me aburro un poco pero después me concentro y también hago algunas preguntas.

14.00 Almuerzo y todavía tengo tiempo para jugar una partida de parchís[1].

15.00 Clase. No hay orden, el profesor sabe mucho pero tiene dificultades para imponerse.

16.40 Voy a la biblioteca para buscar algunos libros.

18.00 Vuelvo a casa, me acuesto y miro la tele un rato.

19.00 Llamo a Luis y quedamos para revisar los apuntes de la semana pasada.

20.00 Viene Luis y estudiamos juntos. No salimos porque estamos cansados.

22.00 Ceno con mi familia.

23.00 Preparo mis lecciones de mañana. Leo otra vez mis apuntes, no termino porque me duermo.

01.00 Me acuesto.

¡Ojo!

lo que
lo que – das, was – bezieht sich auf Sachverhalte, Inhalte usw. G → 4.1

[1] Ortega y Gasset: *famoso filósofo español*

[2] Parchís en alemán es *Mensch ärgere dich nicht!*

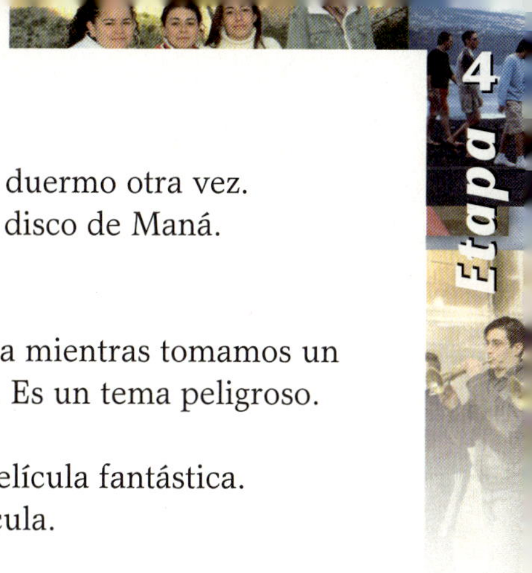

Noveno Semestre

10.30	Me despierto. Tengo dolor de cabeza. Me duermo otra vez.
11.00	Intento levantarme sin éxito. Escucho un disco de Maná.
11.30	Al fin me levanto.
13.00	Partida de mus[1] en el bar.
15.30	Almuerzo con mi familia. En la sobremesa mientras tomamos un café hablamos de mi carrera y del futuro. Es un tema peligroso.
16.30	Voy a la universidad, no hay novedades.
18.00	Voy al cine con mis amigos. Vemos una película fantástica.
20.00	En una cafetería discutimos sobre la película.
22.00	Vuelvo a casa.
01.30	Me pongo a estudiar. El próximo mes tengo mis exámenes finales.

[1] *mus: es un juego de cartas*

¡Ojo!

mientras + verbo
durante + sustantivo G → 4.2

E 2 ***¿Qué hace?***

1. Ordena las actividades del estudiante como en el modelo.

Por la mañana	A mediodía	Por la tarde	Por la noche
levantarse	?	?	?

2. Escribe en tu cuaderno algunas frases y compara tu día y el del estudiante.

El estudiante se levanta a las 7.30, yo me levanto a las 6.45.

E 3 ***No es oro todo lo que reluce[1]***

¿Cómo se dice en español?

1. Der Wecker klingelt.
2. Ich kann nicht.
3. Ich komme heim.
4. Ich schlafe weiter.
5. Ich lege mich hin und sehe fern.
6. Dem Lehrer gefällt, was die Studenten machen.

[1] Nicht alles ist Gold, was glänzt.

E 4 ***Tú puedes***

¿Puedes completar esta tabla? G → 4.3 + pág. 51, E3

	poder	volver	dormir	jugar	acostarse
Yo				juego	me
Tú					te
Él, ella, usted	puede				se
Nosotros/as		volvemos	dormimos	jugamos	nos acostamos
Vosotros/as	podéis	volvéis	dormís	jugáis	os acostáis
Ellos, ellas, ustedes				juegan	se

E 5 *Mira estas definiciones. Relaciónalas con la palabra correspondiente.*

1. tomar notas	( ) habitación en la universidad
2. el aula	( ) persona que enseña en la universidad
3. el recreo	( ) escribir lo más importante en la clase
4. el profesor	( ) explicar los temas a los estudiantes
5. dar clase	( ) pausa entre una clase y otra

Paso 2 ¿Qué vas a hacer?

T

La sobremesa en casa de Pepe

CD 1 43

Madre: Pepe, ¿vas a tomar café?

Pepe: No, gracias, mamá, si tomo ahora café no voy a poder dormir y mañana quiero levantarme temprano.

Padre: Hijo, cada día dices lo mismo.

Pepe : Puede ser, papá. Pero esta vez es verdad. Mañana voy a levantarme a las siete.

Madre: Entonces vas a desayunar con nosotros ...

Pepe : No, lo siento, voy a encontrarme con Luis para revisar unos apuntes antes de la clase.

Madre: Bueno, pero vas a venir a almorzar, ¿no?

Pepe : Sí, sí, voy a venir pero un poco tarde, a eso de las dos y media. Después voy a dormir un poco y a las cuatro voy a salir otra vez para comprar unos bolígrafos. Después voy a ir a la bibioteca para buscar unos libros, ¡ah! y a las siete voy a jugar una partida de mus con Nico, después vamos a ir al cine y más tarde ...

Padre: ¡Pepe! ¿Puedes hacer una pausa para respirar? *(A su mujer)* Querida, creo que yo tampoco voy a tomar café, prefiero una tila ...

E 1 *¿Cómo explica el estudiante lo que va a hacer?*
¿Puedes escribir las palabras que faltan?

Mañana **voy** __ __ a las siete.
Mañana por la tarde __ **a** __ otros dos bolígrafos.

E 2 ***¿Qué vas a hacer este fin de semana?***

CD 1 44–47

Vas a escuchar cuatro diálogos de personas que hablan sobre sus planes.
¿Puedes completar?

Diálogo 1: Mañana, después de la clase de las diez __ la biblioteca.
Por la tarde mis amigos y yo __.
Diálogo 2: El fin de semana __ con mi familia.
Diálogo 3: Este verano __ tres semanas en México. ¿Y vosotros adónde __?
Este año nos __ en España.
Diálogo 4: Mañana __ todo el día.
Por la noche __ con mis amigos.

Escucha otra vez el CD y compara.

E 3 ***Hablamos en futuro***

Escribe en tu cuaderno lo que vas a hacer.

- esta tarde
- después de la clase de español
- mañana
- este fin de semana

E 4 *Al teléfono*

1 48–51

Aquí hay cuatro diálogos, ¿puedes escribirlos en orden en tu cuaderno?

(1)
- ¡Diga!
- Ah, hola Pedro, ¿qué tal?
- Sí, soy yo.
- ¿Está Pedro, por favor?
- ¿Con quién hablo?

(2)
- Un momento, ahora se pone.
- ¡Dígame!
- De Paco.
- ¿Está Luis, por favor?
- ¿De parte de quién?

(3)
- Si puedo hablar con Carmina, Carmina Sanjuán.
- ¿Cómo dice?
- ¡Dígame!
- No, lo siento, se equivoca.
- ¿Puedo hablar con Carmina?
- Perdón.

(4)
De momento no estamos en casa.
Al oír la señal deje su recado.
Éste es el contestador automático de Patricia y Octavio.

E 5 *¿Cómo se dice en español?*

1. du meldest dich am Telefon
2. du fragst nach jemandem
3. du fragst, wer der Anrufer ist
4. du bist der gewünschte Partner
5. du sagst, dass sich der Anrufer verwählt hat

Paso 3 ¿Practicas algún deporte?

E 1 *Aquí tienes un texto sobre un juego muy antiguo entre los indígenas precolombinos. ¿Por qué no lo lees y piensas en un título?*

Tlachtli, juego de pelota de muchos pueblos americanos desde Honduras hasta Arizona, de muchos siglos antes de la conquista. Algunos pueblos lo juegan todavía. El lugar para practicar este juego: canchas o campos especiales llamadas tlachtli.
Para jugar: una pelota de hule macizo[1] para golpear sólo con el codo, la rodilla o la cadera.
El objetivo del juego: apuntar tantos enviando o devolviendo la pelota de uno a otro campo pasando siempre por la raya del centro.
Regla especial: si la pelota pasa por uno de los anillos de las paredes, gana el partido ese equipo, sin contar el número de tantos.
El significado: un profundo sentido religioso más que una demostración deportiva. La pelota como símbolo del sol o la luna o bien el movimiento de toda la bóveda celeste.
Objetivo más importante: la fertilidad de la tierra.

E 2 *¿Qué dibujo corresponde al texto?*

E 3 ***¿Qué es qué?***
¿Puedes relacionar estas palabras con sus definiciones?

1. partido	( )	grupo de jugadores
2. tanto	( )	bola maciza o llena de aire para jugar
3. pelota	( )	el lugar donde se practica un deporte
4. equipo	( )	competición deportiva entre dos jugadores o equipos
5. cancha	( )	punto que se cuenta a favor o en contra de uno u otro jugador o equipo

[1] hule macizo: *fester Kautschuk*

E 4 **_Más deportes_**

¿Conoces algunos deportes que se juegan con pelota?
¿Sabes cómo se llaman en español?

E 5 *¿Por qué no dices algo de otros deportes como en el modelo?*
Modelo: El baloncesto es un deporte divertido.

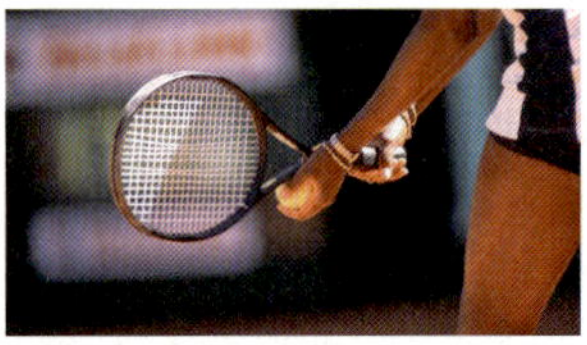
tenis

baloncesto

esquí

fútbol

natación

bungee jumping

- interesante
- fantástico
- rápido
- impresionante
- caro
- peligroso
- terrible
- aburrido

E 6 **_¡Ahora tú!_**

Haz una entrevista a tus compañeros en el curso.

1. ¿Qué deportes (no) te gustan? ¿Por qué?
2. ¿Practicas algún deporte? ¿Cuántas veces a la semana?
3. ¿Ves algún programa de deporte en la tele? ¿Cuándo?
4. ¿Estás en algún club de deporte?

E 7 **_¿Sabes o puedes?_**

Modelo:

A: ¿Sabes jugar al tenis?
B: Al tenis no, pero sé esquiar.

A: ¿Podemos jugar al baloncesto?
B: No, la cancha está ocupada.

¿Cuándo se utiliza en español el verbo poder y cuándo el verbo saber? Formula una regla y piensa en dos ejemplos más. G → 4.6

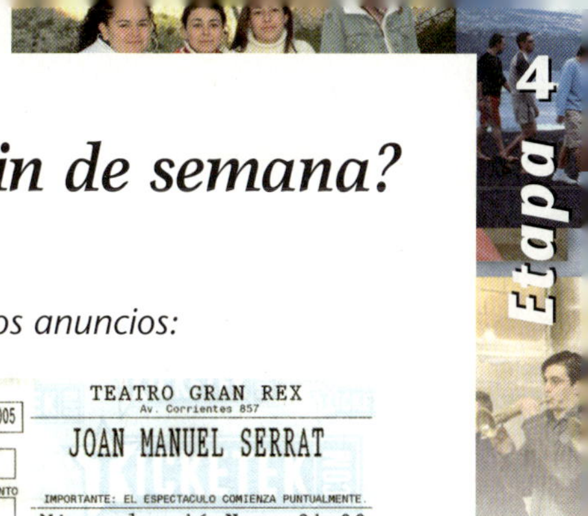

Paso 4 ¿Cómo quedamos para el fin de semana?

E 1 ***¿Adónde vamos?***

Relaciona estas actividades de fin de semana con los anuncios:

1. ir al cine
2. ver la televisión
3. ir a un concierto
4. ir al teatro
5. ir de copas
6. hacer una excursión
7. salir a comer fuera
8. ir a bailar
9. ir a un museo

Ahora habla con tu compañero.

Modelo:

– ¿Qué vas a hacer tú el fin de semana?
– El domingo mi familia y yo vamos a comer fuera.

La 2

7.30 *UNED.*
8.00 *Los conciertos de La 2.*
8.45 *Shalom.*
9.00 *Islam hoy.*
9.15 *Buenas noticias. TV.*
9.30 *Con todos los acentos.*
10.00 *Paraíso recobrado.*
10.30 *Cine de animación.* 'Scooby Doo en la isla de los zombis'. (SS).
12.00 *Panorama de la historia.* (SS).
12.55 *Loto-Turf.*
13.00 *Estadio 2.* 'Reportaje supercross': Cto. España (13.05). 'Motociclismo': Cto. España velocidad (directo, 13.15). Reportajes: automovilismo Copa Clio (14.25); vela, Trofeo de la Reina (14.30); atletismo, Copa Clubes (14.45). 'Ciclismo'. Tour (dir.; 15.00). 'Billar' (17.00). 'Piragüismo': Copa del Mundo (18.00); Cto. Europa Aguas Tranquilas (18.15). 'Hípica' (18.30). 'Tour', resumen (19.30).
20.05 *Retratos insólitos.* 'Deportes de riesgo'.
21.25 *Ciudades para el siglo XXI.* 'Ávila, piedra y espíritu'.
21.50 *Otros pueblos.* Hoy, 'Aitutaki, sueño y realidad (Islas Cook)'. (SS).
23.00 *El rondo de Estudio estadio.* Espacio deportivo.
0.45 *Cine Club.* 'Escándalo en París'. (VOS).
2.30 *Cine.* 'Baile a la luz de la luna'. Una mujer

Antena 3

6.45 *Repetición de programas.*
7.15 *El pequeño rey.* (SS).
7.45 *Yu Gi Oh GX.* (SS).
8.30 *Megatrix.* Programa infantil que incluye las siguientes series: 'Bob Esponja', 'Dexter', 'Futurama', 'Quintillizos', 'Malcolm in the middle' y 'Cosas de casa'. (SS).
13.00 *Shin Chan.* Serie animada. (SS).
14.00 *Los Simpson.* Serie animada. Dos capítulos: 'Homer en el espacio exterior' y 'Homer ama a Flanders'. (SS).
15.00 *Antena 3 Noticias 1.*
15.45 *El ti3mpo.*
16.00 *Multicine.* 'Notting Hill'. Anna Scott, una famosa estrella de cine, conoce a William, propietario de una tienda de libros, que se dedica a cortejarla desde que la conoce. (SS).
18.45 *Cine.* 'El presidente y Miss Wade'. (SS).
21.00 *Antena 3 Noticias 2.* Incluye *El ti3mpo.*
22.00 *Los más de la fiesta.* Paula Vázquez y Jorge Fernández presentan este nuevo espacio, que busca, entre todos los estilos musicales posibles, la mejor canción de fiesta de los últimos 30 años.
0.30 *La hora de la verdad.*
2.30 *Cine.* 'Quills'. (18).
4.30 *Televenta.* Espacio

Cuatro

7.55 *Melrose Place.*
8.45 *Cuatrosfera.* Magacín juvenil. Incluye:
— 'El gran héroe americano', serie.
— 'Rebelde Way', serie.
— 'Del 40 al 1', programa musical.
— 'Surferos TV', espacio de *zapping.*
— 'Cosas de marcianos', serie.
13.57 *Noticias Cuatro.* Incluye información deportiva del Mundial 2006 de la mano de Manu Carreño y Manolo Lama en directo desde Alemania.
15.45 *Wimbledon 2006.* Final.
18.45 *Zona Cuatro.* Final.

Hoy a las 20:00 h.
ITALIA vs FRANCIA
cuatro

20.00 *Mundial Alemania 2006.* Final del Mundial: Italia-Francia (directo).
22.00 *Zona Cuatro.* Pospartido de la final y clausura del Mundial.
23.00 *Especial informativo Alemania 2006.* Los mejores momentos del Mundial de Alemania.
1.05 *Más allá del límite.* Serie de ciencia-ficción. Edición especial. (13).
2.00 *Historias de la cripta.*

TELE 5

6.30 *UFO baby.* (SS).
6.50 *El príncipe Mackaroo.* (SS).
7.15 *El mundo mágico de Brunelesky.* Espacio infantil.
7.30 *Birlokus klub.* Programa infantil. Incluye: 'Medabots', 'Supercampeones', 'Let's & go' y 'Pokemon'. (SS).
9.30 *Summerland.* 'La vida en una pecera'. (SS).
10.30 *Cazatesoros.* Serie. 'La hora límite'. (SS).
11.30 *Visto y no visto.*
12.45 *Bricomanía.* (SS).
13.30 *El payaso.* Serie. 'Piloto (primera parte)'. (SS. 7).
14.30 *Informativos Telecinco.* (SS).
15.30 *Cine on.* 'Supercop'. (13).
17.30 *Embrujadas.* 'La extraña Phoebe' y 'Demonios imaginarios'. (SS).
19.15 *El buscador de historias.* Magacín.
20.55 *Informativos Telecinco.* (SS).
21.30 *TV top.*
22.00 *Aída.* Decidida a sacarse el carné de conducir, Lorena se enfrenta a las clases prácticas tras aprobar el teórico. Ante la falta de dinero, Aída se convertirá en la profesora de su hija. (SS. 7).
1.15 *Supervivientes: perdidos en el Caribe.* El debate. (13).
2.30 *Nosolomúsica.* (18).

E 2 *¿Con qué frecuencia hacéis tú y tu compañero estas actividades de tiempo libre?*

tocar la guitarra/la batería
escuchar música
hacer deporte
leer libros
dar una vuelta
salir con los amigos
hacer bricolaje
chatear
jugar al baloncesto
jugar al fútbol
mirar la tele

siempre
normalmente
muchas veces
los viernes/los lunes/los jueves ...
a veces
raramente
nunca

Modelo:
- Normalmente los viernes por la noche salgo con mis amigos. ¿Y tú?
- Yo no, yo salgo los sábados.

- ¿Juegas siempre al fútbol?
- No, sólo los lunes y los miércoles por la tarde.

E 3 ***¡Tú puedes!***
Completa el siguiente diálogo con las formas del verbo ***poder****.*

Mario: Oye, Toni, ¿ __ salir esta noche?
Toni: Sí, claro __ ir al cine o al teatro.
Mario: ¿Al cine? ¿Qué películas hay?
Toni: No sé, vamos a ver la cartelera.
Mario: Mira, aquí hay una de Almodóvar, "Todo sobre mi madre".
Toni: Sí, muy bien. ¿Crees que Aurora __ ir con nosotros?
Mario: Sí, creo que sí. ¿ __ hablar tú por teléfono con ella?
Toni: Más tarde, ahora no __, tengo que volver a clase. Hasta luego.

Ahora Toni habla con Aurora por teléfono. Escribe tú el diálogo.

E 4 ***¿Vamos a la playa?***

Aquí tienes unas fórmulas para invitar o hacer una propuesta y también para aceptar o rechazar. ¿Puedes completar?

Para hacer una invitación o propuesta:
¿ __ ir al cine?
¿Por qué no vamos a tomar un café?
¿Vamos a bailar?

Para aceptar:
____.
Vale, de acuerdo.

Para rechazar:

____.

Lo siento. Esta noche tengo que estudiar para un examen.

El fin de semana está cerca y tú quieres hacer alguna actividad con tu compañero. Haz algunas propuestas.

- Revisar los apuntes
- Escuchar música
- Ir a un concierto
- Dar un paseo en bici
- Jugar al fútbol
- Ir al bar

Modelo:
- Oye, Jorge, ¿por qué no revisamos los apuntes este sábado?
- Sí, vale, de acuerdo.

o

- ¿Este sábado? No puedo, es que tengo que ir con mi madre al centro.

E 5 ***Una postal de México***

Mira esta postal de Xochimilco[1], un lugar en el sur de la Ciudad de México. Todas las canoas o trajineras tienen un nombre. Describe lo que ves.

[1] Xochimilco (sotschimilko), palabra azteca: lugar de flores = *Blumenau*

Estrategia: Leer y comprender – Leseverstehen

Um einen Text zu verstehen, musst du nicht jedes einzelne Wort entziffern können. Es geht vielmehr darum, die für dich wichtigen Informationen zu entnehmen. Dabei helfen dir deine Lebenserfahrung und dein bereits vorhandenes Wissen.

Wenn du den Text auf der nächsten Seite ansiehst, stellst du fest, dass du nicht jedes Wort auf Anhieb verstehst. Du könntest natürlich gleich im Wörterbuch nachsehen - doch das ist oft nicht notwendig! Wie kannst du am besten vorgehen?

Das 1. Lesen: Schau den Text nicht im Hinblick auf die unbekannten Vokabeln an, sondern suche nach den Wörtern, die du bereits kennst. Versuche, den Text zunächst einmal grob zu verstehen.
Das 2. Lesen: Versuche nun, die Bedeutung der unbekannten Vokabeln mit folgenden Hilfsmitteln zu erschließen:

a. die deutsche Sprache
Es gibt viele spanische Wörter, die im Deutschen ähnlich klingen. Zwar haben sie deshalb nicht automatisch die gleiche Bedeutung, doch dies kann man oft durch den Kontext herausfinden.
Beispiel: proyecto (dt. Projekt)

b. andere Fremdsprachen
Kennst du ein ähnliches Wort z. B. im Englischen oder Französischen?
Beispiele: líder (eng. leader), musical (eng. musical)

c. Bisher gelernte spanische Wörter
Oft entpuppen sich unbekannte Vokabeln als Zusammensetzungen bzw. Ableitungen aus bereits gelernten Formen. Es ist also ratsam, nach Wörtern derselben Wortfamilie zu suchen.
Beispiele: musical (< música), reaparición (re + aparición)

d. Erkennen der Wortart
Oft hilft beispielsweise die Stellung des unbekannten Wortes im Satz, um herauszufinden, ob die Vokabel z. B. ein Verb, ein Adjektiv oder auch ein Substantiv sein muss. Dies wiederum hilft beim Erschließen des Sinns.

e. der Kontext
Ihn sollte man nie aus den Augen verlieren! Denn die bereits bekannten Wörter helfen bei dem Versuch, den unbekannten Vokabeln einen Sinn zu geben und sind eine gute Kontrolle.
Jetzt bist du sicher imstande, den allgemeinen Sinn des Textes zu verstehen. Und das ist sehr wichtig! Wenn du nun den Text im Detail lesen willst, bleibt noch das Nachschlagen im einsprachigen bzw. zweisprachigen Wörterbuch.

E 6

01

53–54

Para leer

Lee este texto para saber qué hacen muchas familias de la ciudad de México los fines de semana.

Vamos de paseo a Xochimilco

Especialmente los sábados y los domingos muchas familias de la ciudad de México van de excursión a Xochimilco, un barrio de origen prehispánico al sur de la misma ciudad. Allí está el lago de Xochimilco, el resto del gran lago de Texcoco que ya no existe. Hoy en su lugar está la ciudad de México.

En Xochimilco están las chinampas, islas artificiales construidas para ganar tierra al lago. Allí se cultivan verduras y flores. Los canales que hay alrededor de estas islas son navegables y son el punto central de una visita a Xochimilco. Dar un paseo en canoa por los canales constituye la diversión favorita de muchas familias y también de los turistas. Las trajineras, nombre con que se conoce a estas embarcaciones, están engalanadas con flores y pintadas en colores muy vivos, los remeros invitan a las familias a dejarse conducir por ese pintoresco lugar.

Por los canales circulan estas trajineras que hacen las veces de tiendas de un mercado, las hay de comidas y bebidas, de flores, de prendas tejidas y no falta el fotógrafo para tomar la foto del recuerdo y, también están, los grupos de música (mariachis, tríos, grupos norteños) que acompañan a las familias en su recorrido y dan un toque de fiesta al paseo.

Otro de los puntos interesantes de Xochimilco son sus mercados, los hay de frutas y verduras, de comida, de flores y plantas y de artesanías.

Marca la respuesta correcta

1. Las chinampas son los canales	v	f
2. Los grupos de música están en el mercado.	v	f
3. También muchos turistas van a Xochimilco.	v	f
4. En los canales puedes comprar flores.	v	f
5. Xochimilco es un barrio antiguo de la ciudad de México.	v	f

¿Puedes escribir una postal a Pascual de un sitio interesante de la región donde vives?

Paso 5 En el bar

E 1 ***Un poco de orden, por favor***

01 55–56

Fíjate en estos diálogos. ¿Puedes ponerlos en orden?

1. ¿Qué vas a tomar?
- Vale, de acuerdo.
- Yo, otra. ¿Pedimos unos calamares?
- ¿Qué vas a tomar?
- No, no, esto lo pago yo.
- Una caña.
- Ocho euros cincuenta.
- Bueno, vale, pero la próxima vez pago yo.
- ¡Camarero! ¿Cuánto es?
- Que no, que hoy invito yo.
- Oiga, nos pone dos cañas y una tapa de calamares, por favor.

2. Y ustedes, ¿qué van a tomar?
- Pues yo, un cortado y un bocadillo de jamón, ¿y tú?
- ¿Me cobra, por favor?
- Ahora mismo.
- Y ustedes, ¿qué van a tomar?
- En seguida.
- Yo, sólo un café con leche.
- Oiga, ¿me pone otro cortado, por favor?

Escucha y comprueba.

¿Cómo se dice en español?
- wenn du jemanden fragst, was er bestellen möchte?
- wenn du beim Kellner bestellst?
- wenn du den Kellner zum Bezahlen rufen möchtest?

E 2 ***¿Dos o doce?***

01 57–60

Escribe en tu cuaderno los números que escuchas:

1. a. 12.30 euros	2. a. 4.75 euros	3. a. 16.90 euros	4. a. 9.10 euros
b. 11.30 euros	b. 4.65 euros	b. 6.90 euros	b. 9.00 euros

E 3 *Mira la carta de un bar:*

LA VIEJA SODERÍA

CAFETERIA

Café	$ 2,00
Café en jarrito	$ 3,00
Café con leche/doble	$ 4,00
Café con crema	$ 2,50
Cappucchino *(café, leche, crema, chocolate rayado)*	$ 3,50
Té	$ 1,50
Té en hebras, 1 tetera *(2 tazas)*	$ 3,00
Té en hebras, 1/2 tetera *(1 taza)*	$ 2,00
Té saborizado	$ 2,00
Submarino	$ 3,00
Vaso de leche	$ 2,00
Yoghurt	$ 2,00
Adicional leche o crema	$ 0,50

DESAYUNOS

Simple: café c/leche tostadas, manteca y dulce	$ 5,00
Completo: café c/leche o té tostadas, manteca y dulce - mediaslunas - jamón y queso	$ 8,00
Café con leche c/3 medialunas	$ 5,00
Medialunas c/u	$ 0,50

CAFES ESPECIALES

Café Calipso: Tía María, café y crema	$ 6,00
Café Irlandés: Whisky, café, crema y canela	$ 6,00
Café Francés: Cognac, café, crema y chocolate rayado	$ 6,00
Café Caribeño: Ron, café, crema y chocolate rayado	$ 6,00
Café Porteño: Cognac, Cointreau, café y crema	$ 6,00
Café Crema Irlandés: Whisky, Baileys, café, crema y chocolate rayado	$ 6,00

REPOSTERIA

Masas, tortas y alfajores *(ver exhibición)*

SANDWICHS

(Pebete / figaza de manteca / Francés)

Jamón cocido y queso	$ 3,50
Jamón crudo y queso	$ 5,00
Salame casero y queso	$ 5,00
Tostado de miga c/jamón y queso	$ 3,50
Medialuna c/jamón y queso	$ 1,50
Hamburguesa	$ 3,00
Hamburguesa completa *(jamón, queso, lechuga y tomate)*	$ 5,00
Lomo	$ 4,00
Lomo completo *(jamón, queso, lechuga y tomate)*	$ 6,00
Pechuga de pollo	$ 4,00
Pechuga de pollo completo *(jamón, queso, lechuga y tomate)*	$ 6,00
Pancho	$ 2,50
Pancho completo *(jamón y queso)*	$ 3,50
Recargo por jamón, queso o tomate	$ 0,50

PICADAS

Picada completa: salame casero, queso, jamón crudo, jamón cocido, papas fritas, palitos, aceitunas y maníes	$ 18,00
Salame casero	$ 8,00
Queso	$ 4,00
Jamón crudo	$ 8,00
Jamón cocido	$ 5,00
Papas fritas	$ 1,00
Palitos	$ 1,00
Aceitunas	$ 2,00
Maníes	$ 1,00

BEBIDAS

Gaseosas 350 cm^3	$ 2,50
Agua mineral	$ 2,50
Jugo de naranja natural	$ 3,00
Licuados de fruta con leche *(banana o durazno)*	$ 4,00

Ahora tú pides algo y tu compañero es el camarero.

Fíjate en estas preguntas:

- ¿Quién paga esto?
- **Lo** pago yo.

- ¿Pagas tú la tónica?
- Sí, **la** pago yo.

- ¿Usted paga los bocadillos?
- No, hoy **los** paga ella.

- Oye, Manolo, hoy no tengo dinero. ¿Pagas tú las cañas?
- Claro, hombre, **las** pago yo.

¡Ojo! Die direkten Objektpronomen stehen vor dem Verb.

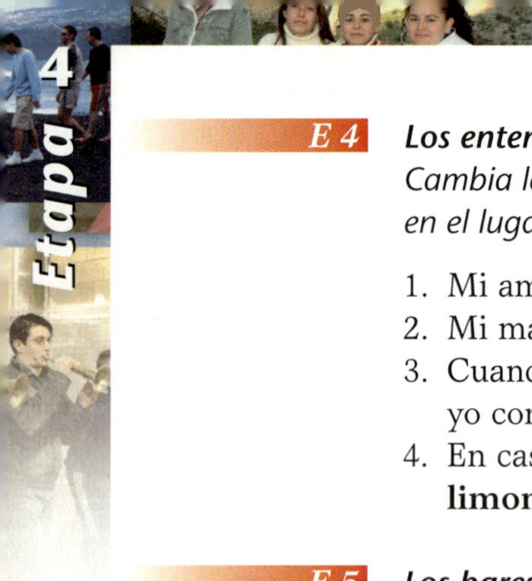

E 4 ***Los entendemos***

*Cambia las palabras subrayadas por **lo, la, los, las,** y escribe los pronombres en el lugar correcto en la frase.*

1. Mi amigo Jorge siempre toma café con leche y yo tomo **café** solo.
2. Mi madre quiere la cuenta y mi padre paga **la cuenta**.
3. Cuando comemos bocadillos mi novia come **bocadillos** de tortilla y yo como **bocadillos** de queso.
4. En casa mi padre prepara limonada con azúcar pero mi madre quiere **limonada** sin azúcar.

E 5 ***Los bares en la vida de los españoles***

¿Puedes poner este texto en orden?

Sobre todo los fines de semana hay mucha gente en los bares, la mayoría está de pie delante de la barra, pero a los turistas les gusta sentarse en las mesas, aunque las comidas y bebidas son un poco más caras. A veces los turistas se sientan en una mesa que ya está ocupada porque alguna silla está libre. Pero esto no les gusta nada a los españoles.

Muchos españoles empiezan el día desayunando en un bar. Desayunan poco, sólo un café con un bollo. A media mañana la gente sale del trabajo y va al bar a tomar una tapa o un bocadillo y un café con leche. Una tapa es algo pequeño para comer, por ejemplo calamares.

El aperitivo, un vino o una caña con unas tapas, se toma antes de comer. Después de trabajar, sobre las 7 o las 8 mucha gente toma otro aperitivo antes de cenar. Y por la noche, después de cenar, especialmente los jóvenes van al bar para tomar algo con los amigos, por eso los bares cierran bastante tarde.

¿Puedes imaginarte por qué los bares son importantes para los españoles? Y en tu país, ¿cómo es esto?

E 6 ***Dictado de números***

1. *Ahora vas a escuchar números. Escríbelos.*
2. *Piensa en cinco números. Díctalos a tu compañero/a.*

E 7 ***Ciudad de México***

CD 1, 61–65

La ciudad de México, también llamada Distrito Federal, una de las más grandes del mundo, tiene unos 20 millones de habitantes.
Escucha el CD y completa con los números.

Teatro __ - Ballet __ - Danzas regionales __ - Conciertos __ - Cine __ - Visitas a zonas arqueológicas __ -Museos __ - Partidos de fútbol __ - Partidos de béisbol __

Etapa 5

De compras

Paso 1 ¿Qué hay de comer?

E 1 *Mira esta foto de la pirámide de los alimentos y relaciona las palabras con los números.*

cereales – frutas – carnes y pescados – leche y huevos – verduras y legumbres – grasas ... y dulces

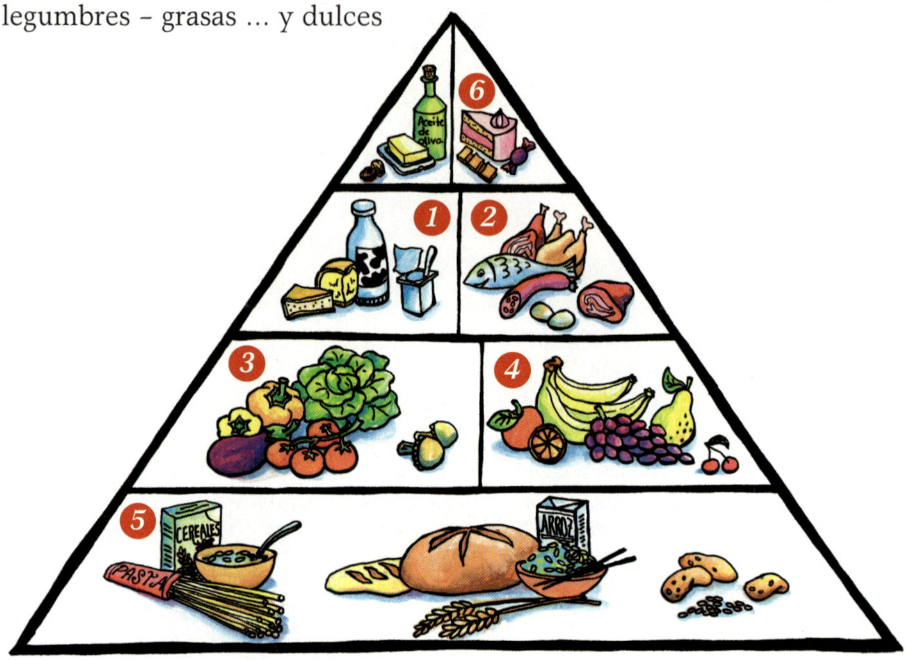

¿Qué conoces ya? Busca en el diccionario las palabras que no conoces.

E 2 *Relaciona los alimentos con las fotografías y los dibujos.*
carne – dulces – huevos – pollo – pescado – manzanas – peras – lentejas – lechuga – yogur – aceite de oliva – tomates – pan – pasta – arroz – patatas – salami – jamón – leche – plátanos – cerezas

E 3 ***¿A qué grupo pertenece?***
Rellena la tabla con un mínimo de cuatro alimentos por grupo. Si es necesario, busca en el diccionario, pregunta a tu profesor o mira las fotografías de la página 77.

Frutas	Verduras y legumbres	Carne y pescado	Productos lácteos y huevos	Grasas	Hidratos de carbono y cereales

¿Cuál es tu alimento preferido?

¡Ojo!
a. ¿Cuál prefieres, la manzana verde o la roja?
b. ¿Qué prefieres, té o café?

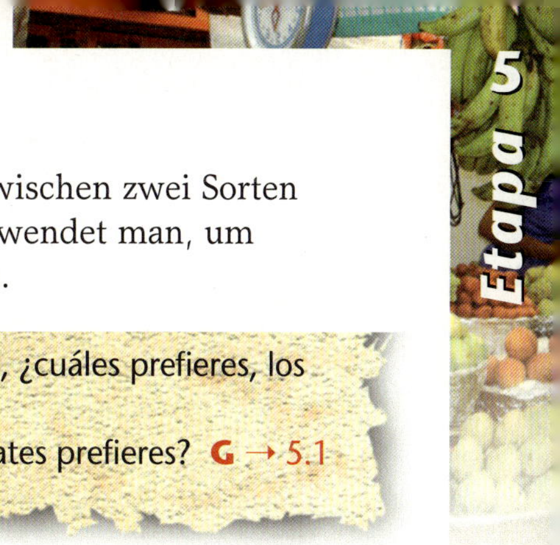

Kannst Du jetzt die Regel vervollständigen?
Das Fragewort __ verwendet man, wenn man zwischen zwei Sorten einer Sache wählen muss. Das Fragewort __ verwendet man, um zwischen zwei verschiedenen Sachen zu wählen.

¡Ojo! Der Plural von **cuál** ist **cuáles** (Ej: De estos tomates, ¿cuáles prefieres, los maduros o los verdes?)
Cuál kann nie ein Substantiv begleiten. ¿Qué tomates prefieres? G → 5.1

E 4 ***Lo que necesitas saber para hacer la compra***

En España, la gente compra más en los supermercados que en las tiendas. ¿Por qué? La razón es clara: en los supermercados los productos normalmente son más baratos que en las tiendas, hay más variedad de cosas que en un pequeño comercio y se puede comprar todo en un solo sitio. Hoy día la gente tiene menos tiempo que antes y, por eso, prefiere hacer la compra en un solo lugar.
Pero, igual si se compra en una tienda o en un supermercado, se debe saber lo siguiente:
- Los huevos se compran por **docena** o por **media docena** (12 ó 6).
- La carne se compra por **kilo**, **medio kilo** (1/2) o **cuarto (de kilo)** (1/4), o en **filetes**.
- El pescado se compra **entero**, en **filetes**, o por **kilo**.
- El arroz, el azúcar, la harina se compran en **paquetes** de medio o de un kilo.
- El vino, el aceite, la leche, se compran en **botellas** o por **litros**.
- El embutido y el queso se compran por **gramos** (100, 150, 200, etc.).
- La fruta se compra por **kilos**, **medio kilo**, etc.
- Las verduras más grandes se compran por **unidades**, las más pequeñas, por **kilos**.

En España también existen hipermercados, que son todavía más grandes que los supermercados. Aquí no sólo se venden cosas para comer sino también libros, discos, ropa, y hasta muebles.

E 5 *Relaciona para hacer frases.*

El ajo	tienen mucha vitamina C.
La naranja y el limón	son buenos para los huesos porque tienen mucho calcio.
El queso y la leche	son buenas para la vista.
Los huevos	es bueno para la circulación.
Los frutos secos	aportan muchas proteínas.
Las zanahorias	dan energía.

¿Qué más sabes sobre otros alimentos?, ¿para qué son buenos o malos?

¿Estás de acuerdo con estas frases? Habla con tu compañero/a.

- Las zanahorias ayudan a ponerse moreno.
- El pescado es bueno para la memoria.
- La cerveza es buena para el pelo.

E 6

1
66–68

Una entrevista

Ahora escucha al Doctor Bernardino hablando sobre la alimentación. Copia y completa la tabla en tu cuaderno. ¿Qué alimentos son ricos en estos componentes?

vitaminas	proteínas	grasas	colesterol	fibra	calorías

Escucha otra vez al doctor y contesta con frases enteras.

1. ¿Qué alimento rico en proteínas se debe comer una o dos veces por semana?
2. ¿Qué carne es la más grasa?
3. ¿Dice el doctor que nunca hay que comer grasas?
4. ¿Cuántas frutas hay que comer al día?
5. ¿Cuántos huevos se pueden comer por semana?
6. ¿Crees que si invitas al Doctor Bernardino con un poco de jamón va a rechazarlo?

Vergleiche deine Antworten mit der Transkription des Dialoges auf S. 227.

Ahora tú. ¿Te alimentas bien? ¿Qué tienes que cambiar? Habla con tu compañero.

Paso 2 En la tienda

E 1 ***¡Mira bien!***

1. Mira este dibujo y contesta.

¿Dónde venden pasteles?
¿Dónde venden carne?
¿Dónde venden zapatos?
¿Dónde venden libros?

2. Ahora relaciona y forma frases.

Modelo: En una farmacia venden remedios.

a. farmacia	1. pan
b. droguería	2. perfumes
c. papelería	3. antibióticos
d. perfumería	4. jabón
e. estanco	5. papel y lápices
f. panadería	6. sellos

3. ¿Qué otras cosas puedes comprar en estas tiendas?
Piensa en tres cosas que puedes comprar en cada una. Aquí tienes algunos ejemplos. Ordénalos y busca otros en el diccionario. Luego compara tu lista con la de tu compañero y con el resto de la clase.

ordenador – champú – crema solar – aspirinas – pan – CD – cigarrillos – pasteles

E 2 Vamos a comparar precios G → 5.2

¡Ojo! tan pocas cosas pero: **tantas** cosas

Ahora construye frases como los modelos.

E 3 Mi novio es más guapo que tu novio

Completa las siguientes oraciones de acuerdo al dibujo: + (más … que), – (menos … que), = (tan/to, -a, -os, -as … como/tanto como).
¡Ojo con los irregulares! Intenta no repetir palabras en una frase.

1. Las manzanas verdes, las manzanas rojas/rico/ +
2. Estos plátanos, aquellos plátanos/maduro/ –
3. Las cebollas, los pimientos/caro/ =
4. La frutería de Doña Pilar, la frutería de Don José/bueno/ +
5. El nuevo libro de Picos Pardos, el nuevo libro de Mingo Mongo/aburrido/ =
6. El Doctor Chapatín, el Doctor Bernardino/trabajar/ =
7. Mi primo, tu primo, tocar la batería/mal/ –
8. Vuestro hermano, nuestro hermano/grande/ +
9. Hacer bungee jumping, jugar al baloncesto/peligroso/ +
10. El español, el chino/difícil/ –

E 4 Pero mi novio es el más inteligente de todos

Elige el adjetivo y completa las siguientes oraciones con la forma correcta del superlativo.

barato – rápido – interesante – caro – aburrido – rico – nuevo – antiguo – guapo – joven

1. El tren (Zug) AVE es ___ de España.
2. Jacinta es ___ de la clase. Sólo tiene 13 años.
3. La fruta de Doña Pilar es ___ del barrio. Un kilo de plátanos cuesta solamente un euro.
4. Keanu Reeves es ___ de todos los actores en Estados Unidos.
5. El museo de Ciencias Naturales es ___ de la ciudad.
6. La universidad de Salamanca es ___ de España.

7. El Rolls Royce es ___ del mundo. Cuesta ... ¡Puff! No sé. Mucho.
8. Los CDs de "Música sí" son ___ del momento.
9. El novio de Pichi es ___ de todos los chicos que conozco. No le gusta bailar, no le gusta salir, no le gusta nada.
10. El jamón serrano es ___ del mundo.

E 5 *¿Tú qué crees?*

Escribe la forma correcta del comparativo o del superlativo en cada oración.

1. El Everest es el monte[1] ___ del mundo. (alto)
2. Paco de Lucía es ___ Pepe de Felipa. (famoso)
3. Robert Redford es ___ Brad Pitt. (viejo)
4. El jamón serrano es ___ de España. (bueno)
5. El lunes es ___ de la semana. (malo)
6. La paella valenciana es ___ las lentejas. (rico)
7. Mi tío Pepe es ___ de los hermanos. (joven)
8. ¿Cuál es ___ equipo de fútbol en España? (bueno)
9. Andorra es ___ del mundo. (pequeño)
10. Buenos Aires es ___ Montevideo. (grande)

E 6 *Ramiro hace la compra*

1 69

Escucha el diálogo en la frutería y completa las palabras que faltan.

Ramiro: Buenos días, Doña Pilar.
Doña Pilar: Buenos días, hijo, ¿qué te pongo?
Ramiro: Pues quería un kilo de __ para ensalada, verdecitos.
Doña Pilar: A ver ... ¿qué te parecen __?
Ramiro: Muy bien, perfecto.
Doña Pilar: ¿Qué más quieres?
Ramiro: También quería una __, un pimiento rojo y medio kilo de cebollas. ¡Ah!, y póngame también dos __.
Doña Pilar: ¿De éstos maduros?
Ramiro: No, no los quiero maduros, mejor un poco verdes también. De ésos de __.
Doña Pilar: Muy bien, ¿es todo?
Ramiro: Mmmm, ¿cuánto cuestan estas __?
Doña Pilar: Tres euros el kilo.
Ramiro: ¡Qué caro! Nada, entonces sólo los plátanos. ¿Cuánto es todo?
Doña Pilar: Son __ de los tomates, __ céntimos de la lechuga, 80 céntimos del pimiento, un euro las cebollas y 80 de los plátanos. En total son cuatro euros con 90 céntimos.
Ramiro: Aquí tiene. Quédese con la vuelta.
Doña Pilar: Muchas gracias __, hasta luego.
Ramiro: Hasta luego, gracias.

[1] el monte: *der Berg*

E 7 *¿Cómo se dice en español?*

1. Was kann ich dir geben?
2. Ich hätte gerne ...
3. Was hältst du von diesen hier?
4. Möchtest du noch etwas?
5. Geben Sie mir/Können Sie mir ... geben?
6. Von jenen dort.
7. Ist das alles?
8. Wie viel macht es?
9. Bitteschön.
10. Der Rest ist für Sie.

E 8 *Completa este diálogo en el mercado.*

El cliente	El dependiente
Du grüßt und verlangst ein Kilo Karotten.	
	Vamos a ver ... aquí tiene. ¿Qué más desea?
Du möchtest noch ein halbes Kilo Tomaten.	
	¿Cómo los quiere, maduros o para ensalada?
Du möchtest reife Tomaten. Du fragst, ob sie Kirschen haben.	
	Sí, de Huelva, buenísimas. ¿Cuántas desea?
Du fragst nach dem Preis.	
	Están a 5,50 € el kilo.
Du findest es teuer und möchtest nur 200 Gramm.	
	Sí, con el euro sube todo. Aquí tiene los 200 gramos. ¿Qué más?
Du möchtest nichts mehr und fragst, wie viel das alles kostet.	
	A ver, las zanahorias, los tomates y las cerezas ... en total son 3, 90.
Du bezahlst, bedankst dich und verabschiedest dich.	
	Adiós, adiós, ...

¡Ojo!

Nah beim Sprecher	Etwas entfernt vom Sprecher	Weit entfernt vom Sprecher
Este plátano	Ese plátano	Aquel plátano
Esta lechuga	Esa lechuga	Aquella lechuga
Estos plátanos	Esos plátanos	Aquellos plátanos
Estas lechugas	Esas lechugas	Aquellas lechugas
Esto	Eso	Aquello

E 9 *¿En qué envases se venden estos alimentos? Relaciona cada alimento con su envase.*

leche – arroz – naranjas – galletas – carne – atún – café – pasta

¡Ojo!

Una botella **de** vino
Un paquete **de** mantequilla

E 10 ***¿Qué necesitamos?***

1 70

Escucha a Ana y Gustavo. Están haciendo la lista de la compra. Completa la lista.

El nuevo libro de Pérez Reverte
Jabón
1 kilo de tomates
1 pollo
1 paquete de café
Un regalo para la madre de Amalia, porque es su cumpleaños.

E 11 *¿A qué tiendas tienen que ir para comprar todo lo que necesitan?*

E 12 *Un diálogo entre Gustavo y el dependiente. Escribid el diálogo en parejas.*

E 13 *Ahora tú. ¿Qué tienes en la nevera? ¿Qué tienes que comprar? ¿Dónde?*

E 14 ***Hay neveras y neveras …***
Imagina qué tiene en la nevera un intelectual, un yupi, un millonario, un estudiante … Ahora imagina tu nevera ideal, ¿qué hay en ella? Escribe una pequeña lista. Ahora tu compañero/a va a leer tu lista y va a intentar describir qué tipo de persona eres. ¿Tiene razón?

Paso 3 Oiga, por favor ...

El museo del Prado

La Puerta del Sol

La Plaza Mayor

El parque del Retiro

E 1 **En las calles de Madrid**

Mira este dibujo y relaciona.

- *El buzón*
- *El metro*
- *La cabina de teléfonos*
- *La oficina de correos*
- *La calle*
- *La avenida*
- *La plaza*
- *El parque*
- *El teatro*
- *El cine*
- *El barrio de Malasaña*
- *La esquina*
- *La parada del autobús*

E 2 **Adivina, adivinanza.[1] ¿Qué es?**

1. Es un barrio que es famoso por sus bares.
2. Es un medio de transporte que está bajo tierra.
3. Es una calle que es muy ancha.
4. Es un lugar que se usa para llamar por teléfono.
5. Es una caja amarilla que se usa para enviar cartas.

¿Qué significa «que» en estas frases?

[1] *Redewendung, etwa „Rate mal!"*

¡Ojo!

Que ist das wichtigste Relativpronomen des Spanischen.
Anders als im Deutschen bleibt es unverändert.

E 3 **El juego de las definiciones**

Tú tienes unas palabras y tu compañero/a otras. Tienen que preguntarse por las que faltan. Tu compañero/a va a contestarte con una definición o un ejemplo.

Modelo:

A: ¿Qué es el número 1?
B: Es la tienda en donde se vende pan.
A: ¿Es panadería?
B: Sí. ¿Qué es el 2?

Alumno A

1. ______
2. barrio
3. ______
4. zapatos
5. ______
6. naranja
7. ______
8. vaqueros
9. ______
10. farmacia

Alumno B

1. panadería
2. ______
3. pescado
4. ______
5. nevera
6. ______
7. camisa
8. ______
9. verde
10. ______

E 4 ***Perdido en la ciudad – De paseo por Madrid***

Hoy es el primer día de Helmut en Madrid y está un poco perdido. ¿Puedes ayudarlo a encontrar las atracciones turísticas? Ahora está en la Plaza Mayor. Mira el mapa en la página siguiente y escribe el camino en tu cuaderno.

Vas a necesitar: girar a la derecha/izquierda 

Tiene(s) que seguir todo recto 

cruzar la plaza/calle 

Hay que tomar la primera calle a la derecha/ 

izquierda 

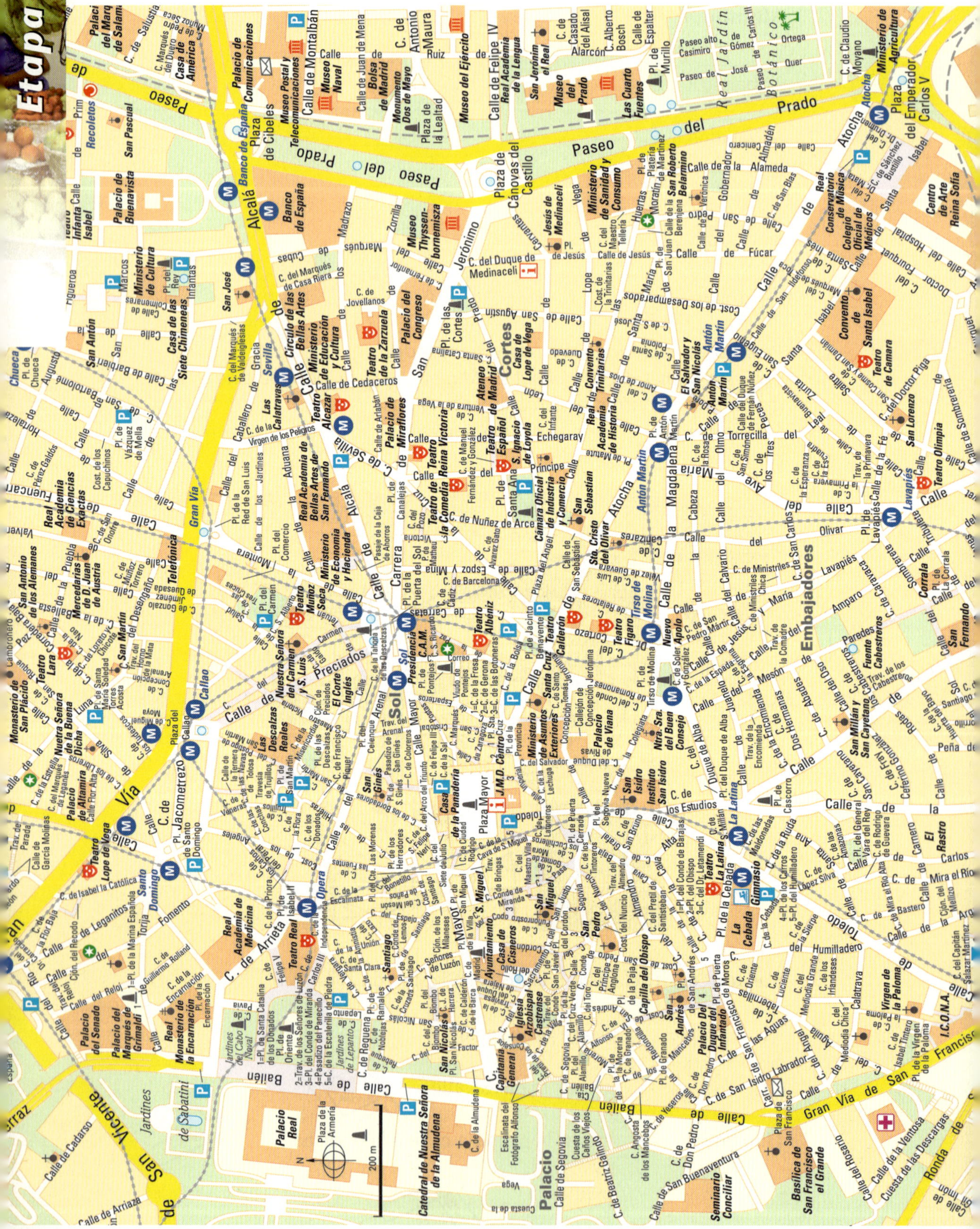

Paseo de Recoletos
Paseo del Prado
Plaza de Cibeles
Palacio de Comunicaciones
Museo Naval
Bolsa de Madrid
Museo del Ejército
Real Academia de la Lengua
San Jerónimo el Real
Museo del Prado
Las Cuarto Fuentes
Real Jardín Botánico
Ministerio de Agricultura
Plaza del Emperador Carlos V
Centro de Arte Reina Sofía
Banco de España
Alcalá
Gran Vía
Museo Thyssen-Bornemisza
Palacio del Congreso
Teatro de la Zarzuela
Círculo de las Bellas Artes
Ministerio de Educación y Cultura
Real Academia de Bellas Artes de San Fernando
Ministerio de Economía y Hacienda
Puerta del Sol
Plaza Mayor
Palacio de Viana
Teatro Español
Ateneo de Madrid
Real Academia de la Historia
Convento de Trinitarias
Antón Martín
Tirso de Molina
Lavapiés
Embajadores
El Rastro
La Latina
Teatro Real
Palacio Real
Catedral de Nuestra Señora de la Almudena
Basílica de San Francisco el Grande
Gran Vía de San Francisco
Calle de Bailén
Plaza de Oriente
Ópera
Callao
Santo Domingo
Chueca
Tribunal
Plaza de España
Calle Mayor
Calle de Atocha
Calle de Toledo
Jardines de Sabatini
Calle de Segovia
200 m

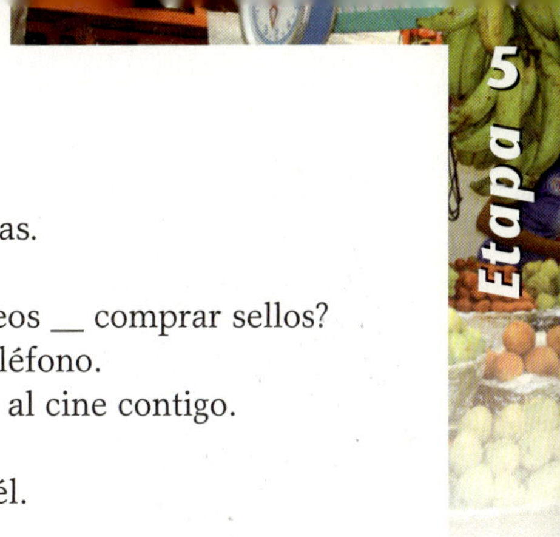

E 5 ***¿Por o para?*** G → 5.8

1. Me gusta correr __ el parque.
2. María pasa __ la farmacia __ comprar aspirinas.
3. No puede beber vino __ su religión.
4. ¿Entramos un momento en la oficina de correos __ comprar sellos?
5. Mañana tengo que llamar a tu hermano __ teléfono.
6. Hoy tengo mucho trabajo, __ eso no puedo ir al cine contigo.
7. Julia paga 50 euros __ los vaqueros.
8. Su madre cocina sin carne especialmente __ él.
9. El profesor viene __ hablar contigo.
10. Vamos a salir mañana __ la mañana.
11. ¡Feliz cumpleaños! Mira, estas flores son __ ti.
12. Tenemos que hacer los deberes __ mañana.

E 6 ***¿Dónde está el teatro?***

1 71–72

Helmut llama por teléfono al teatro para comprar una entrada. Dibuja el camino que tiene que seguir Helmut para llegar al teatro. Compara con tu compañero.

Escucha el CD otra vez y escribe la dirección del teatro.

E 7 ***¿Hay una farmacia por aquí?***

1 73

Eva, Natalie, Alex y Raúl están en la Plaza Mayor.

Eva: ¡Qué bueno poder sentarse en un café y tomar algo tranquilamente! Madrid es fantástico, pero tengo ampollas.

Natalie: Claro, con esos zapatos que llevas ...

Raúl: A lo mejor hay una farmacia por aquí cerca y podemos comprar tiritas para Eva.

Alex: Espera, le voy a preguntar al camarero. ¡Oiga!, ¿nos puede ayudar? Tenemos que encontrar una farmacia. ¿Hay una por aquí cerca?

Camarero: ¿Una farmacia? Vamos a ver. Sí, hay dos o tres por aquí. La más cerca está en la esquina de la calle Mayor. Cuando salís de aquí, giráis a la izquierda y cuando llegáis a la esquina podéis ver la farmacia a la derecha.

Eva: Gracias.

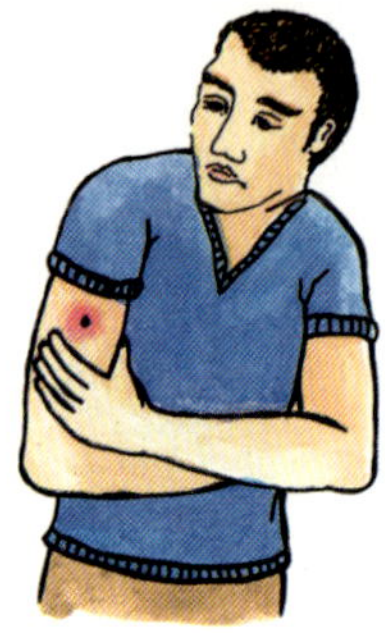

- *tiene una ampolla*
- *tiene una picadura*
- *tiene dolor de cabeza*
- *tiene una quemadura de sol*
- *tiene tos*
- *tiene un herpes*
- *tiene fiebre*

- *la pomada*
- *la pastilla (la aspirina)*
- *la tirita*
- *el jarabe para la tos*

Relaciona – ¿Qué remedio te ayuda para cada problema?

Juego de roles – Una persona es el/la empleado/a de la farmacia, la otra un/a turista que necesita comprar un remedio. Escribid un diálogo.

E 8 Nuestro cuerpo

Relaciona las palabras con el dibujo.

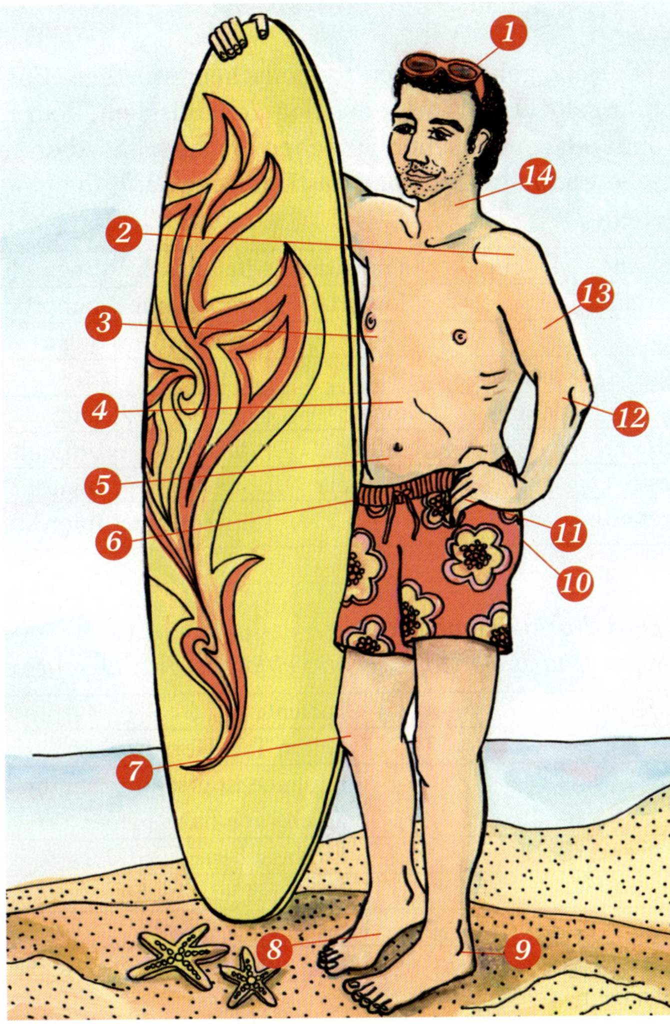

- el pie
- el estómago
- el cuello
- el culo
- el tobillo
- la rodilla
- la espalda
- los dedos
- el codo
- la barriga
- la cabeza
- el pecho
- el brazo
- la cadera

Compara.

inglés	español	francés	alemán
leg	?	?	?
?	la mano	?	?
?	?	pied	?
?	?	?	Kopf
back	?	?	?
?	la rodilla	?	?
?	?	bouche	?
?	?	?	Bauch
stomach	?	?	?
?	la garganta	?	?
?	?	bras	?

Estrategia: Comprender el significado de palabras nuevas – Unbekanntes Vokabular erschließen

Das Spanische gehört zu den romanischen Sprachen. Entsprechend könnt ihr sehr viele Wörter aus dem Lateinischen, dem Französischen oder anderen romanischen Sprachen erschließen. Aber auch über das Englische und natürlich auch das Deutsche kann man viele Wörter verstehen.

Spanisch	Latein	Französisch	Italienisch	Englisch	Deutsch
importante		important	importante	important	
azúcar		sucre	zucchero	sugar	Zucker
amigo	amicus	ami	amico		
largo	longus	long	lungo	long	lang
difícil		difficile	difficile	difficult	diffizil
honesto		honnête	onesto	honest	
interesante			interessante	interesting	interessant

E 9 ***En el consultorio del médico***

En parejas. Uno es el médico, el otro el/la paciente. Después cambiad los roles.

Médico	Paciente
Adelante, Sr./Sra. ...	Guten Tag, Herr Doktor ...
¿Qué le pasa?	Ich habe Kopfschmerzen, und ich glaube, ich habe Fieber.
¿Tiene también dolor de garganta?	Ein bisschen.
¿Tiene tos?	Nein, bis jetzt nicht.
¿Qué temperatura tiene?	39 º
Usted tiene un resfrío. Tiene que beber mucho y estar en casa unos días.	Wie viele Tage?
Dos o tres.	¡Uy! Ich kann nicht zur Arbeit gehen ...
No, y tiene que volver la próxima semana.	Vielen Dank. Auf Wiedersehen.

E 10 ***Tu ciudad***

Escribe una carta o un emilio a un amigo español y describe tu ciudad. Glaubst du, er/sie wird Lust bekommen, dich zu besuchen? Vergiss nicht die Dinge zu nennen, die für Besucher aus dem Ausland besonders spannend oder interessant sein könnten.

Etapa 6

Sobre gustos y colores nada opinan los doctores[1]

[1] *Über Geschmack lässt sich nicht streiten.*

Paso 1 No tengo nada que ponerme[1]

E 1 ***¿Cuánto cuesta?***
Mira este dibujo y lee la información. ¿Puedes entender las frases?

T 1 74

El sombrero negro cuesta quince euros y veinte céntimos.
La chaqueta marrón cuesta ciento veinticinco euros.
Los vaqueros azules cuestan cuarenta y ocho euros.
La camisa a rayas verdes y blancas está rebajada a sesenta y nueve euros.
La falda violeta cuesta ciento setenta y seis euros.
Los jerseys en los colores amarillo, naranja o gris están rebajados en un quince por ciento.

E 2 ***¿Qué lleva?***

Rosy de Palma lleva una chaqueta roja, y pantalones negros.

¿Qué significa "lleva"?
¿Qué lleva tu compañero?

[1] *Ich habe nichts zum Anziehen.*

E 3 1 75

Éste es Pedro, ¿no?

Ahora escuchas a una chica y a un chico que miran esta foto. ¿Cómo se llaman las personas?

E 4

¡Busca, mira y póntelo!

María Luisa y José Luis van al Rastro. María Luisa quiere comprar un vestido. Lee el diálogo.

1 76–77

José Luis: Mira, María Luisa, en ese puesto tienen unos vestidos muy bonitos.
María Luisa: Pues es verdad, ¡qué colores tan alegres!. ¿Vamos a verlos?
José Luis: Vale.
Dependienta: Hola chicos, ¿puedo ayudaros?
María Luisa: Hola. Pues ... no sé. Estoy buscando un vestido para una fiesta del instituto.
Dependienta: ¿Sabes cómo lo quieres?
María Luisa: No exactamente. Me gusta mucho el color lila. ¿Tienes algún vestido largo en lila?
Dependienta: Pues sí, mira, éste.
María Luisa: Ah, pues me gusta. ¿Qué te parece a ti, Jose?
José Luis: Sí, es muy bonito, así, sin mangas. ¿Por qué no te lo pruebas?
María Luisa: Sí, *(a la dependienta:)* ¿puedo probármelo?

Dependienta: Mira, ahí detrás de esa cortina.

...

María Luisa: Ummm, me queda un poco estrecho. ¿Tiene una talla más grande?

Dependienta: Sí, a ver, ésa es la talla mediana, ¿no?. Toma, pruébate la grande.

...

María Luisa: Mira José Luis, ¿me queda bien?

José Luis: Bien no, ¡fantástico!. ¡Estás guapísima!

María Luisa: ¿De verdad?

José Luis: Bueno, es que tú eres guapísima.

María Luisa: Pues, gracias. Por favor, ¿cuánto cuesta?

Dependienta: Pues 30 euros. Es de algodón.

María Luisa: Uff, es muy bonito, pero 30 euros ...

José Luis: Vamos, guapa, te lo regalo yo.

María Luisa: ¿De verdad? ¡Eres un sol!

José Luis: *(a la dependienta:)* Aquí tiene.

Dependienta: Muchas gracias.

José Luis y María Luisa: Gracias también, hasta luego.

Dependienta: Hasta luego.

¿Cómo se dice en español?

- Hilfe anbieten
- fragen, ob man ein bestimmtes Kleidungsstück hat
- sagen, dass es zu eng ist
- nach der Meinung von jemand anderem fragen
- fragen, ob man etwas anprobieren darf
- sich nach dem Preis erkundigen

E 5 ***¡Busca!***

En el texto hay imperativos. ¡Búscalos! G → 6.6

¿Que te mandan tus padres? Haz una lista.

¡Ojo!

hacer	haz	tener	ten
poner	pon	decir	di
salir	sal	ir	ve
venir	ven	ser	sé

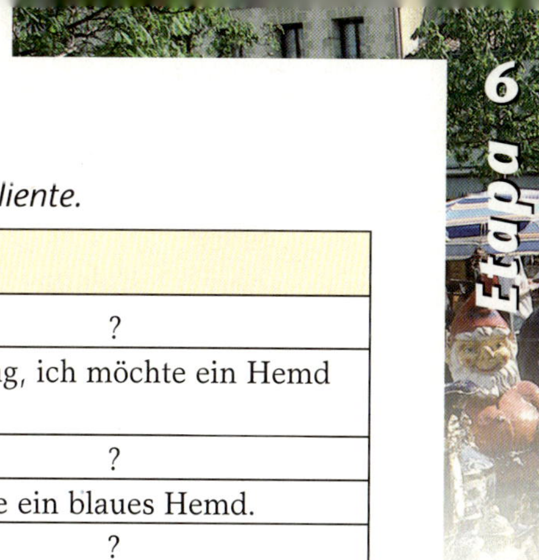

E 6 *Un diálogo*

El alumno A es el dependiente y el alumno B es el cliente.

A	B
Guten Tag, kann ich Ihnen behilflich sein?	?
?	Guten Tag, ich möchte ein Hemd kaufen.
Welche Farbe möchten Sie?	?
?	Ich suche ein blaues Hemd.
Gut, wir haben diese beiden.	?
?	Was kosten sie?
Dieses ist aus Baumwolle und kostet 27€; das andere ist ein bisschen teurer, es ist aus Seide (=de seda). Es kostet 43 €.	?
?	Kann ich das billigere anprobieren?
Welche Größe haben Sie?	?
?	Ich habe die Größe 42.
Bitte. Dort hinter dem Vorhang.	?
?	Es steht mir gut. Ich nehme es.
Gut. Es macht also 27 Euro.	?
?	Vielen Dank. Tschüs.
Tschüs, danke.	?

¡Ojo!

Die drei goldenen Regeln der Pronomen

Regel 1: Die Pronomen stehen immer vor dem konjugierten Verb: Lo veo, te escucho.

Regel 2: Das indirekte Objektpronomen steht vor dem direkten Objektpronomen: Te lo regalo.

Regel 3: Wenn zwei Pronomen der dritten Person zusammen vorkommen (lo, la, los, las und le, les) muss man le/les durch **se** ersetzen: **Se lo regalo**.

E 7 *Se lo regalo*

Modelo: José Luis le compra el vestido a María Luisa. – **Se lo** compra.

1. La vendedora le vende los plátanos a Ramiro.
2. Ramiro le paga la compra a Doña Pilar.
3. El profesor nos da las notas.
4. Mi madre me compra el bolígrafo.
5. Te regalo el CD de Ketama.
6. El médico les da a los padres el remedio.
7. Le pago la cuenta al camarero.
8. Niños, os compro unos plátanos.

E 8 Eine Liebesgeschichte – Una historia de amor

1. ¿Cómo se dice en español? Usa el diccionario.

Eulalia, Eustaquios große Liebe, fährt morgen Nachmittag nach Jerez. Sie fährt dorthin, um ihre Oma zu besuchen.
Eustaquio möchte seiner Freundin ein besonderes Geschenk kaufen, deswegen läuft er durch die ganze Stadt, um etwas zu suchen. Es ist nicht einfach, da er etwas Schönes möchte - aber für wenig Geld. Er sieht in einem Laden ein orangefarbenes T-Shirt für 10 Euro. Ein guter Preis! Aber sie haben nicht die richtige Größe für Eulalia. Schade! Jetzt geht er an der Bäckerei vorbei und sieht eine Schachtel Pralinen. Eine wunderschöne rote Schachtel für nur 6,50 Euro! Aber Pralinen sind nicht gut für Eulalias Diät. Sie macht immer irgendeine Diät.
Jetzt hat er eine tolle Idee. Blumen! Eulalia mag gelbe Rosen. Eustaquio läuft durch die ganze Stadt, um die schönsten Rosen zu kaufen.
Eine halbe Stunde später kauft er 12 gelbe Rosen für 12 Euro. Das ist fast sein ganzes Geld. Aber er ist glücklich. Er macht es aus Liebe. Jetzt nimmt er sein Handy und ruft Eulalia an. Er will ihr sagen: „Eulalia, können wir uns heute treffen? Ich habe ein Geschenk für dich", aber ihre Mutter antwortet: „Eulalia? Sie fährt gerade mit dem Zug nach Jerez. Ja, einen Tag früher ..."

2. ¿Puedes terminar la historia?

E 9 En una tienda de ropa

Hoy por la noche vas a una fiesta y quieres comprar ropa.
Imagina el diálogo en la tienda.

E 10 Ser y estar

Hast du gemerkt, dass José Luis einmal zu María Luisa "Estás guapísima" sagt und ein anderes Mal "eres guapísima"? Wo ist der Unterschied?

Ana es una persona fría. El agua de la bañera está fría.

Completa la regla:
Das Verb __ benutzt man, um über dauerhafte Eigenschaften eines Menschen oder einer Sache zu reden. Das Verb __ benutzt man, um den Zustand zu beschreiben, in dem sich ein Mensch oder eine Sache gerade befindet.

¡Ojo!

Wenn das Verb „sein" im Sinne von „sich befinden" benutzt wird, braucht man im Spanischen immer **estar**. In diesem Fall spielt es keine Rolle, ob sich die Sache dort nur momentan oder für immer befindet.

Modelo: Madrid está en España. El cliente está en la tienda.

Erstelle deine eigene "ser/estar"-Tabelle. Jedes Mal, wenn du einen neuen Gebrauch von "ser" oder von "estar" lernst, kannst du ihn dort eintragen.

Paso 2 Verde que te quiero verde[1]

E 1 *Aquí tienes un texto, pero es un texto de lectura selectiva. Sólo tienes que entender lo más importante.*

1 78

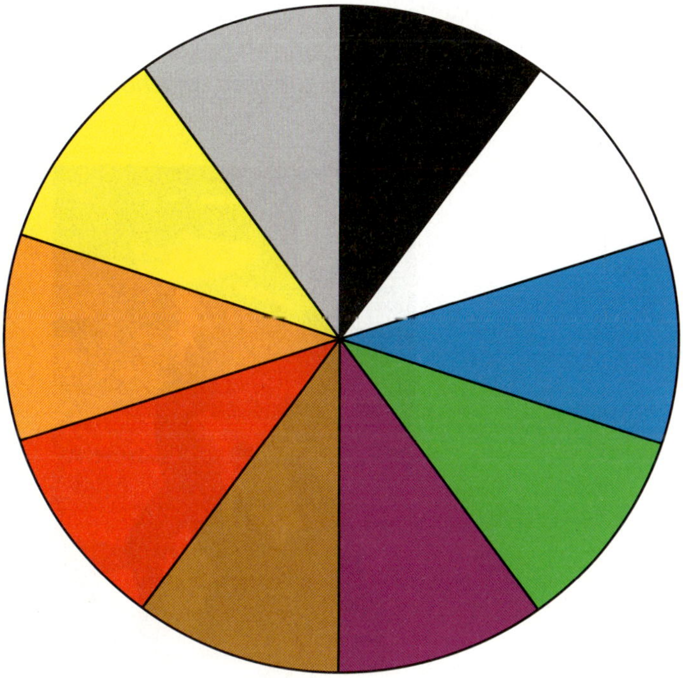

El gris: Expresa duda y melancolía.
El amarillo: Es el color del sol, de la luz y del oro. Está relacionado con la naturaleza.
El naranja: Es activo y dinámico.
El rojo: Es el color de la sangre, de la pasión, de la fuerza y del fuego. Es agresivo.
El marrón: Es un color masculino. Recuerda el otoño. Es un color realista porque es el color de la tierra.
El violeta: Representa la introversión.
El verde: Es el color más tranquilo. Recuerda la naturaleza.
El azul: Es frío. Expresa armonía, amistad. Se lo relaciona con el cielo, el mar y el aire.
El blanco: Significa paz, pureza.
El ***negro****:* Es el símbolo del silencio, del misterio y de la muerte.

(Adaptado de http://www.newsartesvisuales.com/funda/COLOR8.htm)

E 2 *Contesta las preguntas. Puedes usar el diccionario.*

1. ¿Cuál es el color de la sangre y de la pasión?
2. ¿Con qué se relaciona el gris?
3. ¿Por qué es el marrón un color realista?
4. ¿Cuál es tu color preferido? ¿Qué relacionas con él?
5. ¿Con qué color relacionas la amistad?

E 3 ***Familia de palabras***

Completa la lista con las palabras del texto y busca para cada sustantivo el adjetivo correspondiente y viceversa. Puedes usar el diccionario.

sustantivos	adjetivos
la paz	pacífico, -a
?	agresivo, -a

[1] Verde que te quiero verde: *Bekannte Gedichtzeile von Federico García Lorca*

E 4 ***Diferentes personas, diferentes relaciones***

¿Qué color relacionas tú con ...

la paz – el sol – el amor – la primavera – el dolor – el mar – el futuro – la montaña – la noche – la playa?

E 5 ***Gustos diferentes***

La salsa – el flamenco – la sangría – la paella – los toros – el tango – las playas – el sol – la lengua española

Recuerda cómo se dice en español cuando algo te gusta mucho, mucho, mucho o todo lo contrario.

Me encanta(n) + + +
Me gusta(n) mucho + +
Me gusta(n) +
No me gusta(n) mucho –
No me gusta(n) nada – –

Mira estas personas y comenta sus gustos.

Pepe ☺ bailar salsa

María ☹ bailar flamenco

¿Qué otras cosas les gustan,
les encantan o no les gustan nada?
¿Tú qué crees?

E 6 ***Belén y Kerstin hablan de España y Latinoamérica***

01
79–80

Escucha y señala "verdadero" o "falso".

1. A Kerstin no le gusta el flamenco.	V/F
2. Ketama es un grupo de jazz.	V/F
3. Belén piensa que el tango argentino es sólo una moda.	V/F
4. Kerstin piensa que las corridas de toros son maravillosas.	V/F

E 7

Y a ti, ¿qué te gusta de España y de Latinoamérica? ¿Y de Alemania? Habla con tu compañero.

E 8 ***Un emilio para hacer amigos***

Stelle dir vor, du gehst in einen spanischsprachigen Chat, um spanische und lateinamerikanische Jugendliche in deinem Alter kennenzulernen. Du möchtest ihnen ein bisschen über dich und über dein Land erzählen, nicht wahr? Schreibe eine E-Mail und sende sie an deinen Lehrer.

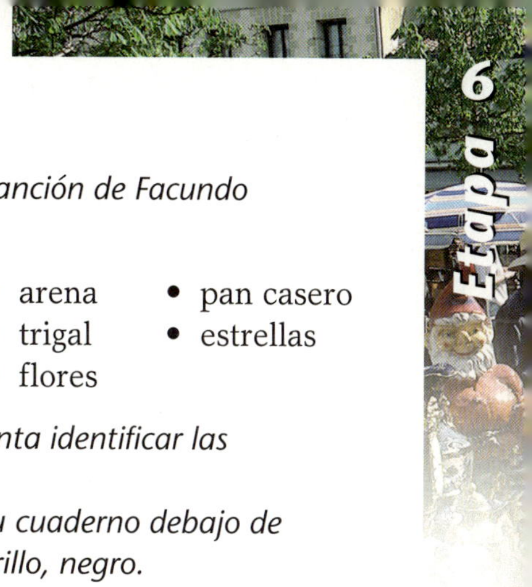

E 9

1 81–83

Una canción: No soy de aquí, ni soy de allá

1. Aquí tienes unas palabras que aparecen en la canción de Facundo Cabral. ¿Sabes lo que significan?

- mar
- palomas
- porvenir
- paredes
- conejos
- sol
- vino
- libertad
- cigarro
- arena
- trigal
- flores
- pan casero
- estrellas

2. Ahora escucha la canción sin leer el texto e intenta identificar las palabras.

3. ¿Con qué colores las relacionas? Escríbelas en tu cuaderno debajo de cada color: rojo, azul, blanco, marrón, verde, amarillo, negro.

4. ¿Qué palabra corresponde a ...?

No soy de aquí, ni soy de allá.
No tengo (1) ni porvenir
y ser feliz es mi (2) de identidad.
Me gusta el sol, Alicia y las (3),
el buen cigarro y la (4) española,
saltar (5) y (6) las ventanas
y cuando (7) una mujer.
Me gusta el vino (8) como las flores
y los conejos y los (9) pastores,
el pan (10) y la voz de Dolores
y el mar mojándome los (11).
Me gusta estar tirado (12) en la arena
o en (13) perseguir a Manuela
o (14) el tiempo para ver las estrellas
con la María en el (15).
Después de (16) las maravillas del mundo
no hay nada como (17) a la patria
y compartir la (18) que mi gente
tan (19) tuvo que pagar.
No soy de aquí, no soy de allá ...

Facundo Cabral (Ferrocabral), versión original de la canción "No soy de aquí, ni soy de allá"

(1) Los años que tiene una persona
(2) ¿Qué son el rojo, el verde, el azul ...?
(3) Aves blancas que son símbolo de la paz
(4) Instrumento de música que tiene seis cuerdas
(5) ¿Dónde se ponen los cuadros?
(6) Lo contrario de cerrar
(7) Lo contrario de reír ... en 3ª persona singular

(8) Comparativo de igualdad
(9) Contrario de joven, en plural
(10) Que se hace en casa
(11) ¿Dónde llevas tus zapatos?
(12) Lo contrario de nunca
(13) Transporte muy ecológico
(14) Lo contrario de nada
(15) Campo de trigo
(16) Un verbo que significa lo mismo que "ir"
(17) Un verbo que significa lo mismo que "volver"
(18) Si no la tienes, no es alegre vivir.
(19) Lo contrario de barato, femenino

5. Ahora escribe tu canción.
Completa algunos espacios vacíos con tus palabras.

Pablo Picasso, Musiciens aux masques (1921)

Paso 3 Por fin en casa

E 1 **Hogar dulce hogar**[1]

Mira el dibujo.

[1] *Home, sweet home*

T

84

Aquí hay un jardín con flores, junto al jardín hay una casa blanca con un techo (1) rojo y una chimenea (2) alta. Esta casa tiene un desván (3), dos pisos (4 y 5), una planta baja (6) y un sótano (7). Delante de las ventanas del primer piso hay un balcón. A la derecha está el garaje (8). A la izquierda hay una pequeña escalera (9). Tiene cuatro escalones. En esta casa vive la familia Mendoza.

Describe tu casa con este vocabulario.

E 2 **¿Cuántas habitaciones tiene?**

85

Suena el teléfono en la inmobiliaria "Casalinda".

Empleado: ¿Diga?
Sr. Jiménez: Buenas tardes. Llamo por el anuncio del periódico. Ustedes venden un piso en la calle La Marina, ¿verdad?
Empleado: Sí, exactamente.
Sr. Jiménez: ¿Tiene muebles?
Empleado: No, está vacío.
Sr. Jiménez: ¿Cuántas habitaciones tiene?

Empleado: Tiene tres dormitorios, el dormitorio más grande con balcón. También tiene un salón comedor bastante grande, dos baños, cocina, trastero y una plaza de garaje. En total el piso tiene 140 metros cuadrados

Sr. Jiménez: ¿Cuál es el precio?

Empleado: 200.000 euros.

Sr. Jiménez: ¡Uy! Es demasiado caro para mí. Muchas gracias por su información.

Empleado: De nada. Para eso estamos ...

Lee los siguientes anuncios y busca el que corresponde al diálogo anterior.

Calle de las Flores:
Pleno centro.
3 dormitorios, 2 baños, vistas.
Preguntar precio y condiciones.
Tlf. 4566789

Enfrente de la playa Canelas
casa, 105 m^2, cocina grande,
tres dormitorios, un baño.
¡Mejor no es posible!
¡Baratísimo!

Ático
un dormitorio,
amplio balcón,
cocina pequeña, completa. Excelentes vistas.
Zona tranquila.

A 5 minutos del centro
vendo urgente,
casa con dos dormitorios,
cocina completa y pequeño jardín.
¡Oportunidad!

Piso excelente
ideal para familia con niños,
soleado, amplio, con trastero y plaza de garaje.
Edificio de categoría.

E 3 ***Ventajas y desventajas***

Escribe en tu cuaderno una lista de las ventajas y desventajas que encuentras para cada uno de los pisos/casas de los anuncios. Después compara con tu compañero/a.

E 4 ***Busco piso***

Tú estás buscando un piso. Escribe un anuncio para el periódico.

E 5 ***¿En qué habitación ...?***

Ordena las siguientes definiciones con la palabra correspondiente:

1. el cuarto de baño	a. aparcar el coche
2. el dormitorio	b. jugar, cortar el césped, regar
3. el garaje	c. preparar la comida
4. el jardín	d. ducharse, lavarse los dientes, peinarse
5. el salón	e. ver la tele, leer un libro
6. el comedor	f. poner cosas viejas o que no necesitas cada día
7. la terraza	g. desayunar, almorzar, cenar
8. el trastero	h. tomar el sol, desayunar cuando hace buen tiempo
9. la cocina	i. dormir, vestirse
10. el pasillo	j. lavar la ropa, dejar los productos de limpieza
11. el lavadero	k. pasar para ir a las diferentes habitaciones

E 6 ***¿Cómo se llaman?***

Aquí tienes una lista de nombres de muebles y otras cosas para la casa.
¿Puedes ordenarlos con los dibujos correspondientes? Mira el vocabulario.

la alfombra – el armario – la cama – el colchón – las cortinas – el cuadro – el espejo – la estantería – la lámpara – la lavadora – la mesa – la nevera – la radio – la silla – el sofá – el televisor

E 7 ***Del salón a la cocina***

Escribe en tu cuaderno el nombre de las diferentes habitaciones que encuentras en el dibujo.

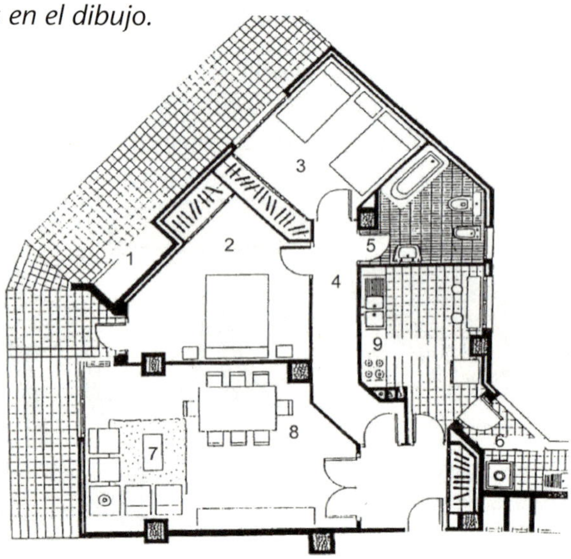

E 8 ***Un poco de orden***

Preguntad y contestad como en el modelo:

A: ¿Dónde tienes las sillas?
B: **Las** tengo en el comedor.

B: ¿Dónde tienes el armario?
A: **Lo** tengo en el salón.

E 9 ***¿Casa o piso?***

Completa el texto en tu cuaderno con la palabra correcta o escribe una palabra nueva.

1. Vivo en (una casa/un piso)
2. Es una casa (moderna/antigua)
3. Es un edificio con (uno/dos/tres/...) pisos.
4. Yo vivo en el (primer/segundo/tercer/...) piso.
5. (Tengo/no tengo) jardín.
6. (Tengo/no tengo) garaje.
7. (La casa/el piso) tiene (un/dos/tres/...) dormitorio(s).
8. Mi dormitorio tiene (una/dos/tres/...) ventana(s).
9. Las paredes son (blancas/azules/...).
10. Mi cama es (de madera/de metal).
11. La puerta es (de madera/de metal/de cristal).
12. Cerca de mi (casa/piso) hay (una plaza/un museo/una calle grande/...).
13. Mi (casa/piso) es (acogedor, -a, moderno, -a, antiguo, -a ...).

E 10 ***Al teléfono***

Trabajad en parejas. Imaginad que uno de vosotros está interesado en uno de los anuncios de E 2. Escribid un diálogo al teléfono con la agencia inmobiliaria.
Después podéis leerlo en voz alta.

Etapa 7

Viajando

Paso 1 Mis últimas vacaciones

2

Graciela escribe una postal a un amigo de Argentina.

Querido Fernando:
España es maravillosa. ¡Hay tanto para ver!
La semana pasada visité Madrid. Es una ciudad interesantísima. Por fin fui al Museo del Prado y vi las pinturas negras de Goya, el Jardín de las Delicias de El Bosco y un montón de cosas interesantes. Pasé una semana allí y luego viajé hacia el norte, a Asturias. Estuve en un albergue juvenil. El norte de España es muy distinto del sur: es verde, hay montañas altísimas ¡y llueve mucho! Por eso la cultura también es muy diferente. También la cocina es estupenda. La verdad es que allí comí y bebí como loca.
Ahora estoy en Bilbao y voy a visitar el museo Guggenheim. ¡Qué pocas ganas tengo de volver! Pero bueno, hasta entonces a disfrutar.

Un abrazo,
Graciela

Señor Fernando Heredia
Sarandí 482
1754 San Justo Pcia. de Bs. As.
República Argentina

E 1 *Contesta las preguntas.*

1. ¿Qué regiones visitó Graciela en España?
2. ¿Qué vio?
3. ¿Cómo es el norte de España?
4. En Asturias, ¿dónde vivió Graciela?

E 2 ***¿Qué visitaste?***
Haz una lista de los verbos que están en pretérito indefinido y completa la siguiente tabla:

visit**ar**	com**er**	viv**ir** (igual que comer)	ser/ir	estar
?	?	?	?	?
visit-**aste**	com-**iste**	?	fuiste	estuviste
visit-**ó**	com-**ió**	?	fue	estuvo
visit-**amos**	com-**imos**	?	fuimos	estuvimos
visit-**asteis**	com-**isteis**	?	fuisteis	estuvisteis
visit-**aron**	com-**ieron**	?	fueron	estuvieron

¡Ojo! Los verbos en -ir se conjugan en indefinido igual que los verbos en -er.

E 3 ***Vamos a practicar***

Escribe en pasado esta información que da Graciela:

1. Hoy bebo una sangría buenísima.
   Ayer: __.
2. Hoy voy de excursión a la montaña.
   El martes pasado __.
3. Hoy practico un poco mi inglés con una turista inglesa.
   Hace tres días __.
4. Hoy duermo en un albergue juvenil.
   La semana pasada __.

¡Ojo!

en español	en alemán	en inglés
hace tres días	vor drei Tagen	three days ago

vor + Zeitraum: hace …

E 4 ***Mi diario de viaje***

Mira estas tres fotos. Todas estas personas escribieron un diario de viaje el verano pasado en sus vacaciones. Imagina que eres una de ellas y escribe tu propio diario: cuándo y adónde viajaste, qué actividades practicaste, qué alojamiento elegiste, etc. Luego lo lees a tu compañero y él debe adivinar quién eres.

Así puedes empezar tu diario:
"Mis últimas vacaciones fueron estupendas …"

E 5

Ricardo habla de sus últimas vacaciones

3–4

Ahora escucha a Ricardo hablando de sus últimas vacaciones.
De todas las personas del ejercicio 4, ¿quién crees que es?
Contesta, ¿verdadero o falso?:

1. Ricardo viajó con su novia y un amigo.
2. Viajaron por España y Portugal.
3. Viajaron durante seis semanas.
4. Durmieron en albergues juveniles.
5. El año que viene quieren hacer algo diferente.
6. En Argentina las distancias son menos largas.

E 6

Ahora tú

Pregunta a tu compañero cuándo hizo estas cosas por última vez:
esquiar – beber sangría – bailar – viajar en avión – estudiar para un examen importante – visitar un museo – trabajar en verano – leer un libro – ir al cine

ayer · *anteayer* · *el año pasado* · *el domingo pasado* · *en 1997* · *hace dos años* · *hace dos semanas*

E 7

¿Qué fecha es? G → 7.1

1. ¿Cuándo cumples los años? Pregunta a tus compañeros.
2. ¿Qué pasó el 5.9.1939? ¿Conoces más fechas importantes?

Paso 2 ¿Qué tiempo hace?

T

2
5–6

¿Qué estación es? ¿Qué tiempo hace?

En un año hay trescientos sesenta y cinco días, cincuenta y dos semanas, doce meses y cuatro estaciones. Son la **primavera**, el **verano**, el **otoño** y el **invierno**.

En el hemisferio norte estamos en:
- la primavera del 21 de marzo al 20 de junio
- el verano del 21 de junio al 20 de septiembre
- el otoño del 21 de septiembre al 20 de diciembre
- el invierno del 21 de diciembre al 20 de marzo

¿Cómo es en el hemisferio sur?

Claro que las estaciones no corresponden exactamente a las fechas oficiales. En el trópico no existen las cuatro estaciones. Generalmente hay una estación seca y una estación lluviosa. Algo muy importante en el clima es la altura. En las montañas el clima es mucho más fresco que en la costa.
Aquí en Alemania tenemos normalmente un invierno muy largo y frío. En la primavera hace buen tiempo pero es muy corta. En el verano, en agosto, puede hacer mucho calor, y si tenemos suerte el otoño es precioso por los colores de los árboles.
Un fenómeno del que se habla más y más es el del cambio del clima. Se dice que el planeta se está calentando. Esto trae muchísimas consecuencias para el medio ambiente. ¿Conoces algunas?

E 1 ***¿En qué estación estamos?***

Hace muchísimo frío. Estamos en invierno.
1. Hace 30°.
2. Hace sol pero hace mucho viento y está fresco.
3. Por las mañanas hay niebla, pero después está despejado.
4. Los colores de los árboles son espectaculares.
5. Hay hielo en las calles.
6. Empiezan a nacer las primeras flores.

Para hablar del clima, preguntamos: ¿Qué tiempo hace?

Aquí tienes unas expresiones para describir el tiempo. →

Hace (muy) buen tiempo. Hace (muy) mal tiempo. Hace (muy) bueno.	The weather is (very) nice. The weather is (very) bad. It is (very) nice.	Il fait (très) beau. Il fait (très) mauvais. Il fait (très) bon.
Hace (mucho) calor. Hace (mucho) frío. Hace (un poco) fresco. Hace (mucho) sol. Hace (mucho) viento. Hace ... grados (bajo cero).	It is (very) hot. It is (very) cold. It is (a little) cool. It is (very) sunny. It is (very) windy. It is ... degrees (below zero).	Il fait (très) chaud. Il fait (très) froid. Il fait (un peu) frais. Il fait (très) soleil. Il y a (beaucoup de) du vent. Il fait ... degrés (sous zéro).
Está nublado. Está despejado.	It is cloudy. It is clear.	Il fait nuageux. Le ciel est dégagé.
Hay (mucha) niebla. Hay (mucho) hielo. Hay (mucha) nieve. Hay (mucha) lluvia. Hay tormenta (de nieve).	It is (very) foggy. It is (very) icy. There is (a lot of) snow. There is (a lot of) rain. There is a (snow)storm.	Il y a du (beaucoup de) brouillard. Il y a de la (beaucoup de) glace. Il y a de la (beaucoup de) neige. Il y a de la (beaucoup de) pluie. Il y a une tempête (de neige).
Nieva (mucho). Llueve (mucho). Truena.	It snows (a lot). It rains (a lot). There is thunder.	Il neige (beaucoup). Il pleut (beaucoup) Il y a du tonnerre.

E 2 ***¿Cómo se dice en español?***

1. Das Wetter ist schön.
2. Die Sonne scheint.
3. Es ist bewölkt.
4. Es regnet.
5. Es schneit.
6. Wir haben 20 Grad.

E 3 *Hablando del tiempo*

Mira este mapa del tiempo en España. ¿Es la información verdadera o falsa?

EL TIEMPO

ESPAÑA HOY

Despejado · Variable · Cubierto · Chubascos · Lluvia · Tormenta · Niebla · Viento · Heladas · Nieve

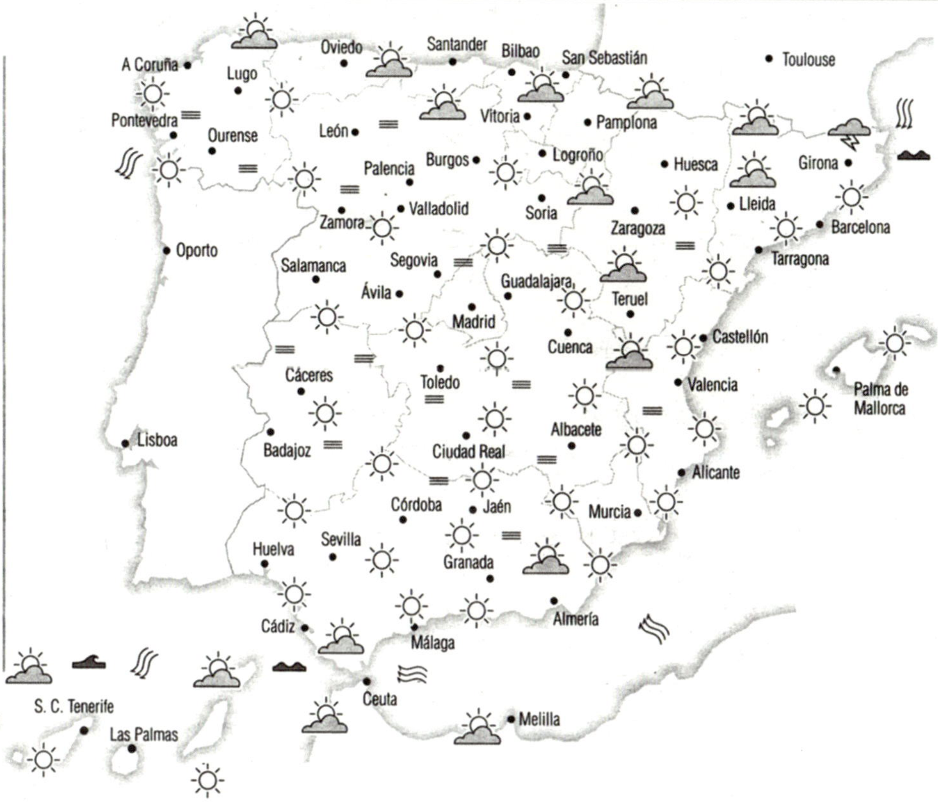

TEMPERATURAS PARA HOY

España			
A Coruña	27	16	VA
Albacete	35	17	DE
Alicante	30	21	DE
Almería	32	18	DE
Ávila	31	15	DE
Badajoz	38	19	DE
Barcelona	28	21	DE
Bilbao	27	15	VA
Burgos	27	10	VA
Cáceres	37	20	DE
Cádiz	29	22	DE
Castellón	28	22	DE
Ceuta	25	19	VA
Ciudad Real	38	20	DE
Córdoba	40	21	DE
Cuenca	34	15	VA
Girona	31	19	DE
Gijón	24	17	VA
Granada	35	18	DE
Guadalajara	36	15	DE
Huelva	33	19	DE
Huesca	31	16	VA
Ibiza	30	23	DE
Jaén	34	20	DE
Lanzarote	27	20	VA
León	29	13	VA
Lleida	33	17	VA
Logroño	30	17	DE
Lugo	28	12	DE
Madrid	36	20	DE
Mahón	31	23	DE
Málaga	27	22	DE
Melilla	28	21	VA
Murcia	33	22	DE
Ourense	31	13	DE
Oviedo	26	14	VA
Palencia	27	13	DE
P. Mallorca	31	24	DE
Las Palmas	26	22	DE
Pamplona	28	15	VA
Pontevedra	27	16	DE
Salamanca	34	15	DE
S. Sebastián	25	17	VA
S. C. Tenerife	27	21	DE
Santander	26	16	VA
Santiago	26	14	DE
Segovia	31	16	DE
Sevilla	40	22	DE
Soria	28	13	VA
Tarragona	28	22	DE
Teruel	31	16	VA
Toledo	37	20	DE
Valencia	28	23	VA
Valladolid	29	15	DE
Vigo	27	17	DE
Vitoria	26	16	VA
Zamora	32	16	DE
Zaragoza	36	22	DE
Europa			
Amsterdam	25	16	VA
Atenas	30	21	DE
Berlín	27	18	VA
Bruselas	25	15	VA
Budapest	31	20	DE
Copenhague	25	19	VA
Dublín	21	12	VA
Estocolmo	22	17	DE
Francfort	28	16	VA
Ginebra	24	14	CU
Lisboa	26	17	DE
Londres	26	16	VA
Moscú	29	15	DE
Oslo	17	14	CU
París	26	19	VA
Praga	27	16	DE
Roma	30	20	DE
Viena	29	17	DE
Mundo			
Beirut	30	22	DE
Buenos Aires	14	8	CU
Bogotá	20	9	VA
Caracas	24	19	VA
Chicago	31	19	VA
El Cairo	34	22	DE
La Habana	32	24	LL
Los Ángeles	30	19	DE
Manila	32	24	VA
México	25	14	LL
Miami	31	24	LL
Nueva Delhi	37	29	DE
Nueva York	29	19	DE
Pekín	28	24	LL
Rabat	28	20	VA
Río de Janeiro	29	19	DE
Tokio	24	23	LL
San Francisco	22	13	DE
S. de Chile	12	9	LL

Mar gruesa
Fuerte marejada
Marejada
Marejadilla
A Anticiclón
B Borrasca
Frente cálido
Frente frío

PREVISIÓN:
DE, despejado
VA, variable
CU, cubierto; LL, lluvia
NI, nieve; HE, helada

1. En Badajoz hace sol.	V/F
2. En Madrid puede llover.	V/F
3. En A Coruña hace sol.	V/F
4. En Salamanca, hoy hay una temperatura entre 26 y 12 grados.	V/F
5. En Barcelona nieva.	V/F
6. En Las Palmas está nublado.	V/F
7. La temperatura máxima en Cádiz hoy es de 22 grados.	V/F

E 4 *¿Va a llover?*

Ahora vas a escuchar la previsión del tiempo para mañana en España. Toma notas.

◎2 7

E 5

¿Qué tiempo hace en España según esta postal?

¿Conoces España? ¿Crees que esta postal exagera? Comenta tus experiencias con tu compañero/a. Si no conoces España, puedes buscar en www.cnnenespanol.com

E 6 *Mira este mapa del tiempo de Europa. Tu compañero mira el mapa de la página siguiente. Completad con la información que falta.*

Modelo: ¿Qué tiempo hace en Roma?
Está nublado y hay una temperatura de 15 grados.

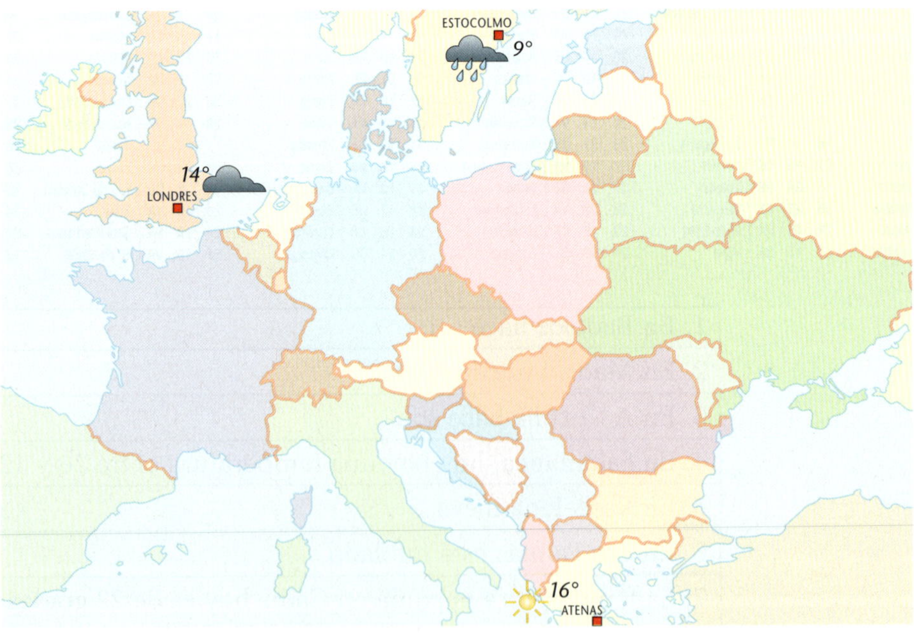

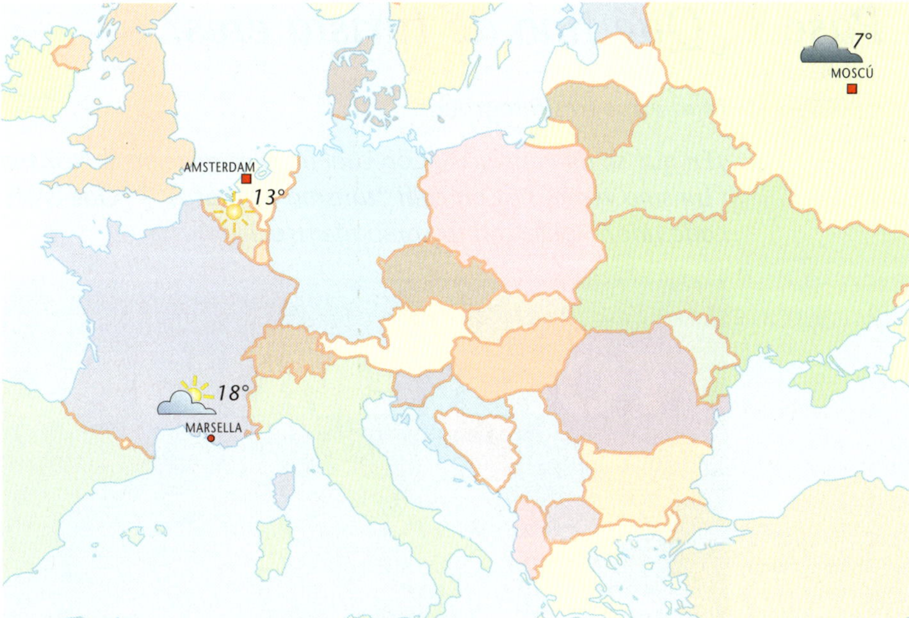

E 7 ***¿Hace mucho frío?***
Ahora describe el tiempo en la región donde vives.

En la primavera:

En el verano:

En el otoño:

En el invierno:

Paso 3 ¿Qué tipo de turista eres?

E 1 *Mira estas tres fotografías.*

¿En qué se diferencian? ¿Con cuál de ellas relacionas "turismo rural" o "turismo verde"? ¿Con cuál "turismo de masas"? ¿Qué crees que ofrece cada uno? Habla con tu compañero/a.

1

2

3

E 2 *¿A qué foto se refiere este texto?*

Ciudad turística, en La Costa del Sol y uno de los primeros y principales destinos de vacaciones de España. Está situada en el sur de la Península Ibérica, a diez kilómetros de la capital de Málaga y a cuatro del Aeropuerto Internacional Pablo Ruiz Picasso.

En 1930 comenzaron a llegar grupos de ingleses a esta región, pero el verdadero "boom" fue a principios de los 50, con la construcción de hoteles de gran capacidad. En los 60 esta ciudad fue el auténtico "corazón de la Costa del Sol".

Hoy es la ciudad con más hoteles de la Costa del Sol. Su turismo más importante es el turismo de congresos: el Palacio de Congresos y Exposiciones de la Costa del Sol tiene capacidad para unas 2.500 personas.

La sierra de Mijas protege a la ciudad de los vientos fríos del norte y crea un microclima con una temperatura media de 22 grados y más de 325 días de sol al año.

"El pescaíto frito", que se puede comer en una de las muchas terrazas y restaurantes de la zona es muy famoso. Por la noche se puede ir a bailar o ir de bares y divertirse hasta el amanecer.

Texto adaptado de la Guía de Turismo de la Costa del Sol, editada por el Patronato de Turismo www.visitacostadelsol.com

Contesta las preguntas:

1. ¿De qué ciudad se habla?
2. ¿Dónde está esta ciudad?
3. ¿Cuándo comenzó el turismo en la Costa del Sol?
4. ¿Cómo es su clima?
5. ¿Qué tipo de turismo hay?

E 3 ***¿Y tú?***

¿Qué tipo de turismo prefieres tú? ¿Qué deseas cuando vas de vacaciones? Comenta con tu compañero/a.

E 4 ***¿Cuáles son los aspectos positivos y negativos del turismo?***

Escribe estos aspectos en la tabla:

Problemas para el medioambiente, creación de trabajo, contacto con otras culturas, precios muy altos para la gente del lugar.

Aspectos positivos	Aspectos negativos
?	?

¿Puedes añadir otros aspectos en la tabla?

E 5 **_Una entrevista sobre el turismo_**

Escucha la entrevista y contesta las preguntas.

2 10–12

1. ¿De qué tipos de turismo se habla?
2. ¿Qué es el turismo rural?
3. ¿En qué regiones de España está empezando a ser importante el turismo rural?
4. ¿Qué tipo de público prefiere el turismo rural?

E 6 **_Debate_**

¿Existe turismo rural en Alemania? ¿Cuáles son, en tu opinión, las ventajas del turismo rural frente al turismo de masas? ¿Crees que el turismo rural o ecológico puede ofrecer una solución a algunos de los problemas que causa el turismo convencional? Discutid en grupos de tres y tomad notas. Luego comentad vuestras opiniones con el resto de la clase. Escribe un texto.

¡Ojo!

No me gusta nada.
No me gusta nada = ich mag das überhaupt nicht
No steht auch vor dem Verb, wenn eine andere Verneinung nach dem Verb folgt.

E 7 **_No sé nada_**

Escribe lo contrario.

1. Compro todo para la fiesta.
2. Necesito todo para las vacaciones.
3. Escribo todo en mi cuaderno.

E 8 **_Ni una cosa ni la otra_**

Completa estas frases con la palabra correcta:

todo – algún – ni ... ni – algunas – ninguno

1. Si sólo tienes uno o dos días en una ciudad, no puedes ver __.
   Es mejor concentrarse en __ cosas importantes. Así se disfruta más.
2. ¿Conoces __ restaurante bueno y barato en el Paseo Marítimo?
   Pues la verdad es que no, no conozco __.
3. En las vacaciones no me gustan __ las playas llenas de gente __ el ruido de las discotecas por la noche. Por eso prefiero el turismo rural.

¡Ojo!

¿Conoces algún lugar bonito por aquí?	No conozco ningun**o**.
Sí, conozco algun**o(s)**.	
¿Hay una playa por aquí?	No, no hay ningun**a**.
Sí, hay algun**as**.	

G → 7.4

E 9 **Un folleto turístico**

Por grupos, preparad un folleto turístico de vuestra ciudad y presentadlo a la clase.

E 10 **Proyecto en Internet**

Vamos a organizar un proyecto de turismo rural. Por grupos, elegid una región de España y mirad en www.ecoturismorural.com. Buscad qué es lo más interesante de esa región y visitad algunos lugares que ofrecen turismo rural. Elaborad un proyecto de turismo ecológico para esa región. Pensad en las ventajas de este tipo de turismo sobre el turismo convencional.

Peñalba de Santiago

Peñalba de Santiago

Garganta de Cares (Picos de Europa)

Somaniezo (Picos de Europa)

Paso 4 Una argentina de viaje por España

E 1

CD 2 13–16

Una estudiante de viaje

Aquí tienes cuatro fotos de Graciela, la estudiante argentina, durante sus vacaciones por España. Escucha el CD y da un título a las fotos del viaje.

E 2

CD 2 17

Para leer

El español de Argentina

En España	En Argentina
gasolina	nafta
dinero	plata
padre	papá
madre	mamá
tienda (de campaña)	carpa
autobús	colectivo
sellos	estampillas
patatas	papas

E 3 **¡Vacaciones!**

1. ¿Qué expresiones conoces relacionadas con las vacaciones? Completa el esquema con las palabras que están en el recuadro.

la montaña - en verano - en tren - países exóticos - hacer senderismo - en primavera - aprender una lengua - en avión - en invierno - esquiar - conocer ciudades interesantes - sol - playa - nadar - comer bien - tapas - albergue juvenil - visitar monumentos históricos - actividades culturales - dormir en tienda de campaña - salir con amigos - descansar - vacaciones en familia - la naturaleza - el calor - el buen tiempo - hotel

2. ¿Qué otro/s subgrupo/s puedes formar?

E 4 **¿Qué estás haciendo en esta foto?**

2
18–21

Ahora vuelve a escuchar el CD. Graciela enseña las fotos de sus vacaciones a Carmen. Apunta todas las actividades que entiendes.

E 5 *Completa.*

1. Mira, aquí estamos __ en el mar. El agua en Cádiz está buenísima.
2. Aquí estoy con Pedro que está __ en Granada. Estamos __ un "pescaíto" buenísimo.
3. Aquí estoy __ La Alhambra, en Granada. Es uno de los palacios más bonitos que conozco.
4. Esta foto la hizo mi padre. Estamos de camino a Madrid, __ nafta.

E 6 **Ni un minuto más, ni un minuto menos**

En tres minutos escribe una lista de verbos en infinitivo y en gerundio. ¿Recuerdas los gerundios irregulares?

E 7 *Graciela escribe una carta a sus padres en Argentina. Escríbela tú.*

E 8 ***De Madrid al cielo***

Mira esta postal de Madrid y di qué están haciendo los siguientes personajes:

- Don Quijote y Sancho Panza
- Los músicos callejeros
- Los tunos
- El Oso
- El turista

E 9 ***Dilo con mímica***

En grupos de tres: cada uno piensa en dos acciones y las representa con mímica para sus compañeros. Los demás tienen que adivinar qué está haciendo.

E 10 *¿Y a ti? ¿A dónde te gusta ir de vacaciones? ¿Cuándo? ¿Con quién? ¿Qué medios de transporte utilizas normalmente? Escribe un pequeño texto.*

Etapa 8

España, un país de contrastes

Paso 1 Una excursión (no sólo) al pasado

T

2

22–25

El curso de español de Maren y Jörg está preparando un viaje a Cataluña. Los alumnos preparan el tema "Excursión a Tarragona". En guías, folletos, enciclopedias y en Internet encuentran muchísimas informaciones. Después hacen un resumen que presentan en clase:

¿Cómo es Tarragona?

Hoy día Tarragona es una de las ciudades más importantes de Cataluña. En Tarragona hay una catedral. Está en la parte más alta de la ciudad.

En el siglo XXI el centro histórico de Tarragona tiene este aspecto. Todavía existen las murallas romanas. Están alrededor de la parte más antigua de la ciudad.

Muchos pescadores viven en la parte baja de Tarragona. Hoy este barrio se llama "Serralló". Cada día van al actual puerto de pesca y realizan su trabajo.

Desde el siglo veinte Tarragona tiene también otro puerto. Hoy el puerto comercial es mucho más grande que antes. El puerto nuevo está a cuatro kilómetros del centro.

La catedral está en el mismo lugar donde estaban los templos romanos.

¿Cómo era Tarraco?

En la época del Imperio Romano Tarraco era una de las ciudades más importantes de Hispania.

En Tarraco había templos para los Dioses romanos. El templo más grande estaba en la parte más alta de la ciudad.

Debajo de la zona de los templos estaba el Forum. Era el centro de administración de la Provincia Tarraconensis. Así se llamaba la provincia romana más importante de Hispania (1).

Entre el Forum y la parte baja de la ciudad estaba el circo. Allí miles de espectadores podían ver carreras y otros espectáculos (2).

En el anfiteatro (3) luchaban los gladiadores.

Los arqueólogos piensan que Tarraco tenía este aspecto en el siglo I después de Cristo. Las murallas estaban alrededor de casi toda la ciudad.

Tarraco tenía un puerto importante. Era muy grande ya en los tiempos del emperador Augusto, hace 2000 años. El puerto estaba cerca del centro de la ciudad.

Las casas de los artesanos y comerciantes estaban junto al puerto, en la parte baja de Tarraco. Allí vivían y trabajaban. El actual puerto de pesca está en el lugar donde estaba el puerto de Tarraco en la antigüedad. Allí iban los pescadores a realizar su trabajo.

E 1 *En el último texto hay un tiempo nuevo: el imperfecto.*
¿Cómo se forma este tiempo?

1. Escribe en tu cuaderno los verbos que aparecen en imperfecto. ¿Cuántos grupos, según su terminación, puedes formar?
2. Intenta formular la regla para los verbos regulares que terminan con **-ar, -er, -ir.**
3. ¿Qué verbo no tiene forma del plural?
4. ¿Cuál es el infinitivo de era (-n) e iba (-n)?

E 2 ***Tarragona ayer y hoy***

2 26

Antes ...
Tarraco era la capital de la provincia Tarraconensis, la más grande de las tres provincias de Hispania.

Ahora ...
Hoy día Tarragona es la capital de la provincia del mismo nombre, que es una de las cuatro provincias de Cataluña.

Actualmente existen muchas autopistas en España. La A7, por ejemplo, es importante para el tráfico entre el este de España y otros países europeos.

La Carretera Nacional N340 va de Cádiz a la costa del Mediterráneo, hasta Barcelona. Por la Nacional 340 van muchos coches, autobuses y camiones con frutas. Partes de la antigua VIA AUGUSTA existen todavía. La N340 pasa por Tarragona.
Hoy muchísimos turistas de todo el mundo vienen a Tarragona, para visitar los monumentos antiguos y ...
¡En Tarragona hay un montón de cosas interesantes que puedes descubrir!

E 3 *¿Qué verbos faltan?*

Ya en los tiempos del Imperio Romano __ muchas calzadas (carreteras) importantes. Una de las más importantes __ la VIA AUGUSTA. __ de Gades (en el sur de la Península Ibérica) a la costa del Mare Balearicum y después a Galia. Muchos comerciantes y carros con frutas __ por la Vía Augusta. La Vía Augusta __ por Tarraco. En la antigüedad muchos romanos famosos __ a Tarraco porque les __ las comidas y las bebidas excelentes, el clima agradable, el teatro y las carreras en el circo. En Tarraco, hace 2000 años, ya __ mucha movida.

E 4 ***A comparar***

Mira los dos mapas y contesta estas preguntas.

1. ¿Qué partes de la Península Ibérica formaban parte de la Provincia Tarraconensis?
2. ¿Cómo se llamaban las otras provincias romanas en la Península Ibérica? ¿Dónde estaban?
3. ¿Qué Comunidades Autónomas/qué país(-es) hay hoy día en estas partes de la Península?
4. El río más grande en el norte y noreste de la Provincia Tarraconensis se llamaba "Iberus". ¿Cómo se llama este río actualmente?
5. Mira los mapas y continúa: El río que hoy se llama Duero, se llamaba ...
6. ¿Cómo se llamaban en los tiempos de los romanos las ciudades que existen todavía?
7. Compara las carreteras que los romanos tenían en el siglo I con las vías de medios de transporte que tenemos nosotros (coche, autobús, tren ...).

E 5 **Antes y ahora**
Compara y forma frases.

Para ir de Roma a Tarragona, un avión moderno necesita dos horas.	Para ir de Roma a Tarraco, un barco romano __ dos semanas.
Los turistas modernos van a España en avión o __.	Los legionarios __ a pie o __.
En el siglo XXI tenemos autopistas y aeropuertos.	Los romanos ya __.
¿Cuánto tiempo necesitamos hoy en tren para ir de Cádiz a Tarragona? Mira en internet (renfe.es).	Tarraco → Gades legionarios __ unos 25 días ...
La provincia de Tarragona no es muy grande.	La provincia Tarraconensis __. Mira el mapa.

E 6 ***¿Qué más podemos ver en Tarragona?***
Aquí tienes partes de un folleto en catalán. Debajo de los textos encuentras palabras que te ayudan a formular tus frases en español.

Amfiteatre Romà

Construcció de l'inici del segle II, on tenîen lloc principalment els espectacles de gladiadors.

el inicio: *der Beginn;*
siglo: *Jahrhundert;*
tener lugar: *stattfinden;*
el gladiador: *Gladiator*

Aqüeducte Romà

(s. I a. C.) Conegut popularment amb el nom de Pont del Diable. Formava part de la xarxa de subministrament d'aigua a la ciutat. Consta de dos nivells d'arcades sobreposades. Fa 217 m de longitud per 27 m d'alçada màxima.

formar parte de: *zu etw. gehören;* la red de suministro: *Versorgungsnetz;* arcos superpuestos: *übereinander liegende Bögen;* tener x m de longitud: *x m Länge haben;* altura: *Höhe*

Circ Romà

(s. I) És un edifici allargat, on tenîen lloc curses de quadrigues i d'altres espectacles. El circ es trobava entre el Fòrum Provincial i l'àrea d'hàbitat. És un dels edificis del seu gènere més ben conservats d'Europa.

alargado: *lang gezogen;*
carreras de caballos: *Pferderennen;*
encontrarse: *sich befinden;*
el área habitada: *Wohngegend;*
edificio de su género: *Bauwerk seiner Art*

Paso 2 Un pueblo en Cataluña y sus habitantes

Los naranjos en abril: naranjas y flores

T 2 27

La Nou de Gaiá es un pueblo pequeño. Está en la provincia de Tarragona, a unos quince kilómetros de la capital. En los campos que están alrededor, los agricultores cultivan frutas, por ejemplo almendras, naranjas y uvas. En La Nou viven sólo unos cuatrocientos habitantes y aquí tienen todo lo que necesitan para vivir cada día. Hay una panadería, una peluquería y una carnicería que es también un pequeño supermercado. Dos veces a la semana viene un médico y los habitantes de La Nou pueden ir a su consultorio.

Los fines de semana y durante las vacaciones mucha gente viene al pueblo para pasar unos días con sus familiares y amigos.

E 1 ◎2 28–35

Cuentan los habitantes de La Nou

Lee y escucha estos textos y relaciónalos con las fotos.

1. - Hasta 1970 casi todos los habitantes de La Nou éramos agricultores.
   - ¿Y cómo vivíais?
   - Trabajábamos mucho, íbamos al campo muy temprano y volvíamos tarde, ganábamos poco dinero, pero estábamos contentos con lo que teníamos.
2. - Mireia, ¿desde cuándo tienes tu salón de peluquería?
   - Desde hace cinco años. Antes yo trabajaba en Reus y mi marido también porque aquí no encontrábamos ningún trabajo.
   - Ah, por eso. ¿Y vivíais allí también?
   - No, antes también vivíamos en La Nou. Nosotros somos de aquí.
   - ¿Cómo ibais a Reus todos los días?
   - Íbamos en coche porque hay pocos autobuses que pasan por aquí.
3. Me llamo Ricardo Ferrer. Vivo en Zaragoza con mi mujer y mi hijo pero me gusta mucho venir aquí cuando tengo algunos días libres. Tengo una casa en el pueblo. Antes era la granja de mis abuelos. Cuando yo era niño venía muchas veces a La Nou con mis familiares. Visitábamos regularmente a los abuelos los fines de semana.
4. Soy de Andalucía. Antes vivía y trabajaba en Jaén. Pero mi marido es catalán. Tenemos una carnicería y un pequeño supermercado donde hay casi todo lo que la gente necesita.
5. Soy la maestra del pueblo. Lamentablemente ya no hay muchos niños en la escuela de La Nou. Hace veinte años tenía más alumnos. Éramos dos maestras y teníamos 30 niños en cada clase.

6. Desde hace algunos años trabajo en La Nou. Vengo los lunes y los miércoles. Antes trabajaba en Lleida como médico en un hospital.

7. Mi nombre es Joan. Tengo una panadería en el pueblo. Además, en la costa hay algunos restaurantes y supermercados que compran regularmente mi pan y mis pasteles.

8. Soy Fatme. Mi familia y yo vivimos en La Nou desde hace cuatro años. Antes vivíamos en Marruecos. Allí yo no podía vestirme como las chicas españolas. Al principio era difícil vivir aquí. No entendía bien lo que hablaba la gente, no tenía amigos. Ahora tengo algunos y hablo bien español y catalán.

¡Ojo!

en español	en alemán	en inglés
desde hace tres días	seit drei Tagen	for three days

seit + Zeitraum: desde hace …

E 2 ***Antes era diferente***

Busca las formas del imperfecto en los textos de E 1.

1. Compara las formas del imperfecto de la primera y la tercera persona del singular.

2. Conjuga los siguientes verbos en imperfecto:

trabajar – vivir – tener – ir – ser

E 3 ***La gente de La Nou***

36–43

Ahora escucha el CD y fíjate en las diferencias con los textos. Trata de recordar los textos del CD y explica quiénes son y qué hacen las personas de las fotos.

E 4 ***Entrevistas***

Prepara preguntas para las personas de los textos 3 a 8. Tu compañero/a va a contestar.

Paso 3 En el bar de La Nou

T 44–46

El bar de Ana y Manuel es uno de los lugares más importantes del pueblo. Aquí los vecinos se encuentran para charlar, para tomar café o helado. Aquí ven partidos de fútbol en la televisión, compran su tabaco y el periódico y celebran fiestas con su familia. También hay unas personas mayores que vienen frecuentemente a comer aquí porque ya no tienen familiares en el pueblo. Algunos jóvenes que tocan música rock ensayan regularmente en el salón que está detrás del bar. Los sábados hay un curso de baile. A todas las generaciones les encantan el tango y otros bailes latinoamericanos.
En el bar algunas veces al mes se puede ver una película.

Por supuesto Ana y Manuel conocen a todos los habitantes del pueblo y también a los que vienen a pasar los fines de semana. Uno de ellos es Ricardo. Normalmente vive en Zaragoza pero los sábados y domingos o durante las vacaciones viene a La Nou para descansar.

El viernes 28 de abril a las ocho de la tarde Ricardo entra en el bar y saluda a la gente que está en la barra:

Ana: Hola, Ricardo. ¿Qué tal el viaje?
Ricardo: ¡Horrible! Hay muchísimo tráfico esta tarde. Normalmente necesito dos horas para venir, pero hoy, tres horas y media.
Manuel: Claro, todo el mundo quiere ir a la playa.
Ana: Además el lunes es el primero de mayo y la gente quiere aprovechar estos días.
Manuel: Sí, y en la televisión acaban de anunciar buen tiempo.
Ana: Y en tu casa, ¿todo está bien?

Ricardo: Más o menos. Acabo de ver que hay algún problema con el agua caliente. La ducha no funciona bien. Creo que necesito un fontanero. ¿Hay alguno en el pueblo?

Manuel: No, aquí no hay ninguno. Pero puedes preguntar a Ahmed, el marroquí que vive al lado de la panadería. Él te lo arregla seguramente.

Ricardo: ¿Ahmed? Pero Ahmed no es fontanero, es mecánico.

Ana: Sí, pero sabe hacer un poco de todo. Lo que son trabajos de agua y electricidad, lo hace de maravilla.

Ricardo: Pues, voy a preguntarle, pero ahora no. Acabo de llegar. Primero voy a comer algo. Tengo hambre. ¿Cuál es el plato del día?

Manuel: Verdura, merluza a la romana y crema catalana como postre. ¿Qué te parece?

Ricardo: Muy bien. El pescado me gusta mucho y la crema catalana también.

Ricardo tiene una casa vieja en La Nou. Frecuentemente hay que arreglar algo.

Después de cenar Ricardo toma un café en la barra. Charla con Josep y Oriol, unos lugareños. Normalmente Josep y Oriol hablan catalán. Ricardo entiende bien el catalán pero lo habla mal. Por eso hablan con él en castellano.

Josep: ¿Este fin de semana tu familia no viene contigo?

Ricardo: No, mi mujer no puede venir, tiene que quedarse con su madre. Mi suegra está enferma.

Oriol: ¡Qué pena! ¿Y vuestro hijo?

Ricardo: También está en casa. Sus amigos no querían venir. Y cuando está solo aquí, se aburre.

Josep: Es verdad, para los jóvenes no hay mucho en el pueblo.

Ricardo: Lo que le gusta a David es ir a Torredembarra a las discotecas o hacer windsurf, y eso es más divertido con los amigos.

Oriol: Claro. ¿Y qué vas a hacer tú el fin de semana?

Ricardo: Tengo que escribir un artículo para el periódico sobre una película nueva. Además hay que pintar una pared en mi casa.

Josep: ¿No vienes para descansar?

Ricardo: Sí, también. Voy a pasear por los campos, voy a ir a la playa. Pero la verdad es que aquí puedo trabajar más tranquilamente, concentrarme mejor. Por eso me gusta mucho La Nou. En mi oficina en Zaragoza, en cambio, siempre viene alguien, suena el teléfono, ...

Desgraciadamente hay también algunas casas antiguas como ésta: Nadie se ocupa de ellas y un día tienen este aspecto.

E 1 ***Acabo de ver a Ricardo***

¿Qué otras frases de este tipo hay en el texto?
*¿Qué frases con **acabar de** encuentras en el texto?*

E 2 *Escribe diálogos con el futuro próximo (ir a + infinitivo) y acabar de + infinitivo.*

Modelo:
- A las once **vamos a ver** la película nueva de Almodóvar. ¿Vienes con nosotros?
- No, lo siento, **acabo de verla** esta tarde.

E 3 ***Todo es una cuestión de perspectiva***

1. Cuando la familia de Ricardo pasa regularmente los fines de semana en La Nou, hay ventajas (+) y desventajas (–) para:

Ricardo y su mujer		David, su hijo		La gente del pueblo	
+	–	+	–	+	–

Apunta en pocas palabras las ventajas y desventajas para cada uno.

2. En el pueblo se venden cada vez más casas a personas que viven en las ciudades grandes o en el extranjero. No todos los vecinos están contentos con esto.
Formad dos grupos, uno piensa argumentos a favor y el otro en contra. Después podéis discutirlo.

E 4 ***¡Excelente!***

1. Busca en el texto expresiones como el modelo.

Modelo: ¡Horrible!

2. Mira las caras y la lista de palabras. ¿Qué palabra corresponde a qué cara(s)?

Ya puedes entender muchas palabras de esta lista porque son parecidas en otras lenguas:

cansado - contento - estresado - feliz - fastidiado - horrorizado - agotado - curioso - solo - negativo - nervioso - tranquilo - frustrado - alegre - se aburre - relajado - triste - comprensivo - de mal humor - tiene sed - interesado - (no) está de acuerdo - optimista - sorprendido - piensa: "¡qué pena!" - agresivo

3. ¿Qué expresiones se pueden usar en las situaciones del texto?

Modelo: Ricardo está agotado cuando llega al bar.

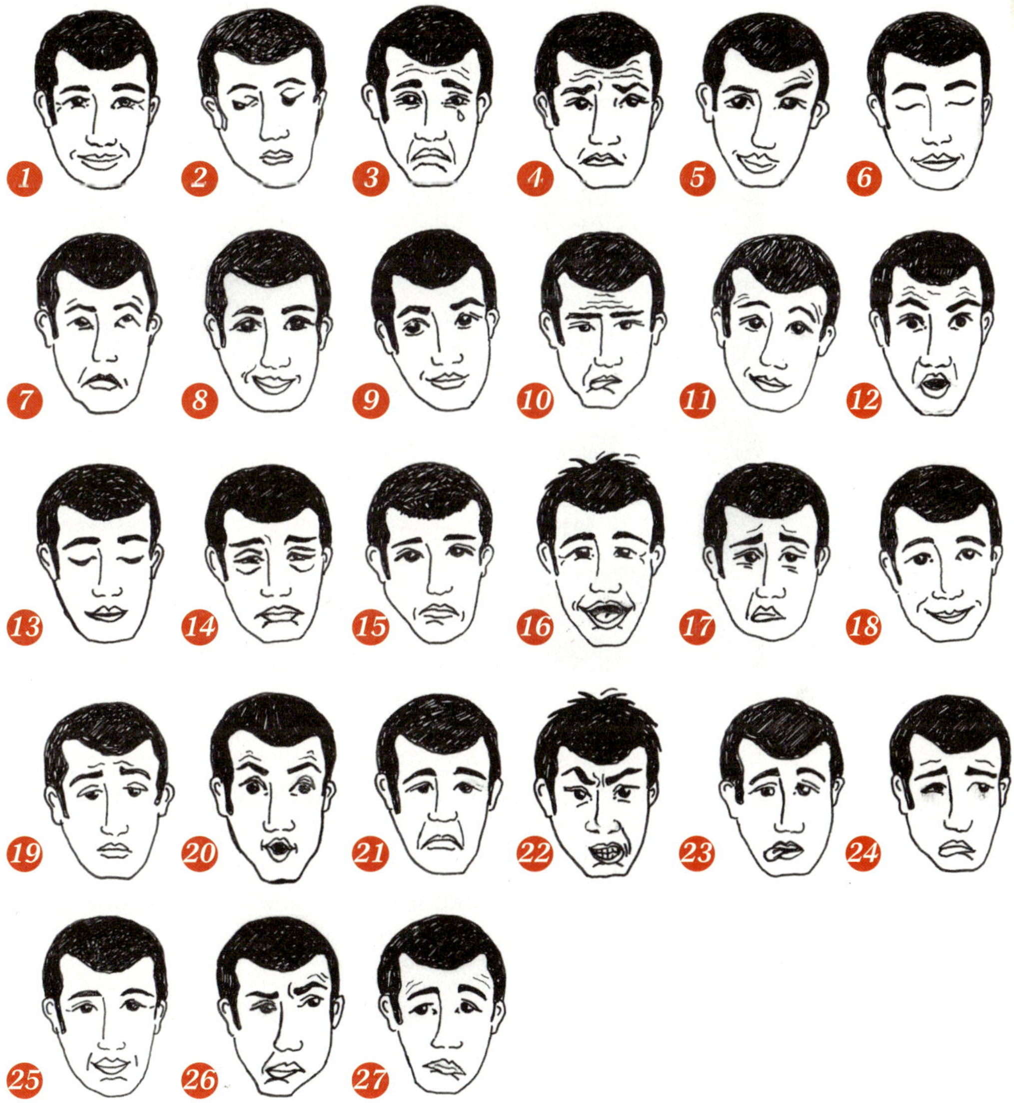

Paso 4 Ya no vivimos en el pueblo

T

2 47–48

Neus y su madre acaban de mudarse. Ya no viven en La Nou. Conchi, una compañera del colegio de Neus, viene por primera vez a visitarla a su nueva casa en Tarragona.

Neus: Hola, Conchi, ¡bienvenida a nuestra casa!

Madre: Todavía es un lío. Neus y yo acabamos de arreglar la azotea. ¡Ven a verla!

Conchi: ¡Qué azotea más bonita tenéis! Tantas flores y la vista sobre la ciudad ... ¡Guay!

Neus: Estamos en el centro pero con las plantas nos sentimos un poco como en el campo.

Una azotea es una terraza en el techo de una casa.

Conchi: ¿Y aquí estáis más contentas que en La Nou?

Madre: Mira, cuando Neus era pequeña, el pueblo era el lugar ideal para vivir. Los niños podían jugar en la calle y en el parque porque no había mucho tráfico. También podían ir a la escuela allí.

Neus: Pero después tenía media hora en autobús por la mañana para ir al cole, y otra vez media hora por la tarde para volver a casa. ¡Era demasiado!

Conchi: Me imagino. Estabas harta de levantarte más temprano que los demás y volver a casa mucho más tarde.

Neus: En cambio ahora son sólo cinco minutos a pie.

Madre: Y sabes, Conchi, siempre era muy difícil cuando Neus quería hacer algo con sus compañeros del cole después de clase.

Neus: Claro, mamá. ¿Qué hay para los jóvenes en La Nou? ¡Es el lugar más aburrido del mundo!

Madre: Tienes razón, Neus, el problema siempre era cómo volver a La Nou. El último autobús sale a las siete de la tarde, y yo no podía siempre ir a buscarte en coche.

Neus: Ahora mamá ya no necesita llevarme en coche. ¡Qué suerte! Salgo de casa y vuelvo sola. Es mucho mejor que antes.

Madre: Otra ventaja es que yo tengo mucho más tiempo. La empresa donde trabajo está muy cerca de aquí. Ahora puedo ir a pie y en quince minutos estoy allí. Si hace muy mal tiempo, voy en taxi. Ya no pierdo tiempo en transportes.

Neus: Queremos vender el coche y comprar una Vespa.

Conchi: ¡Buena idea! ¿Pensáis realmente que ya no necesitáis ningún coche?

Neus: Una Vespa es suficiente para nosotras. A veces va a usarla mamá, a veces la voy a usar yo.

Conchi: ¡Fantástico! Pero si queréis ir a otras ciudades o de vacaciones, por ejemplo ...

Madre: Entonces vamos en tren. Realmente no necesitas un coche cuando vives en el centro. Las calles son muy estrechas. No puedes aparcar, los garajes cuestan muchísimo, ni hablar de la gasolina, de las autopistas, ...

Neus: Prefiero gastar el dinero en otras cosas. Oye, aquí al lado hay una tienda de ropa. Es nueva. ¿Vamos a verla?

E 1 ***Expresiones***

Busca las expresiones que las personas en el texto usan para:

- expresar cosas o situaciones que les gustan o no les gustan
- expresar que están de acuerdo con lo que dice o hace otra persona.

E 2 ***Para mí el lugar más bonito es ...***

Escribe un pequeño texto y cuenta dónde quieres vivir después del bachillerato. También explica tus razones.

E 3 *Lee este artículo del periódico "El Mundo" y contesta las preguntas.*

Tierra gratis para todos

Cáceres – Los alcaldes de los pequeños pueblos tratan de parar la sangría migratoria que sufren las zonas rurales. Guijo de Coria, por ejemplo, es una pequeña ciudad en la provincia de Cáceres que hace cincuenta años tenía 1.200 habitantes y que ahora apenas tiene 300. Su alcalde, Marcelino Lorenzo Felipe, trata de corregir esta situación: Ofrece tierra gratis para todos los que quieran instalarse en el pueblo. El ayuntamiento va a dar un huerto familiar de un cuarto de hectárea con agua de riego a todas las familias que deseen quedarse en este lugar. Allí, además, entra la posibilidad de criar una docena de vacas. Los animales pueden pastar en estas tierras.

En Guijo de Coria hay escuela, piscina y buenas carreteras. Es un pueblo tranquilo que está a apenas cuatro kilómetros del embalse de Borbollón. Allí se puede practicar vela y windsurf.

1. ¿Cómo eran los pequeños pueblos de la provincia de Cáceres hace 50 años y cómo son en la actualidad?
2. ¿Qué va a pasar en los próximos años si esto continúa así?
3. ¿Qué hace el ayuntamiento de Guijo de Coria para encontrar solución a este problema?
4. ¿Piensas que el proyecto va a tener éxito? Explica por qué.

E 4 ***Cáceres***

¿En qué parte de España está Cáceres? Mira el mapa.
¿Cómo se llama la Comunidad Autónoma donde se encuentra Cáceres?
¿Qué informaciones puedes encontrar sobre esta parte de España?

E 5 ***En una agencia de publicidad***

Imagínate que trabajas para una agencia de publicidad y que tienes que escribir un anuncio de periódico sobre Guijo de Coria.
¿Con qué eslóganes y argumentos puedes motivar el interés de familias o parejas jóvenes?
¿Qué imágenes puedes usar en el anuncio?

E 6 ***Ciudades en España***

http://ww

Busca en Internet informaciones sobre una ciudad española y compárala con una ciudad alemana que tenga un número de habitantes similar.

Sevilla

Etapa 9

Mirando al sur: Argentina

Paso 1 Diecinueve países

E 1 Latinoamérica

Aquí tienes un mapa de Latinoamérica. Busca los nombres de los países y sus capitales.

E 2 ¿De qué país se trata?

Describe la situación geográfica de algún país de Latinoamérica. Tu compañero tiene que decir de qué país se trata.

Modelo:

__ está en el sur de Centroamérica
__ se encuentra entre __ y __
__ limita con __

E 3 ***A comparar***

Busca las informaciones necesarias y completa el esquema.

	Alemania	Paraguay	México
Superficie	?	?	?
Población	?	?	?
?	?	?	?

E 4 ***Córdoba también está en Argentina***

Completa el siguiente texto y escribe en tu cuaderno las palabras que faltan.

Esto __ Argentina. En Argentina también __ castellano.
Buenos Aires ___ la capital de la República Argentina.
Buenos Aires __ en el __, en la costa atlántica.
En **Buenos Aires** __ una importante universidad.
Córdoba __ en el __. En **Córdoba** también __ una universidad.
Misiones __ en el __.
Salta y **Jujuy** __ en el __.
San Juan y **Mendoza** __ en el __.
Tierra del Fuego __ en el __.
La República Argentina __ con Uruguay, Brasil, Paraguay, Bolivia y Chile.
Los Andes __ en el __.
Argentina exporta carne, trigo, azúcar, yerba mate, soja.

E 5

*El alumno **A** debe mirar la parte **A** y cubrir **B**. **B** debe mirar la parte **B** y cubrir la parte **A**. **A** tiene informaciones que **B** no tiene y viceversa. Tienen que preguntarse y escribir las respuestas en el cuaderno. Las palabras en letra cursiva significan pregunta y las palabras en letra no cursiva dan la respuesta. Al final pueden controlar mirando el cuaderno del compañero.*

A Algunos datos sobre Argentina

Pregunta lo que no sabes. Usa: ¿Cuántos ...? ¿Dónde ...? ¿Qué ...? ¿Con qué ...? ¿Cuándo ...? ¿Desde cuándo ...? ¿Cuál ...? ¿Cómo ...?

1.	Bolivia, Paraguay, Brasil, Uruguay, Chile	*estar situada*
2.	Buenos Aires	*superficie*
3.	35 millones	*provincias*
4.	*montaña más alta*	3 700 km
5.	*bandera*	seis
6.	*persona importante de la historia*	Juan Díaz de Solís (1515)
7.	*sistema político*	9 de julio de 1816
8.	*actual presidente*	*Nobel de la paz*
9.	*religión*	castellano
10.	*exportaciones*	agricultura y ganadería
11.	*nombre de los "cowboys" argentinos*	el asado

B Algunos datos sobre Argentina

Pregunta lo que no sabes. Usa: ¿Cuántos ...? ¿Dónde ...? ¿Qué ...? ¿Con qué ...? ¿Cuándo ...? ¿Desde cuándo ...? ¿Cuál ...? ¿Cómo ...?

1.	Sudamérica	*limitar con países*
2.	3 700 000 km^2	*capital*
3.	23	*habitantes*
4.	*extensión de norte a sur*	Aconcagua (6959 m)
5.	*regiones*	celeste, blanca y celeste
6.	*descubrimiento*	José de San Martín
7.	*fecha de la independencia*	República Federal
8.	Adolfo Pérez Esquivel (1980)	Cristina Fernández de Kirchner
9.	*idioma oficial*	mayoría católica
10.	*principal actividad económica*	cereales, carne, frutas
11.	*comida típica*	gauchos

Paso 2 Argentina: hablando en pasado

E 1

Argentina: vida y costumbres

Escucha y relaciona.

2 49

Argentina: vida y costumbres

E 2

Un poco de historia

Completa. Escribe unas frases sobre Alemania.

	Argentina	Alemania
1515	Juan Díaz de Solís, un navegante español, entra en lo que hoy se llama Río de la Plata.	
1536	Pedro de Mendoza funda un pueblo que él llama Santa María del Buen Aire. Los querandíes, indígenas de la zona, incendian la ciudad.	
1776	Virreinato del Río de la Plata. Su principal autoridad es el virrey que representa al rey de España.	
1801	Aparece el primer periódico en Buenos Aires, Telégrafo Mercantil.	
1806 – 1807	Los ingleses intentan sin éxito tomar la ciudad.	
1810	Los criollos toman el poder. Es lo que se conoce como la Revolución de Mayo.	
9 de julio de 1816	Independencia. Argentina, ya no es colonia española.	
Entre 1825 y 1827	Guerra entre Argentina y Brasil.	

→

1865	La Triple Alianza (Argentina, Uruguay y Brasil) declara la guerra a Paraguay con un resultado de más de un millón de muertos. En Paraguay muere más del 90% de la población masculina.	
Entre 1893 y 1913	Entran al país 500 000 inmigrantes de toda Europa, especialmente de España e Italia.	
1935	Muere trágicamente Carlos Gardel, el cantante de tangos más famoso del momento.	
1946	Perón es presidente del país. Su mujer Evita es un símbolo para los pobres.	
1951	Votan las mujeres por primera vez.	
1952	Muere Evita.	
1973	Juan Domingo Perón gana por tercera vez las elecciones.	
1974	Muere Perón. Su mujer Isabel toma la presidencia.	
1976	Un golpe militar derroca a Isabel Perón. Comienza la época más negra de la historia argentina: la dictadura militar.	
1983	Fin de la dictadura. Hay elecciones y gana Raúl Alfonsín. Comienza la democracia.	

Contesta las siguientes preguntas:

1. ¿Cuántas etapas puedes encontrar en la historia argentina? ¿Cuáles son?

2. ¿Cómo puedes caracterizar a los diferentes grupos que participaron en la historia de este país?

T

2 *50*

¿Cómo era la vida en la época colonial?

La sociedad colonial estaba formada por los españoles, los criollos, que eran hijos de españoles nacidos en América, los negros, los indígenas, los mestizos y los mulatos.

Los españoles formaban la clase principal, eran propietarios y comerciantes y ocupaban casi todos los trabajos públicos. Los negros venían de África y se vendían como esclavos. Generalmente trabajaban en las tareas domésticas o en el campo. Los criollos ayudaban a sus padres en sus tareas o seguían la carrera de abogado o sacerdote.

Las mujeres generalmente no iban a la escuela.

Los indígenas tenían que estar lejos de la sociedad.

No faltaban las diversiones en la colonia: había carreras de caballos y corridas de toros. Eran muy importantes las fiestas religiosas y la gente iba frecuentemente a las procesiones.

Las reuniones familiares se hacían por la tarde y terminaban temprano. Mientras la gente mayor charlaba y bebía mate, los jóvenes bailaban o jugaban a las cartas.

E 3 *Así se vivía en la época colonial*

¿Qué tiempo se usa en español para describir una situación en el pasado?

E 4 *Antes había indígenas en la Argentina*

Rellena este texto con la forma correcta del verbo:

Antes de llegar los españoles al actual territorio argentino __ (haber) diferentes pueblos indígenas.

Éstos __ (vivir) en tribus. El jefe de estas tribus __ (ser) el cacique. Los pueblos __ (tener) diferentes grados de cultura. __ (haber) algunos que __ (estar) muy adelantados y __ (trabajar) la tierra. Otros, en cambio, __ (ser) menos evolucionados. __ (hablar) diferentes lenguas pero no __ (saber) escribir. Algunos __ (adorar) al sol, a la luna y a la naturaleza. También __ (saber) encender el fuego. Las armas más comunes __ (ser) el arco y la flecha. Las __ (construir) de madera y de piedra o hueso, que __ (soler) envenenar con el jugo de algunas plantas.

E 5 *José de San Martín: una persona clave de la independencia*

Aquí tienes algunas características de San Martín:

una hija casado valiente botas traje militar sombrero estricto		alto moreno pelo negro nariz aguileña boca enérgica ojos negros

¿Cómo era San Martín?
Escribe una descripción.

Modelo: Tenía una hija, era alto y ...
¿Qué tiempo se usa también en español para describir personas?

E 6 *La descripción sigue ...*

El libertador llevaba normalmente traje militar que diariamente cambiaba. A menudo tenía su sable bajo el brazo. Casi siempre usaba un sombrero que frecuentemente adornaba con una medalla de plata. Siempre llevaba botas negras hasta las rodillas.

¿Cuáles son los marcadores temporales que se usan con el imperfecto?

E 7

Argentinos famosos

Buscad informaciones sobre estas personas: Juan Domingo Perón, Evita Perón, Carlos Gardel, Raúl Alfonsín y el actual presidente. *Presentad vuestros resultados a los demás compañeros.*

Juan Domingo Perón

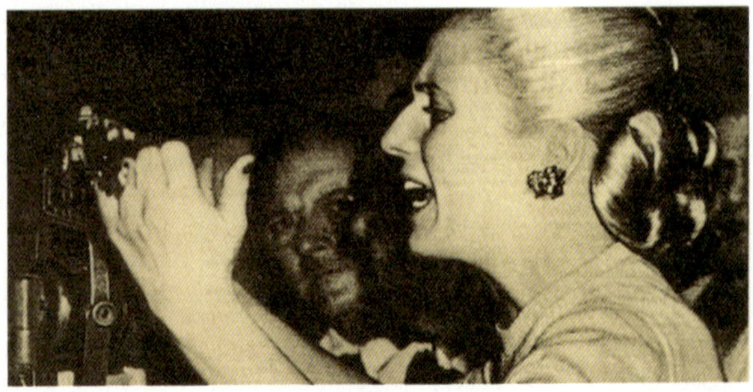

Evita Perón

Carlos Gardel

Raúl Alfonsín

actual presidenta: Cristina Fernández de Kirchner

T

2 51–54

Una mezcla de sangres

- Tú tienes sangre indígena, ¿verdad?
- No sólo. También tengo sangre española.
- ¿Puedes contarnos un poco de esta mezcla de sangre indígena y europea?
- Claro. Mi bisabuelo y mi bisabuela por parte de padre eran indígenas.Tuve la suerte de conocer a mi bisabuela. Se llamaba Pastora y recuerdo que fumaba pipa. Otra cosa interesante para mí era que aunque ya estaba viejita no tenía arrugas en la cara.
- Sí que fue una suerte. No todos tenemos la posibilidad de conocer a nuestros bisabuelos.
- Es verdad. Lo que pasa en este caso es que mi "bisa" Pastora tuvo a mi abuelo con 14 años. Parece que esto era normal. A mi bisabuelo no lo conocí, creo que era bastante mayor que ella. Lo vi en fotos y se llamaba Simón.
- ¿Y tu abuelo? ¿Tenía rasgos indígenas?
- Completamente. Era de piel oscura, tenía los ojos un poco rasgados y ninguna arruga. Con él se empezó a mezclar la sangre porque se casó con mi abuela Consuelo que era hija de españoles y tenía la piel muy blanca.
- ¿Cuántos hijos tuvieron?

- Cuatro. Mi papá, el único varón, y tres mujeres, mis tías.
- ¿A quién se parecían?
- Evidentemente los genes indígenas eran dominantes porque los cuatro tenían los rasgos de mi abuelo, especialmente mi papá.
- ¿Y por parte de tu madre?
- Bueno, mi mamá es hija de españoles. Los dos emigraron a principios del siglo pasado desde Galicia, concretamente de una aldea cerca de Monforte de Lemos, provincia de Lugo. En este punto hay una pequeña historia para contar. ¿Puedo?
- Si no es muy larga ...
- Sí, es larga, pero la voy a resumir. Mis abuelos gallegos vivían en una aldea y allí eran vecinos, puerta con puerta. Mi abuelo José tenía 10 ó 12 años más que mi abuela Asunción. Cuando él emigró a la Argentina ya era un hombre, en cambio ella era todavía una nena. A la edad de 15 años ella también se fue a la Argentina. Después de unos años, en un país tan grande y por casualidad, se encontraron y se casaron.
- Y fueron felices y comieron perdices[1] ...
- Las dos cosas, porque mi abuelo era cazador y en su casa se comían perdices con mucha frecuencia. Pero, hablando en serio, para ser felices y comer perdices tuvieron que trabajar muchísimo ya que llegaron "con una mano atrás y otra adelante"[2], como decimos nosotros.
- Me imagino que tiene que ser durísimo dejar tu país, tu familia, ...
- ¿Qué te parece? Irse significaba en la mayoría de los casos no volver a ver nunca más ni a tus padres ni a tus hermanos. Además ese viaje en barco no era como los de hoy. Mi abuela tenía sólo quince años. Tuvo que cambiar la fecha de nacimiento en el documento para poder viajar.
- ¿Y tus abuelos formaron parte de la gran mayoría o volvieron alguna vez?
- Mi abuelo, lamentablemente murió sin poder volver a su Galicia querida. Mi abuela sí volvió, cuando ya era viuda, 58 años más tarde. Se dice pronto, pero es casi una vida. Sus padres ya estaban muertos y la mayoría de sus hermanos también. Se encontró con los que todavía estaban vivos, y seguramente fue muy lindo porque pensó irse un mes y se quedó un año.
- Para terminar, ¿qué hay más en ti: características indígenas o europeas?
- Eso no te lo puedo contestar. Creo que hay un poco de las dos. Lo que sí me gustaría decir antes de terminar es que me siento orgullosísima de todos ellos, porque tanto unos como otros eran personas luchadoras, positivas, auténticas. En fin, para mí, los mejores.

Mónica Duncker, texto autobiográfico

[1] *Sagt man am Ende jedes Märchens, etwa wie „Und wenn sie nicht gestorben sind, dann leben sie noch heute."*
[2] *Sin nada.*

E 8 *Dibuja un árbol genealógico.*

Paso 3 Lo pasado, pasado está

T

55

San Martín. Libertador de Argentina, Chile y Perú

José de San Martín nació el 25 de febrero de 1778 en Yapeyú, Corrientes. Allí vivió hasta que, a los cinco años, toda la familia se fue a España. Allí San Martín estudió hasta 1789 la carrera militar. En aquellos años luchó para el ejército español. 29 años después, en 1812 volvió a Buenos Aires y aquí empezó su importantísima tarea hacia la independencia ...

La figura del joven militar fue rápidamente muy conocida entre las importantes familias porteñas. Allí vio por primera vez a Remedios de Escalada con quien se casó muy pronto. Poco después San Martín tuvo que ir a proteger la costa del río Paraná de los ataques españoles. La figura del militar se volvió más y más importante en el desarrollo político y económico del país. Por esto comenzó a preparar un plan: atravesar los Andes, expulsar a los españoles de Chile y llegar a Lima ...

1. *¿Qué tiempo se usa en español para contar una cadena de acontecimientos?*
2. *¿Conoces otros libertadores?*

E 1 *¿Cuáles son los marcadores temporales que se usan con el pretérito indefinido?*

E 2 *Escribe en tu cuaderno los verbos del texto y al lado la forma correspondiente del infinitivo.*

¡Ojo!

Verbos regulares con cambio ortográfico	Verbos regulares con cambio vocálico
sacar → saqué	leer → leyó
llegar → llegué	
empezar → empecé	

E 3 *Escribe en tu cuaderno las formas correctas de los verbos entre paréntesis.*

Antes de empezar con su nuevo plan San Martín (comenzar) a tener problemas con su salud. A causa de esto (tener que) dejar el ejército durante un tiempo. (Ir) a Córdoba para descansar. Un tiempo más tarde (seguir) con sus planes. Después de muchísimas dificultades, en enero de 1817, (salir) con 5 200 hombres, 10 000 mulas y 1 600 caballos para cruzar los Andes. El viaje (ser) muy duro pero (tener) éxito.

E 4 56–57 ***Otro argentino famoso: Jorge Luis Borges***

Escucha y toma nota. Después escribe un pequeño texto y di qué hizo esta persona.

E 5 *Ahora escribe tu biografía.*

Paso 4 De los tiempos de María Castaña[1]

E 1

El imperfecto y el indefinido

Ordena los datos sobre San Martín en tu cuaderno y escribe el verbo en la forma correcta de imperfecto o indefinido

- (Formar) un ejército para luchar por la independencia.
- A la edad de cinco años (irse) a España con sus padres.
- (Cruzar) los Andes hasta llegar a Chile.
- (Ser) alto y moreno, (tener) el pelo rizado y los ojos negros.
- (Estudiar) en España la carrera militar.
- (Ser) hijo de españoles.
- (Usar) traje militar y (llevar) el sable bajo el brazo.
- (Conocer) a su mujer en casa de unos amigos.
- (Casarse) con Remedios de Escalada.
- (Tener) una sola hija: Mercedes.
- Después de morir Remedios en 1829, (ir) con su hija a vivir a Francia.
- (Morir) en Boulogne-Sur-Mer.

E 2

A practicar

Toma los datos del E 1 y escríbelos en tu cuaderno debajo de la pregunta correspondiente:

San Martín
¿Cómo era? ¿Qué hizo? ¿Qué le pasó?

E 3

Hablando en pasado

Completa libremente las siguientes frases en tu cuaderno:

En 1999 __.
Anteayer __.
Siempre __.
El año pasado __.
Anoche __.
Antes __.
De pequeño/a __.
Normalmente __.

[1] *muy antiguo y pasado de moda*

CD 2 58–59

E 4 **Para leer**

1 fui desafiado por mi maestra: *ich wurde von meiner Grundschullehrerin herausgefordert* 2 ante: *vor (Ort)* 3 es requisito indispensable: *es ist unentbehrliche Bedingung* 4 alas: *Flügel* 5 ventanal: *großes Fenster* da a la calle: *schaut zur Straße* 6 salida: *Ausgang* común y corriente: *üblich* 7 living: *Wohnzimmer* angosto: *eng* 8 el envión: *der Stoß* que se requiere: *der erforderlich ist* 9 modesto: *bescheiden* el despegue: *Start* 10 a esta altura de mi exposición: *in diesem Punkt meiner Darstellung* 11 desaparecer: *verschwinden* oreja: *Ohr* 12 atrapada: *gefangen* índice: *Zeigefinger* pulgar: *Daumen* 13 tierna mano: *zärtliche Hand* repetir: *wiederholen* 14 Padre Rector: *Pfarrherr* colocar: *aufstellen* 15 alinearse: *ausrichten* satisfacer: *zufriedenstellen* de inmediato: *sofort* 16 pedido: *Bitte* 18 psicopedagoga: *Schulpsychologe* 19 monja: *Nonne* cooperadora: *Elternbeirat* 20 consejero escolar: *Schulberater* cura: *Pfarrer* hasta: *sogar* un policía que por ahí pasaba: *ein Polizist, der dort in der Nähe vorbeiging* 21 coincidir: *übereinstimmen* 22 acompañar: *begleiten* 24 se tuvieron que conformar con: *sich zufriedengeben mit* 25 a gritos: *mit lautem Geschrei* vereda (lateinam.): *Gehsteig* 27 por supuesto: *selbstverständlich*

Mi casa

Cuando tenía ocho años fui desafiado por mi maestra para describir ante mis compañeros cómo era mi casa: "Bueno, para entrar en mi casa es requisito indispensable el tener alas, porque la única entrada es por el gran ventanal del primer piso que da a la calle. La salida, en cambio, es por la puerta común y corriente porque el living es demasiado angosto y no hay lugar para tomar el envión necesario que se requiere para el más modesto de los despegues. Tenemos también una mesa mágica ..." A esta altura de mi exposición desaparecí del aula siguiendo a mi oreja izquierda, que había quedado atrapada entre el índice y el pulgar de la tierna mano de la señorita Dora. "¡Repítaselo ahora al Padre Rector!" Coloqué mis orejas a la misma altura, me alineé un poco y satisfice de inmediato el pedido: "Bueno, para entrar en mi casa es requisito indispensable el tener alas ...". Tanto gustó mi sencilla descripción, que tuve que repetirla frente a la psicopedagoga, a tres monjas, al presidente de la cooperadora, al consejero escolar, al cura Antonio, y hasta a un policía que por ahí pasaba. Y todos coincidieron en que debían acompañarme hasta mi casa, seguro que para conocerla, y además porque querían hablar de no sé qué cosa con mi papá. Pero los pobres se tuvieron que conformar con dialogar a gritos desde la vereda, porque para entrar en mi casa, es requisito indispensable el tener alas ... y por supuesto, ninguno de ellos tenía unas.

Pablo Olmedo, Puro Cuento

E 5 **Otro punto de vista**

Escribe otra vez este cuento cambiando el punto de vista: la señorita Dora, el Padre Rector, el cura Antonio, u otro personaje van a contar la historia. ¿Qué cambios tuviste que hacer?

Paso 5 ¿Vos? ¿Tú? ¿Papas o patatas?

E 1 *Lee este chiste de Mafalda*

y ahora este diálogo.

T 2 60

En el cumpleaños de Soledad.

- ¡Hola! Yo soy Celia. ¿Y vos?
- Yo soy Juanjo. ¿Qué tal?
- Bien. ¿Sos de Buenos Aires?
- No, de Rosario. Estoy aquí para visitar a unos tíos.
- ¿Qué hacés?
- Soy estudiante, pero ahora estoy haciendo una práctica en un banco. ¿Y vos estudiás también?
- No, ya terminé. Soy maestra.
- ¡Ah! ¿Y vivís aquí en Buenos Aires?
- Sí, en Palermo viejo[1].
- ¿Palermo viejo? Me dijeron que es muy lindo.
- ¡Lindísimo! Si querés podemos ir a dar una vuelta y te lo muestro. Está muy cerca de aquí.

E 2 *¿Cómo es?*

Completa en tu cuaderno.

Tanto en el chiste de Mafalda como en el diálogo aparece el pronombre __. Corresponde a la segunda persona singular. Se usa en algunos __ de Latinoamérica, especialmente en __ y Uruguay.

En el verbo que acompaña a "vos" se producen cambios. Estos cambios aparecen en el presente del Indicativo y en el Imperativo.

Infinitivo	presente Indicativo		Imperativo	
	Tú	Vos	Tú	Vos
estudiar	estudias	estudiás	estudia	estudiá
hacer	haces	hacés	haz	hacé
vivir	vives	vivís	vive	viví

[1] *Ein Viertel in Buenos Aires*

Y ahora mira el verbo ser:

ser	eres	sos	sé	sé

61

Otro diálogo en una verdulería de Buenos Aires:

- Hola, Margarita, ¿qué vas a llevar?
- Buenos días, doña Teresa. Déme dos morrones grandes y un kilo de papas.
- ¿Algo más?
- ¿Tiene porotos? No los veo ...
- Sí, aquí están. Pero sólo me quedan bolsas de un kilo.
- ¡Uy, no! Eso es mucho, sólo necesitaba unos pocos. Pero, no importa. Voy a llevar también fruta. Póngame unas frutillas, $^1/_2$ kilo de bananas y un kilo de duraznos.
- Parece que hoy tenemos ensalada de fruta como postre.
- Sí, a los chicos les encanta.

E 3

62

El mismo diálogo en una ciudad de España

Escucha y escribe en tu cuaderno las diferencias.

E 4

De viaje por Argentina

Después de trabajar tanto con la gramática necesitáis unas buenas vacaciones. Vais a hacer un viaje por Argentina. A ver cuántos lugares podéis visitar. ¡Buen viaje!

Trabajad en pareja. Cada uno va a mirar en el mapa de la página 143 para saber adónde vais a ir. En cada lugar tenéis que resolver una pequeña tarea.

1.

¡Bienvenido al Aeropuerto Internacional de Ezeiza!

Du möchtest in die Stadt. Frage, ob es einen Bus gibt und wo die Haltestelle ist.

2.

Este hotel te gusta mucho. Está en Palermo, un barrio antiguo y tranquilo de Buenos Aires.

Dort wirst du nach deinem Namen gefragt. Buchstabiere ihn. Du willst auch wissen, wann du frühstücken kannst.

3. 

Después de media hora en el hotel quieres ir a La Boca, el barrio de los primeros inmigrantes italianos al lado del antiguo puerto de la ciudad. Te llama la atención que la mayoría de las casas son de diferentes colores. Miras en tu guía y lees que esto es porque los inmigrantes, que no tenían casi medios, usaron los restos de pinturas de los barcos para pintar sus casas.
Schreibe deiner Schwester, die auch Spanisch lernt, eine Postkarte – natürlich auf Spanisch – und berichte, was du bis jetzt gemacht hast und was du über La Boca weißt und dass es dir sehr gut gefällt.

4. 

Ahora son las doce del mediodía y tienes hambre. Ves un pequeño restaurante y entras.
Frage den Kellner, was es zu essen gibt. Du möchtest etwas Typisches probieren. "Empanadas", sagt er. Frage, was es ist, dann bestelle zwei davon und ein Mineralwasser.

5. 

Al próximo día tomas un autobús para ir a la Patagonia. Después de muchas horas de viaje llegas a Neuquén. Allí te dicen que tú hablas muy bien el español.
Du bedankst dich und erzählst, wo und wie lange du Spanisch gelernt hast.

6. 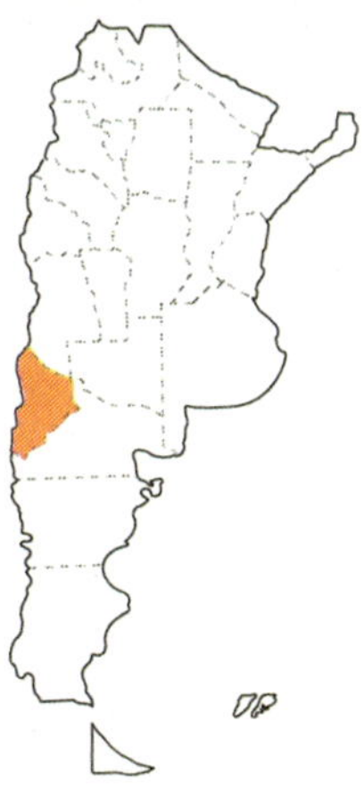

Erkundige dich nach der Zahl der Einwohner in Neuquén.
Telefoniere nach Hause und erzähle es deiner Schwester auf Spanisch.

7.

Después de pasar tres días esquiando mucho en Bariloche tienes un resfrío.
Frage nach einer Apotheke. Dort erzählst du dem Apotheker, dass du Kopf- und Halsschmerzen hast.

8.

Ahora estás en Córdoba, la segunda ciudad del país. En la calle ves un cartel que anuncia la Oktoberfest en Villa General Belgrano.
Frage im Touristenbüro, ob es weit entfernt ist und wie man dort hinkommt.

9.

Después de visitar Villa General Belgrano quieres ver la naturaleza de Córdoba y vas al Valle de Calamuchita.
Frage jemanden, ob es erlaubt ist dort zu fischen und ob man eine Angel mieten kann.

10.

Ahora estás en Salta y quieres hacer fotos de las llamas.
Leider ist dein Film zu Ende. Frage einen Jungen, wo du einen neuen kaufen kannst.

11.

Desde el Norte escribes a tu familia otra postal en español.
Beschreibe, was du auf der Karte siehst.

12.

Ahora estás en Misiones para ver las Cataratas del Iguazú. Un turista peruano te pregunta por una plaza.
Sage ihm, dass es dir leidtut, aber dass du nicht von hier bist. Sage ihm, woher du kommst.

13.

Vuelves a Buenos Aires y quieres ir a San Antonio de Areco, a 100 kilómetros de la capital. Allí te ofrecen mate, la bebida nacional.
Sag, dass du lieber einen Tee hättest. Frag ob es wahr ist, dass in dieser Stadt noch echte Gauchos leben.

14.

Tu última noche en Buenos Aires. Quieres ver bailar el tango y vas a San Telmo, un barrio muy antiguo y famoso. Allí conoces a un grupo de chicas y chicos argentinos.
Frage sie, ob Tango schwierig sei. Sag, dass du es gerne lernen möchtest.

El tango está de moda. Los adolescentes y los jóvenes lo bailan.
Para que vos también puedas hacerlo, tenés aquí las instrucciones.
Mirá las fotos, las imágenes, leé las pautas.
Poné un buen tango. Invitá a una compañera/o y bailálo.

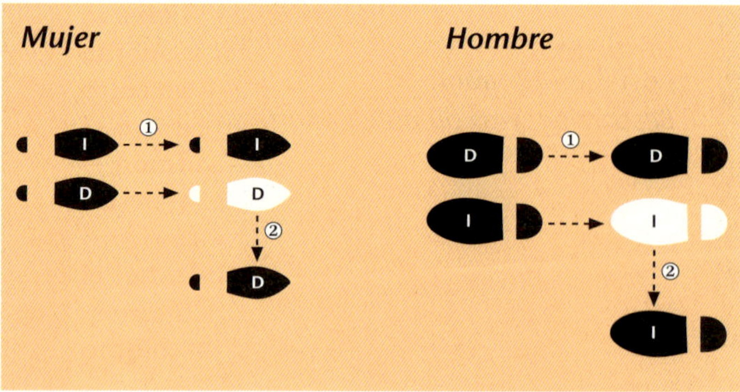

Pasos 1 y 2
La pareja se pone frente a frente. El hombre invita a la mujer a avanzar con el pie izquierdo. Luego, con el derecho, que debe dejar paralelo al otro. Mientras tanto, el hombre primero da un paso atrás con su pie derecho y después con el pie izquierdo. Es necesario ir llevando la cuenta de los pasos.

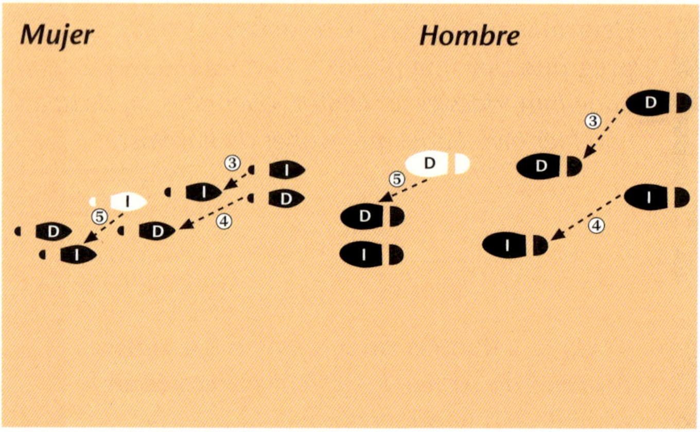

Pasos 3, 4 y 5
Luego la mujer debe retroceder en diagonal con la pierna izquierda, después con la derecha y, finalmente, debe cruzar por delante la izquierda.
En este momento se hace una pequeña pausa. El hombre se adelanta por el costado haciendo todo lo opuesto a su pareja, con pasos firmes y más largos.
La caminata tiene que ser elegante.

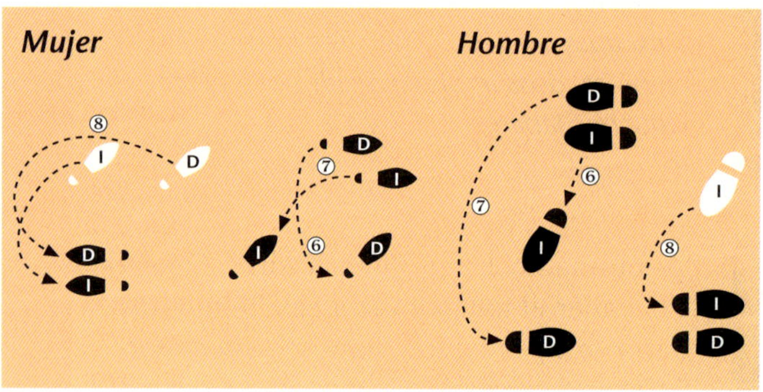

Pasos 6, 7 y 8
Los bailarines están frente a frente. Como la mujer tiene su pie izquierdo cruzado por delante, el hombre la hace girar. Para eso, se adelanta con su pierna izquierda y la acompaña en el giro. Después, apoya la derecha y junta suavemente los dos pies.

Para más datos:
- Los movimientos de la pareja son en espejo. Si el hombre adelanta su pie izquierdo, la mujer debe retroceder con su pie derecho.
- Después de aprendidos los ocho pasos anteriores, pueden agregarse distintos movimientos que se llaman *figuras* (la "sentadita" es una de ellas).
- Antes de empezar a bailar, la pareja puede hacer circulos sobre el piso con la punta del pie.

Vocabulario

Im folgenden Vokabelverzeichnis findet ihr die neuen Wörter jeder Etapa aufgeführt. Die **fettgedruckten** Wörter sind Lernwortschatz und werden in der Folge als bekannt vorausgesetzt. Die übrigen Einträge gehören zum Verständniswortschatz. Sie werden in den folgenden Etapas nicht als bekannt vorausgesetzt, sondern bei jedem weiteren Vorkommen angegeben.
In der ersten Spalte findet ihr das neue spanische Wort oder einen neuen spanischen Ausdruck. Die deutsche Entsprechung dazu findet sich in der zweiten Spalte. In der dritten Spalte schließlich stehen Beispielsätze, Lerntipps und Verweise auf andere Sprachen, also alles, was euch dabei hilft, die neuen Wörter leichter zu behalten.

Im Anschluss an dieses ***vocabulario*** befindet sich ein Register mit einer alphabetischen Auflistung des gesamten Wortschatzes von ***¡vale vale!***.
Hinter jedem Eintrag wird auf die Etapa verwiesen, in der das Wort/der Ausdruck erstmals vorkommt.
Auf den folgenden Seiten findet ihr eine Liste mit den grammatischen Begriffen (und ihren Abkürzungen), die in den Etapas und im Vokabelteil verwendet werden sowie eine Liste der Arbeitsanweisungen - auf Spanisch und Deutsch!
Auf den Seiten 162 und 163 findet ihr kleine Hilfen für die Formulierung von Fragen und Bitten an die Lehrkraft oder an eure Mitschüler.

Para hablar de gramática

la abreviación (abr.)	die Abkürzung
la acción	die Handlung
el adjetivo (adj.)	das Adjektiv
el adverbio (adv.)	das Adverb
el antónimo (ant.)	das Antonym, Gegenwort
el artículo (determinativo) (art. det.)	der (bestimmte) Artikel
el caso	der Kasus, Fall
el complemento agente	der Träger der Handlung
el tiempo compuesto	die zusammengesetzte Zeit
la condición	die Bedingung
la conjugación	die Konjugation
la conjunción (conj.)	die Konjunktion
la descripción	die Beschreibung
femenino (f)	feminin
la forma de cortesía	die Höflichkeitsform
la forma verbal	die Verbform
la frase subordinada	der untergeordnete Satz
la función	die Funktion
el género	das Geschlecht
el gerundio	das Gerundium
la hipótesis	die Annahme, Hypothese
el imperativo afirmativo/negativo	der bejahte/verneinte Imperativ
el infinitivo (inf.)	der Infinitiv
la interjección (interj.)	die Interjektion
el marcador temporal	die Zeitangabe
masculino (m)	maskulin
el modo indicativo	der (Modus) Indikativ
la negación	die Verneinung, Negation
el número	die Zahl
el objeto directo/indirecto	das direkte/indirekte Objekt
el participio (p. p.)	das Partizip
el pasado	die Vergangenheit
plural (pl.)	der Plural
la preposición (prep.)	die Präposition
el presente (pres.)	das Präsens
el pretérito indefinido/imperfecto	der Indefinido/das Imperfekt
el pronombre reflexivo (pron. refl.)/relativo (pron. rel.)/posesivo (pron. pos.)/personal (pron. pers.)/ demostrativo (pron. dem.)/interrogativo (pron. interr.)/indefinido (pron. indef.)	das Reflexiv-/Relativ-/Possessiv-/Personal-/ Demonstrativ-/Interrogativ-/Indefinitpronomen
singular (sg.)	der Singular
el sinónimo (sin.)	das Synonym
el sujeto	das Subjekt
el superlativo absoluto/relativo (sup.)	der absolute/relative Superlativ
el sustantivo	das Substantiv
el verbo regular/irregular (irr.)/principal	das regelmäßige/unregelmäßige/Haupt-Verb

Frases útiles para la clase – Arbeitsanweisungen

En español		Auf Deutsch	
En parejas		Zu zweit	
Discutid		Diskutiert	
En grupos		In Gruppen	
Ordena/ordenad	• las siguientes palabras • los siguientes verbos	Ordne/ordnet	• die folgenden Wörter • die folgenden Verben
Escucha/Escuchad	• el CD • el diálogo • la canción	Höre dir/Hört euch	• die CD an • den Dialog an • das Lied an
Identifica/Identificad		Erkenne/Erkennt	
Cambia/cambiad	las palabras subrayadas por …	Tausche/Tauscht	die unterstrichenen Wörter gegen … aus
Busca/Buscad	• los adjetivos • informaciones • frases • en el diccionario	Suche/Sucht	• die Adjektive • Informationen • die Sätze • im Wörterbuch
Relaciona/Relacionad	• las palabras con las definiciones • las palabras con los números	Bringe/Bringt in Verbindung	• die Wörter mit den Definitionen • die Wörter mit den Zahlen
Comenta/Comentad		Kommentiere/Kommentiert	
Completa/Completad	• el esquema • la tabla • los espacios vacíos • la regla	Vervollständige/ Vervollständigt	• das Schema • die Tabelle • die Lücken • die Regel
Compara/Comparad		Vergleiche/Vergleicht	
Continúa/Continuad		Fahre fort/Fahrt fort	
Corrige/Corregid		Berichtige/Berichtigt	
Haz/Haced		Mache/Macht	
Construye/Construid		Konstruiere/Konstruiert	
Escribe/Escribid	• en el cuaderno las palabras que faltan • una carta • una lista	Schreibe/Schreibt	• die fehlenden Wörter ins Heft • einen Brief • eine Liste
Forma/Formad	frases	Bilde/Bildet	Sätze
Contesta/Contestad	• la pregunta • con frases enteras/ completas	Beantworte/Beantwortet Antworte/Antwortet	die Frage in vollständigen Sätzen
Describe/Describid	• el mapa • la ciudad	Beschreibe/Beschreibt	• die (Land-)Karte • die Stadt
Imagina/Imaginad	el diálogo	Stelle dir/Stellt euch	den Dialog vor
Dibuja/Dibujad		Zeichne/Zeichnet	
Mira/Mirad	• la foto • esta postal • la página	Betrachte/Betrachtet	• das Foto • diese Postkarte • die Seite
Rellena/Rellenad	la tabla	Fülle/Füllt	die Tabelle aus

En español		Auf Deutsch	
Trabaja con tu compañero/a Trabajad juntos/as		Arbeite mit deinem Nachbarn/ deiner Nachbarin zusammen Arbeitet gemeinsam	
Lee/Leed	• en voz alta • en silencio • estos ejemplos • este texto	Lies/Lest	• laut vor • still • diese Beispiele • diesen Text
Fíjate/Fijaos en	• estos diálogos • esta expresión	Konzentriere dich/ Konzentriert euch	• auf diese Dialoge • auf diesen Ausdruck
Comenta	con tu compañero/a	Kommentiere	mit deinem Nachbarn/ deiner Nachbarin
Preséntate Presenta/Presentad		Stelle dich vor Stelle/Stellt ... vor	
Intenta/Intentad		Versuche/Versucht	
Escoge/Escoged Elige/Elegid		Wähle/Wählt ... aus	
Traduce/Traducid	• al español • al alemán	Übersetze/Übersetzt	• ins Spanische • ins Deutsche
Usa/Usad Utiliza/Utilizad	este vocabulario	Benutze/Benutzt	dieses Vokabular
Pregunta/Preguntad	al profesor	Frage/Fragt	euren Lehrer
Infórmate/Informaos	sobre	Informiere dich/ Informiert euch	über
Habla/Hablad	con un compañero/a sobre ...	Sprich/Sprecht	mit einem Mitschüler/ einer Mitschülerin über ...
Conjuga/Conjugad	los siguientes verbos	Konjugiere/Konjugiert	die folgenden Verben
Formula/Formulad	una regla	Formuliere/Formuliert	eine Regel
Marca/Marcad	la respuesta correcta	Kennzeichne/Kennzeichnet	die richtige Antwort
Señala/Señalad	verdadero/falso	Markiere/Markiert	als richtig oder falsch
Comprueba/Comprobad		Stelle/Stellt fest/Weise/Weist nach	
Piensa/Pensad	en un ejemplo	Überlege dir/Überlegt euch	ein Beispiel
Recuerda/Recordad		Erinnere dich/Erinnert euch	
Adivina/Adivinad		Errate/Erratet	
Copia/Copiad	la tabla	Übertrage/Übertragt	die Tabelle
Otra vez		Nochmals	
A ver		Mal sehen!	
A practicar		Zur Übung	
Vamos a jugar		Spielen wir!	
¿Dónde falta	el acento?	Wo fehlt	der Akzent?
¿Correcto o falso?		Richtig oder falsch?	
¿Qué sabes ya de ...?		Was weißt du bereits über ...?	
¿Reconoces ...?		Erkennst du ...?	
¿Cómo se dice en español?		Wie heißt ... auf Spanisch?	
¿Qué significa ...?		Was bedeutet ...?	
¿Qué conoces?		Was kennst du?	

Frases útiles para la clase

He olvidado mi libro.
¿Puedo ir al servicio?
¿Puedo cerrar la ventana/ la puerta?
¿Puedo abrir la ventana/ la puerta?
Lo siento.
¿Está bien así?

Etapa 1

Paso 1	**la etapa**	die Etappe, der Abschnitt die Phase, der Schritt	
	un, -a; uno *adj./pron. num. ord.*	ein, -er, -e; eins	**L** unus **F** un/e (→ Los números 0–20, → G → 2.6) un paso; una etapa; uno, dos, tres
	España	Spanien	
	el país	das Land	**F** pays
	en *prep.*	in, an, auf	
	Europa	Europa	
	el paso	der Schritt	**L** passus [**E** (to) pass] **F** pas
	¿qué? *pron. interr.*	was (für ein)?	**L** quid **F** que
	conoces	du kennst	→ conocer, Etapa 5, pág. 193
	¡ojo! *interj.*	Vorsicht! Aufgepasst!	[**L** oculus **F** œil *Auge*]
E 1	**el número**	die Nummer, die Zahl	▶ ¿Qué número es? – Es el uno.
	corresponde; corresponder	er, sie, es entspricht; entsprechen	
	cada uno/una *pron. indef.*	ein/e jeder/e	**F** chacun
	el/la/los/las *art. det.*	der, die, das	
	la foto(grafía)	das Foto, die Aufnahme	
E 2	**escucha**, *inf.* **escuchar**	Hör zu! Hör an! (zuhören, anhören)	
	identifica, *inf.* **identificar**	*hier:* ordne zu; erkenne; zuordnen, erkennen	
	la montaña	das Gebirge	**E** mountain **F** montagne
	el palacio	der Palast	**E** palace **F** palais ▶ Los reyes viven en un palacio.
	el/la árabe; el árabe	der/die Araber/in; das Arabische	(→ Países extraeuropeos, pág. 223/224)
	árabe *adj.*	arabisch	
	el flamenco	der Flamenco *(andalusisches (Tanz-)Lied)*	
	el maestro	der Meister, Maestro; der Lehrer	**E** master **F** maître *sin.* el profesor *ant.* el alumno ▶ La maestra trabaja en la escuela.
	la guitarra	die Gitarre	
	y/e *conj.*	und	¡Ojo! maestros españoles y franceses; maestros franceses e ingleses
	la figura	die Figur; die Gestalt	**E** figure *Gestalt, Figur* **F** figure ▶ En el museo de Dalí en Figueras hay figuras interesantes.
	famoso, -a *adj.*	berühmt, allseits bekannt	**E** famous **F** fameux *sin.* célebre *ant.* desconocido ¡Ojo! Dt. famos = excelente, estupendo ▶ Dalí es un pintor famoso.
	la literatura	die Literatur	
	el/la español/a; el español;	der/die Spanier/in; das Spanische	

español, -a *adj.*	spanisch	
ser	sein	**L** sedere/[esse] [**F** être] soy, eres, es, somos, sois, son
la ciudad	die Stadt	**L** civitas **E** city **F** cité
el norte	der Norden	▶ Santander es una ciudad en el norte de España.
el rey/la reina; **los Reyes**	der/die König/in; die spanischen Könige	**L** rex, -gis/regina [**E** royal] **F** roy/reine
la universidad	die Universität	
más *adv.*	mehr, in höherem Grade; noch	**L** magis ▶ Don Quijote es una de las figuras más famosas de la literatura española. (= *eine der berühmtesten Gestalten*)
antiguo, -a *adj.*	alt, ehemalig	**L** antiquus **E/F** antique
de/del/de la/de los/de las	von, aus (dem, der, den)	▶ La universidad de Salamanca es una de las universidades más antiguas de Europa.
el mundo	die Welt	**L** mundus **F** monde
el territorio	das (Staats-)Gebiet	**E** territory **F** territoire *sin.* la tierra ▶ Esto es territorio privado.
el/la inglés/esa; **el inglés**	der/die Engländer/in; das Englische	(→ Países europeos, pág. 222/223)
inglés, -esa	englisch	
el arte/las artes	die Kunst	**L** ars, -tis **E/F** art
el pintor	der Maler	**E** painter **F** peintre ▶ Frida Kahlo es una pintora mexicana.
el catalán/la catalana; **el catalán**	der/die Katalane/in; das Katalanische	(→ Regiones de España, pág. 222)
catalán, -ana; *voz cat.* català	katalanisch	
el grupo	die Gruppe, der Konzern	el grupo Volkswagen
la fábrica	die Fabrik	
la arquitectura	die Architektur, Baukunst	
la paella	die Paella *(Reispfanne mit Gemüse, Meeresfrüchten und Hühnerfleisch)*	▶ No es fácil preparar una paella.
típico, -a *adj.*	typisch, bezeichnend, unverkennbar	
la playa	der Strand	**F** plage
el restaurante	die (feinere) Gaststätte, das Restaurant	
el bar	die Kneipe, das Stehcafé	
el hotel	das Hotel	
la costa	die Küste	**E** coast **F** côte ▶ Mis padres tienen un piso en el sur de España, cerca de la costa.
el parque	der Park	
nacional *adj.*	national	el parque nacional
el turismo	der Tourismus	

rural *adj.*	ländlich	el turismo rural = *Ferien auf dem Bauernhof*
el camino	der Weg	**F** chemin ▶ El Camino de Santiago está en el norte de España.
el equipo	das Team, die Mannschaft	**F** équipe
real *adj.*	königlich	**E/F** royal *FAM.* rey; el Real Madrid ▶ La Casa Real española es muy antigua.
el teatro	das Theater	
el/la romano/a; romano, -a *adj.*	der/die Römer/in; römisch	**E** Roman **F** Romain/e; romain,e
el toro	der Stier	▶ El toro es un símbolo típico de España.
esquí	Ski; Skisport, -laufen	
el volcán, los volcanes	der Vulkan	
la isla	die Insel	las Islas Baleares, las Islas Canarias
E 3		
escribe	schreib!	→ escribir, Etapa 2, pág. 174
tu *pron. pos.*	dein/er/e	¡Ojo! tú *(pron. pers.)* ↔ tu *(pron. pos.)*
el cuaderno	das Heft	**F** cahier
la palabra	das Wort, die Vokabel	▶ Escribe las palabras en tu cuaderno.
que *pron. rel.*	der, die, das; welcher, -e, -es	**L** quid **F** que ¡Ojo! qué *(pron. interr.)* ↔ que *(pron. rel.)* ▶ Sí, conoces territorio en España que no es español.
faltar	fehlen; brauchen	**F** il faut
el/la señor/a	der Herr, die Frau	los señores Picasso *(Herr und Frau/ das Ehepaar Picasso)*
la noche	die Nacht; der Abend	**L** nox, -ctis **F** nuit ▶ Buenas noches.
gracias	danke	**L** gratia **E** grace **F** grâce
otro, -a *adj./pron. indef.*	ein/e anderer/e; noch einer/e; ein/e weitere/r	**L** alter **F** autre otro país *(ein anderes Land)*; otra fábrica *(eine weitere Fabrik)*
la vez, las veces	das Mal	**F** fois ▶ Escribe dos veces esta palabra en el cuaderno.
Lee.	lies (lesen)	→ leer, Etapa 2, pág. 174
la voz	die Stimme; die Lautstärke	**L** vox, -cis **E** voice **F** voix
alto, -a *adj.*	laut; groß (Körpermaß); hoch (Preis, Qualität, Temperatur, Posten)	**L** altus **F** haut en voz alta (**F** à voix haute) = *(mit) laut(er Stimme)*
E 4		
interesante *adj.*	interessant	▶ El parque nacional de los Picos de Europa es uno de los parques naturales más interesantes de España.
el/la mar	das Meer, die See	**L** mare **F** mer
el sol	die Sonne	**L** sol **F** soleil
el puerto	der Hafen	**L** portus **E/F** port
por ejemplo *(abr. p. ej.)*	zum Beispiel	**E** for example **F** par exemple
o (u) *conj.*	oder	**L** aut **F** ou ¡Ojo! dos o tres; siete u ocho
la discoteca	die Disko(thek)	¡Ojo! disco = dt. *(techn.) Scheibe; Schallplatte*
el paisaje	die Landschaft	**F** paysage
el sur	der Süden	el Sur = el sur de España

	el oeste	der Westen	**E** west **F** ouest
	el este	der Osten	**E** east **F** est
	el centro	das Zentrum	▶ Trabajo en el centro de la ciudad.
	la cultura	die Kultur	
	el museo	das Museum	
	la catedral	die Kathedrale	
	la ópera	die Oper	
	mucho, -a, -os, -as *adj.*; **mucho** *adv.*; *sup.* **muchísimo, -a, -os, -as** *adj.*; **muchísimo** *adv.*	viel/e, sehr; sehr viel/e	**L** multus [**E** much] ▶ ¿Conoces mucho más?
E 6	**¿dónde?**	wo?	**L** de unde ▶ Soy árabe. – ¿De dónde? – De Tánger.
E 7	haz	mach!, tu! *hier:* bilde (machen)	→ hacer, Etapa 2, pág. 177
	moderno, -a *adj.*	modern	
	la atracción, las atracciones	die Attraktion	
	turístico, -a *adj.*	touristisch	*FAM.* turismo ▶ El parque es una de las atracciones turísticas del centro de la ciudad.
	el actor, la actriz	der/die Schaupieler/in	**E** actor **F** acteur ▶ Antonio Banderas es un actor famoso.
	el cine	das Kino; die Filmkunst, der Film	**E** cinema **F** cinéma ▶ Es un actor de cine muy famoso.
	el/la guitarrista	der/die Gitarrist/in	*FAM.* guitarra
	el coche	das Auto, der Wagen	▶ El Mercedes es un coche alemán.
	literario, -a *adj.*	literarisch	*FAM.* literatura
	el monumento	das Denkmal, Monument, die Sehenswürdigkeit	
	extraordinario, -a *adj.*	außergewöhnlich	**E** extraordinary **F** extraordinaire
	el fútbol	der Fußball	un equipo de fútbol
	el coñac, el coñá	der Cognac, Weinbrand	
	el plato	der Gang (Essen), der Teller	**E** plate **F** plat ▶ ¿Cuál es el plato típico de Valencia? – La paella valenciana.
	el/la arquitecto/a	der Architekt	
E 8	**parecido, -a** *adj.*	ähnlich	**F** pareil
	sobre *prep.*	über	**L** super **F** sur ▶ Lee algo sobre el museo Picasso en Málaga.
aso 2 Texto	**¡hola!** *interj.*	hallo *(allgemeine informelle Begrüßungsformel unter Freunden und Bekannten bzw. gegenüber Jüngeren)*	▶ Hola, buenas.
	¿Qué tal?	Wie geht's? Wie ist/war ...? Was macht ...?	▶ ¡Hola, Paco! ¿Qué tal? ¿Qué tal el fútbol?
	¡adiós! *interj.*	Auf Wiedersehen! *fam.* Tschüs!	¡hola! ¡adiós!
	yo *pron. pers.*	ich	**L** ego **F** je
	pero *conj.*	aber	*sin.* sin embargo ▶ Soy alemana pero estudio en Madrid.

	ahora *adv.*	jetzt, nun	**F** à l'heure qu'il est *sin.* actualmente *ant.* antes ▶ Ahora estudio español. Y ahora tú. = *Und jetzt (bist) du (an der Reihe/dran).*
	estudiar	lernen, studieren; analysieren	**L** studere **E** to study **F** étudier ▶ Estudiamos en Salamanca, en una de las universidades más antiguas del mundo.
	hablar	sprechen, reden	▶ Habla mucho.
	poco, -a *adj.*; **poco** *adv.*	wenig	**F** peu *ant.* mucho ▶ Hablo alemán y un poco de español.
	el/la canario/a; canario, -a *adj.*	der/die Kanare/in; kanarisch	▶ ¿De dónde sois? – Somos canarias, de Fuerteventura.
	trabajar (de, como)	arbeiten (als)	▶ ¿De qué trabajáis? – Yo soy arquitecto y ella estudia filología.
	aquí	hier	*sin.* acá *ant.* allí, allá ▶ Aquí trabaja el señor Benítez.
	el/la francés/esa; el francés; francés, francesa *adj.*	der Franzose/die Französin; das Französische; französisch	(→ Países europeos, pág. 222/223)
	el/la alemán/ana; el alemán; alemán, -ana *adj.*	der/die Deutsche; das Deutsche; deutsch	(→ Países europeos, pág. 222/223)
	nosotros, -as *pron. pers.*	wir	
	las vacaciones	die Ferien, der Urlaub	**E** vacation **F** vacances ▶ En las vacaciones no estudiamos mucho.
	él *pron. pers.*	er	¡Ojo! el *(art. det.)* ↔ él
E 1	puedes	du kannst (können)	→ poder, Etapa 3, pág. 180
	completar	ergänzen, vervollständigen	**E** to complete **F** compléter
E 3	**el/la italiano/a; el italiano italiano, -a** *adj.*	der/die Italienerin; das Italienische; italienisch	(→ Países europeos, pág. 222/223) ▶ No, no somos italianas. Somos alemanas. De Berlín.
	el/la polaco/a; el polaco polaco, -a *adj.*	der/die Pole/in; das Polnische polnisch	(→ Países europeos, pág. 222/223)
	el/la ruso/a; el ruso ruso, -a *adj.*	der/die Russe/in; das Russische russisch	(→ Países europeos, pág. 222/223)
	el/la turco/a; el turco turco, -a	der/die Türke/in; das Türkische türkisch	(→ Países europeos, pág. 222/223)
	preséntate	Stell dich vor	**F** présente-toi **E** present yourself
	el/la compañero/a	der/die Mitschüler/in, *hier:* der/die Banknachbar/in; der/die Mitarbeiter/in; der/die Kollege/Kollegin; der/die Kamerad/in; der/die Freund/in	**E** companion **F** compagnon
E 4	**¿quién? ¿quiénes?** *pron. interr.*	wer?	**F** qui ▶ ¿Quiénes son tus compañeros? ¿Quién es el arquitecto de la Sagrada Familia? – Antonio Gaudí.
	no *adv.*	nein	**L/F** non ▶ ¿Habláis turco? – No, pero hablamos árabe.

E 5	**pequeño, -a** *adj.*	klein	*ant.* grande
	muy *adv.*	sehr	**L** multum ¡Ojo! Trabajar mucho; muchas italianas → Hablas muy bien el español
E 6	**a ver**	mal sehen	→ ver, Etapa 2, pág. 174
	¿cuánto? *pron. interr.*	wie viel?	**L** quantum **F** quant à ▶ ¿Cuánto es? (Verkaufsgespräch) = *Wie viel macht's? Wie viel kostet es?*
	entiendes	du verstehst	→ entender, Etapa 3, pág. 182
	ya *adv.*	schon	**L** iam
	siguiente *adj.*	folgend, nachstehend	*sin.* próximo *ant.* anterior ▶ Ya puedes leer el siguiente texto en el libro.
	el/la estudiante	der/die Student/in; der/die Schüler/in	*FAM.* estudiar
	la economía	die Wirtschaft, die Wirtschaftswissenschaft(en)	**E** economy **F** economie *FAM.* económico ▶ Estudio economía en la universidad de Friburgo.
	el/la policía	der/die Polizist/in; die Polizei	**E/F** police *FAM.* policía
	el marido	der Ehemann, Ehegatte	**L** maritus **F** marié
	correcto, -a *adj.*	richtig	**E/F** correct
	falso, -a *adj.*	unrichtig, falsch	**L** falsus **E** false **F** faux *ant.* correcto, -a
Paso 3	**el contraste**	der Gegensatz, Kontrast	
Texto	**hay**	es gibt	▶ Hay muchos contrastes interesantes.
	grande *adj.*	groß; bedeutend	**L** grandis **E/F** grand *ant.* pequeño, -a ▶ El gran teatro del mundo; la gran ciudad *(Großstadt)*; el Río Grande
	como *adv.*	wie; so wie; als	**F** comme ▶ Tú ya hablas como un alemán.
	también *adv. afirm.*	auch	▶ Yo también soy francesa como tú.
	el pueblo	das Dorf; das Volk	**L** populus **E** people **F** peuple ciudad ↔ pueblo
	la capital	die Hauptstadt	**E** capital **F** capitale ▶ Caracas es la capital de Venezuela.
	el río	der Fluss	▶ En España hay muchos ríos como el Tajo o el Ebro.
	importante *adj.*	wichtig, bedeutend	**E/F** important ▶ Hay muchos monumentos romanos importantes en España.
	allí *adv.*	dort, da; dorthin	allí ↔ aquí
	la estación, las estaciones	die Station; der Bahnhof; die Haltestelle; die Jahreszeit	**E/F** station ▶ ¿Dónde está la estación?
	el clima	das Klima	el clima mediterráneo, atlántico
	variado, -a *adj.*	abwechslungsreich	**E** varied **F** varié *sin.* diferente *ant.* igual ▶ Los paisajes de España son muy variados.
	la región	die Region; die Gegend, das Gebiet	*sin.* el territorio
	la lengua	die Sprache; die Zunge	**L** lingua **E** (linguistics) **F** langue
	oficial *adj.*	offiziell	la lengua oficial

	el castellano; castellano, -a *adj.*	das Spanische; spanisch	*sin.* el español; español ¡Ojo! el castellano argentino, mexicano, chileno, etc.
	el/la gallego/a; el gallego	der/die Galicierin; das Galicische	(→ Regiones de España, pág. 222)
	el euskera *voz vasc.*; **euskera** *adj.*	das Baskische; baskisch	el vasco; vasco (→ Regiones de España, pág. 222)
E 1	**nuevo, -a** *adj.*	neu	**L** novus **E** nova **F** nouveau
E 2	sabes	du weißt, du kennst	→ saber, Etapa 2, pág. 176 ▶ ¿Sabes la palabra en español?
	la geografía	die Erdkunde, Geografie	
E 4	describe; describir	beschreibe; beschreiben	**E** to describe
	el mapa	die Landkarte	**E** map ▶ En geografía trabajamos mucho con los mapas.
	limitar (con)	(an)grenzen (an)	**E** to limit **F** limiter ▶ España limita con Francia y Portugal.
Paso 4 *Texto*	**estar**	sein, sich befinden *(auch gesundheitlich)*	**L** stare
	alegre *adj.*	fröhlich	**F** allègre
	universitario, -a *adj.*; **el/la universitario/a**	Universitäts-; der/die Studentin	*sin.* el/la estudiante *FAM.* universidad ▶ Salamanca es una ciudad universitaria en el oeste de España.
E 1	**buscar**	suchen	▶ Buscamos los libros de inglés.
E 2	**¿cómo?** *pron. interr.*	wie?	▶ ¿Cómo estás? – Muy bien. ¿Y tú?
E 3	**el/la chico/a**	der Junge, das Mädchen	los chicos = *die Jungen, die Kinder*
	guapo, -a *adj.*	hübsch (anzusehen), gut aussehend	▶ ¡Qué guapa estás! = *Wie hübsch du heute aussiehst!*
	bueno, -a *adj.*	gut; schön; stark; richtig; milde	**L** bonus **F** bon ▶ Buenas. *(kurze Grußformel im Sinne von: Tag!)* un buen restaurante; una buena foto; un maestro bueno
	diferente *adj.; adv.*	verschieden; anders	**E** different **F** différent *sin.* distinto, variado *ant.* igual ▶ El español y el portugués no son muy diferentes.
	el libro	das Buch	**L** liber **F** livre
E 4	**la plaza**	der Platz	▶ ¿Dónde está la plaza del pueblo?
E 5	**bien** *adv.*	gut, richtig; schön; ganz	▶ ¡Está bien! = *Ist schon gut.*
	nada *adv.*	nichts	*ant.* todo ▶ No entiendo nada de política. Muchas gracias, señorita. – De nada.
	hasta *prep.*	bis	desde Madrid hasta Málaga = *von Madrid bis Málaga*; Hasta luego.
	el diálogo	der Dialog, das Zwiegespräch	▶ Haz un diálogo.
Paso 5 *Texto*	**Latinoamérica**	Lateinamerika	Hispanoamérica ↔ Latinoamérica
	el continente	der Kontinent, Erdteil	nuevo continente: América; antiguos continentes: Europa, África, Asia
	el/la americano/a; americano, -a	der/die (Süd- oder Nord-) Amerikaner/in; (süd- oder nord-)amerikanisch	

	la gente	die Leute	**L** gens, -tis **F** les gens ▶ Hay mucha gente. *(sg.)* = *Es sind viele Leute (Pl.) da.* la gente bien = *die feine Gesellschaft;* la gente guapa = *die Schickeria*
	los mayas; maya *adj.*	die Maya; Maya-	▶ Estudiamos el arte maya.
	los incas; inca *adj.*	die Inka; Inka-	▶ ¿Hablas de la cultura inca?
	los guaraníes; guaraní *adj.*	die Guaraní; Guaraní-	la lengua guaraní
	los mapuches; mapuche *adj.*	die Araukaner; araukanisch	
	la variedad	die Vielfalt, Mannigfaltigkeit	**E** variety **F** variété ▶ Tienes una variedad impresionante de libros en tu casa.
	desde *prep.*	von; von … aus	
	fantástico, -a *adj.*	fantastisch, fabelhaft, toll	
	el glaciar	der Gletscher	**E/F** glacier
	natural *adj.*	natürlich, Natur-	▶ El parque nacional de los Picos de Europa es una de las atracciones turísticas del norte de España.
	impresionante *adj.*	eindrucksvoll, beeeindruckend; großartig	**E** impressive **F** impressionnant
	la catarata	der Wasserfall, Katarakt	▶ Las cataratas del Iguazú son muy impresionantes.
	la selva	der Wald; der Dschungel	**L** silva **F** sylvestre la selva tropical = *der tropische Regenwald*
	junto a *prep.*	neben; an; (zusammen) mit	**F** joint *sin.* al lado de ▶ El restaurante está junto al cine.
	la pirámide	die Pyramide	
	característico, -a *adj.* **(de)**	charakteristisch (für)	
	el siglo	das Jahrhundert	**L** saeculum **F** siècle ▶ Es una de las actrices más famosas del siglo XX.
E 1	**la pregunta**	die Frage	▶ ¡Qué pregunta!
	el texto	der Text	▶ Haz preguntas sobre el texto.
	¿por qué?	warum?	¡Ojo! ¿por qué? = *warum?* ↔ porque = *weil*
	Se habla español.	Man spricht Spanisch. Es wird spanisch gesprochen.	
E 2	**el repaso**	*hier:* Rekapitulation, zusammenfassende Wiederholung	[F repasser]
	la zona	die Zone, der Bereich	la zona turística
	el/la amigo/a	der/die Freund/in	**L** amicus **F** ami
	el/la colombiano/a; colombiano, -a *adj.*	der/die Kolumbianer/in; kolumbianisch	(→ Países extraeuropeos, pág. 223/224) el castellano colombiano
	el/la venezolano/a; venezolano, -a *adj.*	der/die Venezolaner/in; venezolanisch	(→ Países extraeuropeos, pág. 223/224) el castellano venezolano
	la calle	die Straße	

Etapa 2

…aso 1	**la entrevista**	das Interview; das Treffen	**E/F** interview
Texto	**con** *conj.*	mit	**L** cum
	diga/dígame	Ja? Hallo? *(Eröffnung eines Telefonats von der Empfängerseite)*	→ decir, Etapa 4, pág. 189

el día	der Tag	**L** dies [**E** diary] ▶ Buenos días. *sin. fam.* (Hola,) buenas. (vgl. S. 167, ¡hola!, S. 170)
llamarse	heißen, sich nennen	**L** clamare **E** to claim ▶ ¿Cómo te llamas? – Me llamo Ana.
el/la periodista	der/die Journalist/in	[**E** periodical *in regelmäßigen Abständen erscheinend, z. B. Zeitschrift*] ▶ ¿De qué trabajas? – Soy periodista.
para *conj./prep.*	um zu; für	▶ Estudio español para hablar con la gente en España o Latinoamérica.
tratarse (de)	sich handeln um	**E** to treat **F** traiter ▶ ¿De qué trata este libro?
preparar; preparado, -a	vorbereiten, zubereiten; vorbereitet, fertig, bereit	**E** to prepare; prepared **F** préparer; préparé, e *sin.* hacer ▶ ¿Me preparas un café?
el artículo	der (Zeitungs-)Artikel; der Artikel *(gramm.)*	**E/F** article *sin.* la nota ▶ El periodista escribe un artículo para el periódico.
el/la joven; joven *adj.*	der/die junge Mann/Frau; jung	**L** iuvenis *jung* **F** jeune; les jeunes ▶ Se trata de un artículo sobre jóvenes en España.
querer (-ie-)	wollen; lieben	**L** quaerere *suchen* ▶ ¿Y tú, qué quieres ser? – Profesor de español o arquitecto ...
entrevistar (a alg.)	(jdn.) interviewen	**E** to interview **F** interviewer *FAM.* entrevista
sí *adv. afirm.*	ja, doch	
ese, esa, eso *pron. dem.*	dieser/diese/dies da/dort	**L** ipse, ipsa, ipsum eso es = *genau (bestätigend, bekräftigend)* a eso de las dos = *um ca. 2 Uhr*
permitir	erlauben, gestatten, zulassen	**L** permittere **E** to permit **F** permettre ▶ Me permiten unas palabras.
alguno, -a *adj./pron. indef.*	irgendein, -e	[**L** ↔ aliquis + unus] algún día = *eines Tages;* algunos = unos = *einige* ▶ ¿Alguna(s) pregunta(s)? = *Irgendwelche Fragen?*
tranquilo, -a *adj.*	ruhig, gelassen	**E** tranquil **F** tranquille *ant.* nervioso, -a ▶ Ahora estoy más tranquilo.
el tipo	Typ, Art	*FAM.* típico ▶ ¿Qué tipo de preguntas son
general *adj.;* **el general**	generell, allgemein; der General	en general
íntimo, -a *adj.*	intern, privat, intim	
empezar (-ie-)	beginnen, anfangen	▶ Empezamos. Para empezar hablamos d la cultura inca.
de acuerdo	einverstanden, o.k.	**F** d'accord
el año	das Jahr	**L** annus **F** an
tener (-ie-), tengo	haben, halten	tengo, tienes, tiene, tenemos, tenéis, tiene ▶ ¿Cuántos años tienes? Aquí tiene(s) = *Hier, bitte.*

		(**E** Here you are.) ¡Ojo! Tienes que trabajar *(Du musst arbeiten)* hay que ↔ tener que → G → 2.11, 3.4)
¡Je! *interj.*	Hihi!	
¿verdad?	Stimmt doch? Nicht wahr?	▶ Tienes once años, ¿verdad?
ideal *adj.*	ideal	
¿A qué te dedicas?	Was machst du beruflich?	*sin.* ¿De qué trabajas?
el bachillerato	das Abi(tur)	**F** bac(calauréat) ▶ Estudio bachillerato.
ir	gehen, fahren	**L** ire; voy, vas, va, vamos, vais, van
a/al *prep.*	zu, nach, in	▶ ¿Vamos al centro? – De acuerdo.
el instituto	das Gymnasium	**E** institute *Anstalt* **F** institut ▶ ¿No vas al instituto? No, tenemos vacaciones.
terminar; terminarse	*(die Schullaufbahn)* beenden, abschließen; (etwas) fertigstellen; fertig werden (mit); enden, zu Ende gehen	▶ No nos falta mucho para terminar. *ant.* empezar
luego *adv.*	dann	
imaginar(se)	sich vorstellen	**E** to imagine **F** imaginer ▶ Yo me imagino un futuro brillante.
el futuro	die Zukunft *(auch grammatikalisch)*	**E** future **F** futur *sin.* el mañana, el porvenir *ant.* el pasado
pues *conj.*	also; denn; dann	**L** post *nach, hinter* **F** puis
la filología	die Philologie	▶ Estudia filología.
el idioma	die Sprache	**E** idiom **F** idiome *sin.* la lengua ▶ Habla tres idiomas: inglés, francés y español. – ¡Fantástico!
claro *adv. afirm.*	klar, natürlich	▶ ¿Quién es la chica guapa? – Es la periodista que trabaja para *El País.* – ¿De verdad? – Claro que sí.
casarse (con)	heiraten	▶ ¿Cómo? ¿Te quieres casar este año? ¿Con quién? ¿Con Pablo?
el/la hijo/a; los hijos	der Sohn/die Tochter; die Kinder	**L** filius/a **F** fils/fille ¡Ojo! chicos *(junge Menschen)* ↔ hijos *(eigene, zur Familie zählende Kinder)*
la familia	die Familie	▶ ¿Tienes familia?
vivir	leben, wohnen	**L** vivere **F** vivre ▶ Vive con una familia española.
actualmente *adv.*	zurzeit, augenblicklich	**F** actuellement
la casa	die Wohnung, das Haus	**L** casa en casa = *zu Hause*
el/la hermano/a; los hermanos	der Bruder/die Schwester; die Geschwister	hermanos y hermanas = *Geschwister* ▶ ¿Cómo se llama tu hermana pequeña? – Concha.
el padre; los padres	der Vater; die Eltern	**L** pater **F** père ▶ ¿Dónde vives actualmente? – En casa de (*sin.* con) mis padres.
la madre	die Mutter	**L** mater
mandar	schicken	**L** mandare **F** mander
visitar	besuchen	**L** visitare **E** to visit **F** visiter

el e-mail, el emilio *(ugs.)*	die E-Mail	
entonces *adv.*	dann, also dann	▶ ¿No es tu libro? ¿De quién es entonces?
sólo *adv.*	nur	**L** solum [< solus] **E** sole **F** seul
la mujer	die Frau, Ehefrau	**L** mulier
el hombre	der Mann; der Mensch	**L** homo **F** homme mujer ↔ hombre
así	so	*sin.* de esta manera ▶ Así quiero vivir, tranquila y alegre.
la habitación	das Zimmer	**E/F** habitation ▶ ¿Tienes una habitación grande?
propio, -a	eigen	**L** propius **E** proper **F** propre ▶ No tenemos casa propia.
compartir (con)	teilen (mit)	▶ Comparto la casa con dos compañeras de la universidad.
el ordenador	der Computer	**F** ordinateur *sin.* la computadora ▶ No puedo imaginarme vivir sin el ordenador.
interesar	interessieren	
la informática	die Informatik	▶ La informática me interesa mucho. Estudio Informática.
la conexión	der Anschluss, die Verbindung *(technisch)*	**E** connection **F** connexion ▶ Tengo conexión a Internet.
escribir *irr.*	schreiben	**L** scribere **F** écrire
el hobby *pl.* los hobbies	das Hobby	▶ ¿Mis hobbies? La informática y los idiomas antiguos me interesan mucho.
ver *irr.*	sehen	[**L** videre] **F** voir veo, ves, ve, vemos, veis, ven a ver = *lass(t) mal sehen;* vamos a ver = *wir werden sehen*
creer *irr.*	glauben	**L** credere **F** croire ▶ ¿Tiene conexión a Internet? – Creo que sí/no.
leer	lesen	**L** legere **F** lire
nadar	schwimmen	▶ Mi madre nada todos los días.
bailar	tanzen	
la casualidad	der Zufall	**E** casualty de/por casualidad = *durch Zufall*
¡oye! *inf.*	hör mal!	[**L** audire] oír → Etapa 4, pág. 190
el/la novio/a	der/die (feste) Freund/in; der/die Bräutigam/Braut	los novios *(das Brautpaar)* ▶ Mi novio vive en Salamanca y todos los días nos escribimos e-mails.
este, esta, esto *pron. dem.*	dieser, diese, dies (in unmittelbarer Umgebung des Sprechers)	**L** iste, ista, istud ese, esa, eso ↔ este, esta, esto ▶ Este cuadro es de Murillo y ése de Velázquez.
E 2 la ficha	die Karteikarte	**F** fiche
el nombre	der Name, die Bezeichnung	**L** nomen [**E** noun] **F** nom ▶ ¿Mi nombre? – Me llamo Iñaki. – ¿Es un nombre vasco? – Sí, eso es.
el apellido	der Nachname	[**F** appeler] ▶ Mi novia tiene apellido alemán pero ella es argentina.
la edad	das Alter; das Zeitalter	**L** aetas, -atis ▶ ¿Mi edad? – Tengo diecisiete años.

	los estudios	das (Hochschul-)Studium, die Studien	**E** studies **F** études ▶ ¿Que estudios tienes? – Soy arquitecto.
	la profesión	der Beruf	**E/F** profession *sin.* el trabajo ▶ Tengo una profesión muy interesante: soy periodista.
	el domicilio	der Wohnsitz	**E** domicil(e) **F** domicile *sin.* la residencia ▶ Tengo mi domicilio en España.
	completo, -a *adj.*	vollständig (eingerichtet), komplett; vollkommen; voll(besetzt); ausverkauft	**L** completum [< complere] **E** complete **F** complet, ète ▶ Este coche está completo.
E 4	**la persona**	die Person	▶ ¿Cuántas personas hay en el coche? – Más de cinco personas.
	el tango	der Tango *(argentin. Volkstanz; europ. Gesellschaftstanz im langsamen 2/4-Takt)*	▶ ¿Qué sabes del tango argentino?
	la música	die Musik; die Musikkapelle	Música *(Musik als Unterrichts- bzw. Studienfach)*
	la justicia	die Gerechtigkeit; das Recht	**E/F** justice *ant.* la injusticia ▶ Creo en la justicia.
E 5	**la clase**	die Klasse; der Unterricht; das Klassenzimmer	*sin.* el aula ▶ ¿Cuándo tenemos clase? A las nueve.
E 6	**el teléfono**	das Telefon	▶ ¿Tienes teléfono? Sí, claro. Mi número es el ...
E 7	**largo, -a** *adj.*	lang; ausführlich	**E/F** large *ant.* corto, -a ▶ El Ebro es el río más largo de España.
E 8	**la carta**	der Brief; die Spielkarte	¡Ojo! *die Postkarte* = la postal; *die Landkarte* = el mapa ▶ No, no nos escribimos cartas. Nos mandamos e-mails. Jugamos a las cartas.
	el Príncipe de Asturias	der spanische Kronprinz	**L** princeps **E/F** prince los Príncipes de Asturias = *das spanische Kronprinzenpaar*
	doña	*in Verbindung mit dem Vornamen gebrauchte spanische Titulierung einer älteren Dame, der man Respekt zollt*	¡Ojo! la señora (Carmen) López ↔ Doña Carmen (→ don, pág. 177; señor, pág. 166)
Paso 2 Texto	**bastante** *adj. indef.; adv.*	ziemlich (viel); genug; ausreichend	
	el papá; los papás	*fam.* der Papa, die Eltern	¡Ojo! el Papa = *Papst*; *reg., Am.* la papa = *Kartoffel* *sin. (neutral)* los padres
	el/la tío/a	der Onkel, die Tante; *fam.* der Kerl, die Tussi	
	todo, -a *adj. indef.*	ganz; jeder	**L** totus **F** tout ¡Ojo! todo el día *(= den ganzen Tag)* ↔ todos los días *(= jeden Tag)*
	simpático, -a *adj.*	sympathisch	▶ Eres muy simpática.

aburrirse	sich langweilen	**E** to abhor **F** abhorrer *FAM.* aburrido, -a *adj.* ▶ ¿Vamos al cine? – Sí, pero no quiero aburrirme.
nunca *adv. temp.*	nie(mals)	**L** numquam No me aburro nunca con mis compañeros. Nunca me aburro con mis compañeros.
el/la primo/a	der/die Cousin/Cousine	**L** primus ▶ Éste es mi primo Juan, el hijo de mi tío.
charlar (de)/(con)	schwatzen (über); plaudern (mit)	▶ ¿De qué charlan estas chicas? – Del chico alto de la guitarra.
el/la sobrino/a	der Neffe/die Nichte	▶ Tu sobrino Daniel es muy simpático.
saber	wissen; können; kennen	**L** sapere **F** savoir sé, sabes, sabe, sabemos, sabéis, saben ▶ ¿Cuántas personas hay en la calle? – No lo sé. ¿Sabes hablar español? – Un poco. (↔ poder pág. 180)
la cosa	der Gegenstand, die Angelegenheit, Sache	**L** causa **E/F** cause ▶ Nunca tiene tiempo. Siempre tiene muchas cosas que hacer.
serio, -a *adj.*	ernst, streng, seriös	**E** serious **F** sérieux, se *ant.* gracioso, -a, informal ▶ Mi profesora de economía es muy seria, pero sabe mucho y explica muy bien.
el/la médico/a	der Arzt	**F** médecin ▶ Mi primo quiere ser médico y trabajar en un hospital en Latinoamérica.
el hospital	das Krankenhaus, die Klinik	**E** hospital **F** hôpital
cerca *prep.* (de)	nahe (bei)	*ant.* lejos (de) ▶ ¿Hay un hospital cerca de aquí? – Sí, aquí muy cerca hay uno.
todavía *adv.*	noch	▶ Todavía no veo nada.
único, -a *adj.*	einzig; einzigartig, einmalig	**E/F** unique
solamente *adv.*	nur; einzig und allein	*sin.* sólo
la mañana; mañana *adv.*	der Morgen; morgen	por la mañana = *morgens, vormittags* ▶ Mañana por la mañana no van al instituto.
el/la abuelo/a; los abuelos	der Großvater, die Großmutter; die Großeltern	▶ Mis abuelos viven en un pueblo pequeño cerca de Lugo.
venir (-ie-) (*1. sg. pres.* vengo)	(an)kommen; geschehen, herkommen	**L** venire **F** venir vengo, vienes, viene, venimos, venís, vienen; ir ↔ venir
a menudo *adv.*	häufig, oft	*sin.* mucho ▶ Se ven a menudo.
el/la nieto/a	der/die Enkel/in	**E** niece **F** la nièce ▶ Mi novio es nieto de alemanes y habla un poco de alemán.
E 1 **pintar**	malen, anstreichen	**E** to paint **F** peindre
el árbol genealógico	der Stammbaum	**E** genealogical tree **F** arbre généalogique
E 2 **preguntar** (por)	fragen (nach)	*ant.* contestar *FAM.* pregunta ▶ En el hospital, pregunta por el Doctor Gutiérrez. Es muy simpático y sabe mucho.

	los/las dos	beide	**F** les deux
	desordenado, -a *adj.*	unordentlich, schlampig; ungeordnet	[**E** disorder] **F** désordonné, e ▶ Mi sobrino es una persona muy desordenada.
	cada *adj. inv.*	jeder, jede, jedes	cada uno = cada persona = todas las personas
	¿cuándo ...? *pron. interr.*	wann?	**L** quando **F** quand ▶ ¿Cuándo termináis? – No nos falta mucho para terminar.
	ordenar	Ordnung schaffen, aufräumen; ordnen	**E** to ordain **F** ordonner *sin.* arreglar *ant.* desordenar ▶ ¿Puedes ordenar tus cosas, por favor?
E 3	**la relación**	der Zusammenhang; das Verhältnis, die Beziehung	**E/F** relation *sin.* el vínculo ▶ Son primos pero no tienen relación.
	familiar *adj.*	familiär, vertraut	**L** familiaris **E** familiar **F** familier, -ère
	don	*in Verbindung mit dem Vornamen gebrauchte spanische Titulierung eines älteren Herrn, dem man mit Respekt begegnet*	el señor (Roberto) Jiménez/don Roberto (→ doña, pág. 175; señora, pág. 166)
E 4	**pertenecer a** (-zc-)	gehören zu	**L** pertinere **E** to pertain [**F** pertinent]
	formar parte de	gehören zu	*sin.* pertenecer a
E 5	**la información**	die Information; die Auskunft	▶ ¿Dónde buscamos información sobre la universidad de Salamanca? En Internet.
	el/la electricista	der Elektriker	
	la enfermera	die Krankenschwester	**F** infirmière ▶ Las enfermeras de este hospital trabajan mucho.
	la nuera	die Schwiegertochter	▶ Mi nuera sabe preparar unas paellas excelentes.
	casado, -a *adj./< p.p.* < casarse	verheiratet	*FAM.* casarse ▶ No es/está casada.
	el/la profesor/a	der/die Lehrer/in, der/die Professor/in	el/la estudiante ↔ el/la profesora el/la profesor/a de instituto = *der/die Gymnasiallehrer/in*
	el yerno	der Schwiegersohn	**F** gendre la nuera ↔ el yerno ▶ Mi yerno es muy simpático. Con él no te aburres nunca.
uso 3	**el trabajo**	die Arbeit	**F** travail ▶ ¡Qué trabajo aburrido!
E 1	**el anuncio**	die (Werbe-)Anzeige, die (Zeitungs-)Annonce	**E** announcement, annunciation **F** annonce
E 2	**hacer** (*1. sg. pres.* hago)	tun, machen	**L** facere **F** faire hago, haces, hace, hacemos, hacéis, hacen hacer una pregunta, una entrevista, amigos ... ▶ ¿Qué haces? – Estudio Informática.
E 3	**recibir**	erhalten; empfangen; aufnehmen	**L** recipere **E** to receive **F** recevoir
	la propina	das Trinkgeld	

	necesitar	brauchen, benötigen	**E** to necessitate **F** nécessiter ▶ Necesitamos más informaciones sobre el yerno de la señora Domínguez.
	especial *adj.*	besonders, speziell	▶ Es algo especial.
	solo, -a *adj.*	einzig; allein; alleinstehend; einsam	**L** solus **E** sole **F** seul sólo *adv.* (= solamente) ↔ solo, -a ▶ ¿Trabajas sola o en equipo?
	independiente *adj.*	unabhängig	**E** independent **F** indépendant ▶ Quiere trabajar sola e independientemente.
	la investigación	die Untersuchung; die Forschung	**E/F** investigation ▶ Los alumnos hacen un trabajo de investigación sobre la situación actual de la economía.
	el tiempo	die Zeit; das Wetter	**L** tempus **F** temps ▶ Nunca tiene tiempo. Trabaja todo el día. Hace buen tiempo.
	libre *adj.*	frei	**L** liber **F** libre el tiempo libre = *Freizeit* (**E** free time **F** temps libre)
	el aire	die Luft	**L** aer **E/F** air al aire libre = *im Freien* (**F** à l'air libre)
	ganar	gewinnen, erreichen	**E** to gain **F** gagner
	menos *adv.*	weniger; vor *(bei genauer Zeitangabe)*	más ↔ menos
	la hora	die Stunde *(auch Schulstunde)*, die Uhrzeit; die Zeit	**L** hora **E** hour **F** heure ▶ ¿Qué hora es? – Son las ocho. ¿Y a qué hora empiezan? A las nueve menos cinco.
	levantarse	aufstehen; sich erheben	[**F** se lever] ▶ ¡Roberto! Tienes que levantarte. Son las siete de la mañana.
	temprano *adv.*	früh	*sin.* pronto *ant.* tarde ▶ Mis abuelos se levantan muy temprano todos los días.
	el/la camarero/a	der/die Kellner/in	▶ Actualmente trabajo de camarero. Recibo mucha propina.
E 4	**el lugar**	der Ort, die Ortschaft	**F** lieu *sin.* el sitio
E 5	**los conocimientos**	die Kenntnisse	**F** connaissances *FAM.* conocer ▶ ¿Tienes conocimientos especiales?
	la personalidad	die Persönlichkeit	**E** personality **F** personnalité
	la presencia	die Gegenwart, das Aussehen	**E** presence **F** présence *ant.* la ausencia ▶ Su presencia es muy importante.
	el viaje	die Reise, Fahrt	**E/F** voyage ▶ ¿Qué tal el viaje? – Muy interesante.
	el nivel	das Niveau	**F** niveau ▶ Tu nivel de español es bastante bueno.
E 6	**el visitador**	der Besucher; der Inspektor; der Vertreter	**E** visitor **F** visiteur el visitador médico
E 7	**el/la secretario/a**	der /die Sekretär/in	**E** secretary **F** sécrétaire
	bilingüe *adj.*	zweisprachig, bilingual	▶ Paco habla dos lenguas muy bien. Es un camarero bilingüe.
	el/la bedel/la	der/die Hausmeister/in	
	la farmacia	die Apotheke	**E** pharmacy **F** pharmacie ▶ ¿Hay una farmacia cerca?

el/la fotógrafo/a	der Fotograf	*FAM.* foto(grafía) ▶ Marisol quiere ser fotógrafa.
el colegio, el cole	die Schule	**E** college **F** collège *sin.* la escuela, el instituto ▶ Mi colegio no es muy grande.
el/la farmacéutico/a	der/die Apotheker/in	[**F** pharmacien, ne] *FAM.* farmacia
el periódico	die Zeitung	**E** periodical **F** périodique *FAM.* periodista ▶ ¿Qué periódico lees?
la residencia de estudiantes	das Studentenwohnheim	▶ Actualmente vivimos en una residencia de estudiantes.
el dependiente/ la dependienta	der/die Verkäufer/in	▶ ¿Ves a esa dependienta? Es la novia de Pablo.
la emisora de televisión	der Fernsehsender	**F** émetteur de télévision
el ama de casa	die Hausfrau	¡Ojo! las amas de casa
el director	der Direktor	
la tienda	der Laden, das (Einzelhandels-, Lebensmittel-)Geschäft	

Etapa 3

aso 1 Texto

la escuela	die Schule	**E** school **F** école *sin.* el colegio, el instituto ▶ En mi escuela hay muchos chicos de otros países.
el horario	der Stundenplan	**F** horaire ▶ En mi escuela el horario es de ocho a una.
el lunes	Montag	¡Ojo! el lunes = am Montag ▶ El lunes empiezan las clases.
el martes	Dienstag	¡Ojo! los martes = dienstags ▶ Los martes tenemos seis asignaturas.
el miércoles	Mittwoch	▶ El miércoles tengo que estudiar francés.
el jueves	Donnerstag	▶ Los jueves trabajo en la tienda de mis tíos.
el viernes	Freitag	▶ El viernes vamos a la cafetería después del examen de matemáticas.
el sábado	Samstag	*aus dem Hebräischen:* săbbăt ▶ Los sábados juego al tenis en el club.
el domingo	Sonntag	**L** (diem) dominicam ▶ Los domingos me levanto tarde.
la lengua castellana	das Spanische	*sin.* el castellano, español ¡Ojo! La Lengua Castellana *(Spanisch als Unterrichts- oder Studienfach)*
las matemáticas	die Mathematik	▶ A mí las matemáticas no me interesan mucho. A mi hermana sí. Estudia Matemáticas en Salamanca.
las ciencias sociales	die Sozial-/Gesellschafts-wissenschaften	**E** social sciences **F** sciences sociales las Ciencias Sociales *(Gemeinschaftskunde)*
la religión	die Religion	
la Educación Física	Sport *(als Unterrichtsfach)*	**E** physical education
las ciencias (naturales)	die Naturwissenschaften	**E** (natural) science **F** sciences naturelles

	la Tecnología; tecnología	die Technik *(als Unterrichtsfach);* die Technologie	**E** technology **F** enseignement technique
	el recreo	die Pause *(in der Schule)*	**F** récréation
	la Educación Plástica	Kunst *(als Unterrichtsfach)*	
E 1	**la mesa**	der Tisch	▶ El libro de español está en la mesa de mi habitación.
E 2	**mayor** *adj.*	älter	**L** maior [< magnus] **E** major **F** majeur los mayores *(die Erwachsenen);* mayor de edad *(volljährig)*
	menor *adj.*	jünger	**L** minor **E/F** mineur los menores = *die Minderjährigen*
	el cedé, el CD, los CD	die CD/s	
	el cuarto	das Viertel	**L** quartus *adj. num.* **F** quart ▶ ¿Son las cinco y cuarto o las cinco menos cuarto?
	después de	nach	antes ↔ después ▶ No, no tenemos Religión después del recreo. Tenemos Inglés.
	antes *adv.;* **antes de** *prep.*	zuvor, vorher, vorhin; vor	
	la tarde; tarde *adv.*	der Nachmittag; (zu) spät	**F** tard *sin.* el atardecer *ant.* la mañana ▶ Por la tarde hago mis tareas.
E 3	**el reloj**	die Uhr	
E 4	**¿cuánto, -a, -os, -as?** *adj.* **¿cuánto?** *adv.*	wie viel/e?	**L** quantum ▶ ¿Cuántos años tienes? ¿Cuánto es? *(= Wie viel macht das?)*
	la asignatura	das Schulfach	*sin.* la materia ▶ Este año tengo diez asignaturas.
E 6	**preferido, -a** *adj./ p.p.* < **preferir**	bevorzugt, Lieblings-; vorziehen, bevorzugen	**L** praeferre **E** to prefer **F** préférer *sin.* querer, gustar más ▶ Prefiero estudiar ahora y no más tarde.
E 7	**el juego**	das Spiel	**F** jeu ▶ En el colegio los viernes hacemos un juego en la clase de lengua.
	el barco	das Schiff	**F** barque
	jugar (-ue-)	spielen	**F** jouer ▶ Los niños juegan en el recreo.
	la copia	die Kopie; der Abzug; das Exemplar	**L** copia **E** copy **F** copie
	dibujar	zeichnen	▶ Dibujamos una casa pequeña.
	poder (-ue-)	können	saber (pág. 176) ↔ poder ▶ No puedo má
	contestar	antworten	**F** contester *sin.* responder *ant.* pregun-tar ▶ ¿Puedo contestarte mañana? Tengo que mirar mi agenda.
	el agua, las aguas	das Wasser; *(Pl.)* das Gewässer	**L** aqua **F** eau
	tocado, -a *adj./* < *p.p.* < tocar	*hier:* getroffen	[**F** toqué]
	hundido, -a *adj./* < *p.p.* < hundir	versenkt	**F** fondre (sur qn, qc) ▶ Hay un barco hundido cerca de la costa.
Paso 2 *Texto*	**el habitante**	der/die Bewohner/in	**E** inhabitant **F** habitant/e *sin.* el residente ▶ ¿Cuántos habitantes hay en México?

	la primavera	der Frühling	▶ La primavera es mi estación preferida.
	eterno, -a *adj.*	ewig; endlos	**L** aeternus **E** eternal **F** éternel
E 1	**la actividad**	die Tätigkeit, Beschäftigung; die Aktivität	**E** activity **F** activité ▶ En el instituto hay muchas actividades por la tarde.
	la lista	die Liste	
	encontrar (-ue-)	finden; treffen	
	la ecología	die Ökologie	
	la biblioteca	die Bibliothek, Bücherei	▶ ¿Nos encontramos a las cinco en la biblioteca?
	la informática	die Informatik	
	el deporte	der Sport	▶ Mi novio y yo no hacemos deporte.
	la cafetería	das Café, Kaffeehaus; die Cafeteria	▶ Quiero tomar algo. ¿Hay una cafetería por aquí cerca?
	el edificio	das Gebäude	**L** aedificium **F** édifice ▶ En esta ciudad hay importantes ruinas de edificios romanos.
	tradicional *adj.*	traditionell, herkömmlich	
Texto	**privado, -a** *adj.*	privat; nicht öffentlich	**L** privatus **E** private **F** privé (-e) *ant.* público, -a
	el/la niño/a; los niños	der Junge, das Mädchen; das *(jüngere leibliche/adoptierte)* Kind; die Kinder	hijo/a ↔ niño/a ▶ Después de tres años de casados, van a tener un niño.
	entrar (en)	hineingehen (in), betreten; einreisen	**L** intrare **E** to enter **F** entrer (dans) ▶ Entran en la clase. La profesora ya no está.
	preescolar *adj.*	vorschulisch, Vorschul-	**F** préscolaire ▶ Los chicos entran en el preescolar a los cuatro años.
	pagar	(be)zahlen	**E** to pay **F** payer ▶ ¿Quién paga?
	el peso	der Peso	**F** poids ▶ En muchos países de Latinoamérica el peso es la moneda oficial.
	el euro	der Euro	¡Ojo! *[e] und [u] werden im Spanischen nicht als Diphthong gesprochen!*
	el mes	der Monat	**L** mensis **F** mois ▶ ¿Cuánto pagáis al mes? – 200 euros.
	si *conj.*	wenn, falls	**L/F** si sí *interj.* ↔ si
	el dinero	das Geld	▶ Los colegios privados cuestan bastante dinero.
	público, -a *adj.*; **el público**	öffentlich, staatlich; das Publikum	**L** publicus **E** public **F** publique *ant.* privado, -a ▶ No tenemos mucho dinero, por eso nuestra hija va al colegio público.
	salir (*1. sg. pres.* salgo)	herauskommen; abfahren	salgo, sales, sale, salimos, salís, salen *sin.* partir, irse *ant.* regresar, volver ▶ A la una salimos del colegio.
	almorzar (-ue-)	zu Mittag essen	
	cerrar (-ie-)	schließen, (ab)sperren	*ant.* abrir ▶ Los bancos cierran a las tres para el público.
	la puerta	die Tür; das Tor	**F** porte ▶ Cierra la puerta, por favor.

el/la alumno/a	der/die Schüler/in; der/die Student/in	*sin. (Student)* estudiante, universitario *ant.* el maestro, el profesor ▶ En mi clase somos 29 alumnos.
entre *prep.*	zwischen	**L** inter **F** entre ▶ ¿Nos vemos? – Sí, entre las cinco y las seis en la cafetería.
el gimnasio	die Turnhalle	**F** gymnase ¡Ojo! Dt. *Gymnasium* = instituto
entender (-ie-)	verstehen; glauben	**F** entendre *sin.* comprender ▶ No entiendo muy bien este texto. Tengo que leerlo otra vez.
el/las aula/s	das Klassenzimmer; der Fachraum; der Hörsaal	¡Ojo! Dt. *Aula = Festsaal in Schule oder Universität*
al lado de *prep.*; **al lado** *adv.*	neben; daneben	[**L** latus] **F** à côté de ▶ ¿La farmacia? – Está al otro lado de la calle. *(= auf der anderen Straßenseite)*
el badminton	Badminton	▶ ¿No queréis jugar al badminton? – Sí, sí, pero no sabemos dónde está el gimnasio.
detrás de *prep.*	hinter	*sin.* atrás *ant.* delante de ▶ El patio está detrás de la escuela.
el patio	der Hof; der Schulhof; der Innenhof	▶ ¡Cómo está el patio! = *Es herrscht dicke Luft!*
el baloncesto	Basketball; der Basketballsport	
enfrente de *prep.*	gegenüber	▶ El aula de informática está enfrente de la cafetería.
los deberes	die Hausaufgaben	[**L** debere] [**E** debt] **F** devoirs *FAM.* deber ▶ Los deberes son para el jueves.
apoyar	stützen, unterstützen; anlehnen	**F** appuyer *sin.* ayudar ▶ Tus padres son muy simpáticos y te apoyan en todo.
el valor	der Wert, die Bedeutung; das Wertpapier	**F** valeur ▶ El colegio apoya los valores morales de sus alumnos.
ético, -a *adj.*	ethisch	
parece; *inf.* **parecer (-zc-)**	es scheint; erscheinen	▶ ¿Qué te parece esta habitación? *(Was hältst du davon?)*
E 3 **contar (-ue-)**	erzählen; zählen	**E** to count **F** compter ▶ Mi sobrino sabe contar hasta diez en alemán.
algo *pron. indef.*	etwas	*sin.* poco *ant.* mucho ▶ Mi primo siempre tiene algo interesante para contar.
el/la argentino/a; argentino, -a *adj.*	der/die Argentinier/in; argentinisch	(→ Países extraeuropeos, pág. 223/224) ▶ ¿Qué te parece el tango argentino?
la historia	die Geschichte	**L** historia **E** history **F** histoire ▶ Una de las historias más interesantes es la de Don Quijote y Sancho Panza.
pronto *adv.*	früh, bald; bereit, zurstelle; sofort, unverzüglich	**E/F** prompt *sin. (früh)* temprano, *(schnell)* rápido *ant.* tarde; lento
porque *conj. causal*	weil	¡Ojo! ¿por qué? ↔ porque
la primaria (< primario, -a *adj.*)	die Grundschule	**E** primary **F** primaire *adj.* ▶ Mi primo está en la escuela primaria. Tiene nueve años.

	la ventaja	der Vorteil	**E** advantage **F** avantage ▶ Es una ventaja vivir en el campo. Vives más tranquilamente allí.
	aunque *conj. conces.; conj. advers.*	obwohl, auch wenn	
	lo mejor	das Beste	**F** meilleur a lo mejor *(= vielleicht)* *ant.* lo peor ▶ Mi primo dice que lo mejor de la escuela es el recreo.
	la responsabilidad	die Verantwortung	**E** responsability **F** responsabilité ▶ Aunque es muy joven tiene un trabajo de gran responsabilidad.
	el club	der Klub, die Klubanlage	**E/F** club ▶ ¿Cuántos chicos hay en vuestro club de deporte?
	ayudar	helfen	**F** aider *sin.* apoyar ▶ Mis padres no me ayudan con las tareas.
	la librería	die Buchhandlung; (LA) das Schreibwarengeschäft; die Bibliothek, Bücherei	**E** library **F** librairie *sin.* (LA) la papelería; biblioteca ▶ Hay una librería enfrente de la escuela.
	durante *prep.*	während	**E** during **F** durant ¡Ojo! mientras *conj.* ↔ durante *prep.*
	el básket, el básquet(bol)	der Basketballsport	**F** basket(-ball) *sin.* el baloncesto
	el paddle	Paddleball	▶ Durante las vacaciones jugamos al basket o al paddle todo el día.
	segundo, -a	zweiter, -e, -es	**L** secundus **E/F** second
	el montón	der Haufen	[**L** mons, -tis] **E** mountain **F** montagne ▶ Todavía tenemos montones de trabajo que hacer.
	comer	essen	*sin.* almorzar, cenar ▶ Los domingos comemos paella.
	a fines de	am Ende des/der	
	casi *adv.*	fast, beinahe	**L** quasi [**F** quasi pref.]
	el verano	der Sommer	▶ En verano lo que más nos gusta es salir de noche.
	volver (-ue-)	zurückkehren	**L** volvere [**E** to revolve] [**F** révolver] ▶ Volvemos a casa antes de las nueve, ¿de acuerdo?
	la paciencia	die Geduld	**E/F** patience *sin.* la tolerancia *ant.* la impaciencia ▶ No todos los profesores tienen paciencia con los alumnos.
	explicar	erklären	**E** to explicate **F** expliquer
	la papelería	das Schreibwarengeschäft	[**F** papeterie] *sin.* (LA) la librería
E 5	**controlar**	kontrollieren	**E** to control **F** contrôler
	la solución	die Lösung	**E/F** solution ▶ Casi todos los problemas tienen solución.
	el dibujo	das Zeichnen, die Zeichnung	*FAM.* dibujar
E 6	**gustar**	gefallen, mögen, schmecken	▶ A veces jugamos al baloncesto pero no me gusta mucho.

	encantar	verzaubern, beschwören; gefallen	**E** enchant **F** enchanter
	siempre *adv.*	immer, stets	**L** semper nunca ↔ siempre
	la película	der Film	**F** pellicule
	la ciencia ficción	die Science-Fiction	
E 7	**tampoco** *adv. orac. neg.*	auch nicht	▶ Estos cuadros no le gustan nada a mi hermana. – A mí no me gustan tampoco.
	mismo, -a *adj.*	der-, die-, dasselbe	▶ Es el mismo de siempre.
	aprender	lernen	**F** apprendre *sin.* estudiar ▶ Tengo que aprender el vocabulario de español.
E 8	**la ensalada**	der Salat; *fam.* das Durcheinander	
	mezclado, -a *adj./* < *p.p.* < mezclar	vermischt, durcheinander; vermischen, vermengen	**F** mêlé, e
E 9	**antipático, -a** *adj.*	unsympathisch	**E** antipathetic **F** antipathique *ant.* simpático, -a
	puntual *adj.*	pünktlich	**E** punctual **F** ponctuel *ant.* impuntual ▶ Tengo que aprender a ser más puntual.
	viejo, -a *adj.*; **los viejos** *(fam.)*	(ur)alt; *fam.* die Alten *(= die Eltern)*	[**F** vieux, vieil, vieille] *ant.* joven
	activo, -a *adj.*	aktiv, tätig	*FAM.* actividad ▶ Mis padres siempre hacen muchas cosas. Son muy activos.
	majo, -a *adj.*	hübsch, gut aussehend, nett; sympathisch	*sin.* guapo, -a; simpático, -a ▶ ¡Qué majos son tus abuelos!
	nervioso, -a *adj.*	nervös	*ant.* tranquilo, -a ▶ Los de primer curso están muy nerviosos. Después del recreo tienen examen de español.
	estricto, -a *adj.*	streng, strikt; peinlich genau	**E/F** strict ▶ Creo que no hay persona más estricta que mi madre.
	difícil *adj.*	schwer; schwierig	**L** difficilis **F** difficile *ant.* fácil ▶ No es difícil. Es un juego de niños para ella.
	terrible *adj.*	schrecklich, furchtbar, entsetzlich; sehr groß *(Hunger)*	**E/F** terrible *sin.* horrible *ant.* agradable ▶ Es una persona terrible, siempre protesta por todo.
	lento, -a *adj.*	langsam; träge	**F** lent
	aburrido, -a *adj./* *p.p.* < aburrirse	langweilig	*FAM.* aburrirse ▶ Siempre nos cuenta lo mismo. ¡Qué aburrido!
E 10	**la regla**	das Lineal; die Regel; das Maß	**E** rule **F** règle *sin.* la escuadra *(das Lineal)*; la norma *(die Regel)* ▶ En nuestro colegio hay reglas muy claras.
	la pizarra	die Tafel	▶ Ven a la pizarra, por favor.
	el estuche	das Federmäppchen	▶ ¿Qué tienes en tu estuche? – Nada.
	el bolígrafo, el boli *(Kurzf.)*	der Kugelschreiber	▶ No encuentro mi bolígrafo.
	la goma (de borrar)	der Radiergummi	**F** gomme
	el/los sacapuntas	der Spitzer	
	el diccionario	das Lexikon, Wörterbuch	**E** dictionary **F** dictionnaire
	el lápiz *pl.* lápices	der Bleistift	▶ Prefiero escribir los ejercicios con lápiz.

	las tijeras	die Schere	cp. **E** scissors
	la tiza	die Kreide	
	la mochila	der Rucksack; der Ranzen	▶ En su mochila se encuentran solamente el estuche, el libro de inglés, el libro de matemáticas y unos cuadernos, pero ¿dónde está su diccionario de francés?
	el papel	das Papier; die (Theater-, Film-)Rolle	**E** paper **F** papier
	la cinta adhesiva	das Klebeband	**E** adhesive (tape) **F** adhésif
E 11	**la maleta**	der Koffer	**F** malle ▶ Tienes que hacer la maleta.
	poner *1. P. Sg. Ind. Präs.* pongo	legen, stellen; durchstellen, verbinden *(am Telefon)*	**L** ponere pongo, pones, pone, ponemos, ponéis, ponen ▶ ¿Qué te/le pongo? *(Was darf's sein?)* ¿Puede ponerme con la Sra. Soler? – Sí, un momento, ahora se pone.
E 12	**informarse**	sich informieren	▶ Infórmate sobre nuestro instituto.
	la nota	die Note; der Vermerk, Hinweis, die Notiz	**E/F** note *sin.* el resultado *(die Note)* ▶ ¿Qué nota tienes en Lengua? *sin.* el apunte *(die Notiz)* ▶ Me gusta tomar notas en clase.
	el resultado <*p.p.* **resultar**	das Ergebnis, Resultat	
	el grado	die (Schul-)Klasse; der (akademische, Verwandtschafts-) Grad; die Stufe, das Niveau; Grad *(als naturwiss./techn. Maßeinheit)*	**E/F** grade *sin.* la clase *(die Schulklasse)* ▶ ¿En qué grado está tu hermana?
Paso 3 Texto	¡enhorabuena!	Glückwunsch! *(zu einem Prüfungserfolg oder Preis)*	dar a alg. la enhorabuena (por) = *jdn. zu etw. beglückwünschen*
	feliz *adj.* (ser)	glücklich, zufrieden	**L** felix, -cis ▶ Es feliz cuando sus hijos la visitan.
	el cumpleaños	der Geburtstag	▶ Cantan el cumpleaños feliz.
	¡felicidades!	(Herzlichen) Glückwunsch! *(zum Namenstag oder Geburtstag)*	[**E** felicitate] **F** félicitations *FAM.* feliz *sin.* ¡enhorabuena! ▶ ¡Felicidades, abuela! Mira, estas flores son para ti.
	cumplir (años)	... alt werden; Lebensjahr vollenden	▶ El miércoles cumplo dieciocho años.
	el bizcocho	*(LA)* Kuchen; Biskuit	**E/F** biscuit
	el pastel	der Kuchen, das Gebäck, die Pastete	
	el/la quinceañero/a	der/die Fünfzehnjährige	*FAM.* quince años
	la rosa	die Rose	
	encima de *adj.*	oben auf, über	*sin.* arriba de *ant.* debajo de ▶ Hay una nota para ti encima de la mesa.
	la tarta	die Torte	**E** tart **F** tarte
	ya no	nicht mehr	▶ Ya no hay café. Tengo que comprar más.

el vestido	das Kleid	▶ Muchas chicas nunca usan vestido. Llevan casi siempre pantalones.
blanco, -a *adj.*	weiß	**E** blank **F** blanc ▶ Vamos a visitar la ciudad de Arequipa, a la que los peruanos llaman Ciudad blanca.
la fiesta	das Fest	**E** feast **F** fête ▶ Para mi fiesta de cumpleaños voy a llevar un vestido blanco.
posar	posieren	**E** to pose **F** poser
la sonrisa	das Lächeln, Schmunzeln, Grinsen	**F** sourire ▶ Siempre nos reciben con una sonrisa.
hoy	heute	**L** hodie [**F** aujourd'hui] ▶ ¿A cuántos estamos hoy? – A cuatro de septiembre.
la carne	das Fleisch	▶ Mucha gente no come carne, es vegetariana.
el cerdo	das Schwein	▶ En Extremadura vemos muchos cerdos.
la vaca	die Kuh	**F** vache ▶ En Argentina hay muchas vacas, por eso se come mucha carne.
tocar	berühren; *(ein Instrument)* spielen; anstoßen	**E** to touch **F** toucher *FAM.* tocado ▶ La orquesta toca muy bien.
la canción	das Lied	**F** chanson ▶ ¿Tienes una canción preferid
dejar (de)	aufhören (etw. zu tun); hinterlassen *(Nachricht)*	▶ No vamos a esperarla. ¿Le dejas una nota?
por eso *adv.*	deswegen	
celebrar	feiern	**E** to celebrate **F** célébrer ▶ Mañana celebramos el cumpleaños de mi novio.
abrir	öffnen	**L** aperire **F** ouvrir ▶ ¿Me abres la puerta, por favor?
el regalo	das Geschenk	▶ Hoy es tu cumpleaños, ¿no? Tengo un regalo para ti.
regalar	schenken	**E** to regale **F** régaler
la tradición	die Tradition, der Brauch; die Gewohnheit	**E/F** tradition *sin.* la costumbre ▶ Celebrar los quince años de una niña con una gran fiesta es una tradición típica en Latinoamérica.
el anillo	der Ring	**F** anneau ▶ ¿Ya tienes un regalo para Fátima? – Sí, un anillo.
la generación	die Generation	▶ Esta casa va de generación a generación.
cuando	wenn	¡Ojo! si *(cond.)* ↔ cuando *(temp.)*
último, -a *adj.*	letzter, letzte	**L** ultimus **F** ultime
el aeropuerto	der Flughafen	**E** airport **F** aéroport
viajar	reisen	*FAM.* el viaje ▶ ¿Cómo? ¿No quieres viajar al Caribe?
la flor	die Blume	**E** flower **F** fleur ▶ Mi flor preferida es la rosa blanca.
E 2 **adivinar**	(er)raten	**E** to devine **F** deviner *sin.* predecir ▶ Nadie puede adivinar el futuro.
E 3 **saludar**	(be)grüßen, einen Gruß bestellen	**E** to salute **F** saluer

	sonreír	lächeln, schmunzeln	**F** sourire *FAM.* sonrisa
	cantar	singen	**E** to chant **F** chanter *FAM.* canción ▶ Adivina quién va a cantar en la fiesta de Graciela: ¡Huguito Ibáñez!
	darse cuenta de	(etw.) (be)merken	**F** se rendre compte de
E 4	**respetar**	respektieren, (be)achten, sich halten an	*FAM.* respeto ▶ Hay que respetar las reglas.
	el chicle	der Kaugummi	
	correr	rennen, laufen	**L** currere **F** courir
	el pasillo	der Gang, der Korridor	
	levantar	(hoch)heben	
	la mano	die Hand	**L** manus **F** main ▶ Me saluda con la mano.
	usar	benutzen, gebrauchen	**L** uti *bzw.* usus **E** to use **F** user
	el (teléfono) móvil	das Handy	**E/F** mobile *sin.* el celular ▶ El número de mi móvil es 023261540 6715
	deber	müssen; sollen; schulden *(Verkaufsgespräch)*	**L** debere [**E** debt] **F** devoir ▶ ¿Cuánto le debo?
	el cartel	das Plakat, der Anschlag, das Schild	*FAM.* carta
	posible *adj.*	möglich	**E/F** possible *sin.* probable *ant.* imposible ▶ Todo es posible.

Etapa 4

aso 1	**la vida**	das Leben	**L** vita [**E** vital] **F** vie ▶ Así es la vida.
E 1	**aparecer (-zc-)**	erscheinen, auftauchen	**E** to appear **F** apparaître *ant.* desaparecer ▶ No es necesario entender todas las palabras que aparecen en el texto.
	dormir/se (-ue-)	schlafen, einschlafen	**F** dormir *sin.* descansar *ant.* despertar/se ▶ Para estar bien durante el día hay que dormir bien en la noche.
	discutir	diskutieren	
Texto	el semestre	das Semester, Studienhalbjahr	
	sonar (-ue-)	klingeln, läuten	**F** sonner ▶ De lunes a viernes el despertador suena a las seis y media de la mañana.
	el despertador	der Wecker	
	rápido, -a; rápido; rápidamente *adv.*	schnell, rasch	**L** rapidus [< rapere *rauben, wegreißen*] **E** rapid **F** rapide *sin.* veloz *ant.* lento,-a ▶ Para ir de Madrid a Sevilla es mejor tomar el tren rápido.
	el minuto	die Minute	▶ ¿Cuántos minutos tiene el día?
	la gimnasia	die Gymnastik	*sin.* el deporte
	lavar(se)	(sich) waschen	[**E** lavatory] **F** (se) laver
	vestirse (-i-)	sich anziehen	**F** vêtement *FAM.* vestido
	el desayuno	das Frühstück	

mirar	schauen, anschauen	**L** mirari [**E** mirror] **F** mirer ▶ Miras el reloj todo el tiempo.
el apunte	die Notiz; *pl.* die Aufzeichnungen; die Mitschrift; die Unterlagen	
la mala suerte	das Unglück	[**L** sors, -tis **F** sort] **E** bad luck **F** mauvaise fortune
la fila	die Reihe	**E/F** file
ocupado, -a *adj./* < *p.p.* < **ocupar**	besetzt, belegt; beschäftigt; besetzen, einnehmen, beschäftigen; (Amt, Posten) innehaben/bekleiden	**L** occupatus; occupare **E** to occupy **F** occupé; occuper ▶ Hoy no puedo salir. Estoy ocupada.
sentarse (-ie-);	sich setzen	**L** sedere [**F** s'asseoir < **L** assidere]
(estar) sentado, -a	sitzen	▶ Sentaos, por favor. Están sentados a la mesa.
tomar	nehmen; trinken	▶ ¿Qué vas a tomar? – El plato del día.
tomar nota(s)	mitschreiben, sich Notizen machen	tomar apuntes = tomar notas
la tinta	die Tinte	▶ Me gusta escribir con tinta negra.
comprar	(ein)kaufen	▶ Tengo una hermana que compra todo lo que ve.
el café	der Kaffee, das Café	
caro, -a *adj.*	teuer	**L** carus **F** cher, chère
intentar	versuchen; vorhaben	**F** intenter ▶ Tienes que intentar otra vez con más paciencia.
el ruido	das Geräusch, der Lärm	
concentrarse	sich konzentrieren	concentraos
la partida	das Spiel; die Partie	**F** partie la partida de parchís ↔ el partido de fútbol
el orden	die Ordnung; die Reihenfolge	**L** ordo, -inis **E** order **F** ordre
la dificultad	die Schwierigkeit	**E** difficulty **F** difficulté *FAM.* difícil *sin.* el problema ▶ Gabriel tiene muchas dificultades con el francés.
imponerse	sich durchsetzen	**L** imponere **E** to impose **F** s'imposer
acostarse (-ue-)	sich hinlegen, zu Bett gehen	▶ Dice que se acuesta todos los días a las once.
la tele(visión)	das Fernsehen	**E** television **F** télé(vision)
llamar	anrufen; rufen	**L** clamare *FAM.* llamarse
quedar	sich verabreden; verbleiben; übrigbleiben; stehen	▶ ¿No queda otra habitación libre? ¿Me queda bien el vestido? – Sí, te queda muy bien.
revisar	durchsehen	**E** to revise **F** réviser
la semana	die Woche	**F** semaine ▶ El mejor día de la semana es el viernes
junto, -a *adj.*	zusammen, gemeinsam	**L** iunctus [*p.p.* < iungere] **E/F** joint
cansado, -a *adj.*	müde	*ant.* descansado,-a ▶ Estoy muy cansada y voy a acostarme.
cenar	zu Abend essen, dinieren	**L** cenare ▶ Pregunta a los señores Ruíz si quieren cenar con nosotros.

	la lección	der Unterrricht; die Vorlesung, die Lektion	▶ Todos los martes tenemos lección de español.
	despertarse (-ie-)	aufwachen	*FAM.* despertador ▶ ¿Cuándo os despertáis? – A las ocho.
	el dolor de cabeza	die Kopfschmerzen	**L** dolor, -oris **E** dolour **F** douleur
	el dolor	der Schmerz	▶ ¿Cómo es el dolor? ¿Qué actividades le producen el dolor?
	la cabeza	der Kopf	▶ Ignacio tiene ideas brillantes en su cabeza pero nunca las realiza.
	sin *prep.*	ohne	**L** sine **F** sans sin dolor
	el éxito	der Erfolg	**L** exitus [*p. p.* < exire] ▶ Nuestro equipo de baloncesto tiene mucho éxito.
	la sobremesa	der Nachtisch, gemütliches Zusammensitzen nach dem Essen	de sobremesa *(nach Tisch)*
	mientras *conj.*	während	¡Ojo! durante *(prep.)* ↔ mientras *(conj.)*
	la carrera	das (Universitäts-)Studium; die Karriere, Laufbahn; das (Wett-)Rennen	**E** career **F** carrière *sin.* el estudio, la profesión ▶ Mi prima quiere terminar este año su carrera de medicina.
	peligroso, -a *adj.*	gefährlich, riskant	[**E/F** péril]
	la novedad	die Neuigkeit	[**E** novelty] **F** nouveauté ▶ ¿Hay novedades? *Gibt es etwas Neues?*
	ponerse a	anfangen zu	*sin.* empezar
	próximo, -a *adj.*	nächster, -e, -es	**L** proximus [**E** proximity] [**F** proximité] ▶ Bueno, entonces, hasta el próximo año.
	el examen final	die Abschlussprüfung	**E** final exam
E 2	**a mediodía**	mittags, zur Mittagszeit	▶ ¡Tranquilo! Vamos a llegar a mediodía.
E 3	**decir** *(1. sg. pres.* digo*)*	sagen	**L** dicere **F** dire ▶ ¿Cómo se dice en alemán?
E 5	**enseñar**	lehren, unterrichten	**F** enseigner ▶ Mi novia es profesora de Matemáticas y enseña en un colegio privado.
	el tema	das Thema	
	la pausa	die Pause	recreo ↔ pausa
Paso 2 Texto	**desayunar**	frühstücken	**F** déjeuner *FAM.* desayuno ▶ Sus padres no desayunan casi nunca.
	encontrarse (-ue-)	sich treffen; sich befinden, sich fühlen	▶ Pilar no se encuentra bien.
	respirar	atmen	**E** to respire **F** respirer ▶ En clase de yoga aprendemos a respirar correctamente.
	querido, -a *adj./ < p. p. <* **querer**	lieb, geliebt *(auch als Anrede in persönlichen Briefen)*	[**L** quaerere]
	la tila	die Linde; der Lindenblütentee	▶ Antes de un examen mi abuela siempre me prepara una tila.
E 2	**el plan**	der Plan	¡Ojo! *Stadtplan* = plano (de la ciudad) ▶ Para esta tarde no tenemos planes todavía.
	el fin de semana	das Wochenende	**F** fin de semaine

	¿adónde? *pron. interr.*	wohin?	▶ ¿Adónde vamos? – Al centro de la ciudad.
E 4	**el momento**	der Augenblick	
	¿De parte de quién?	Wer ist am Apparat? Wer spricht? *(am Telefon)*	
	Lo siento. *(loc.)*	Ich bedaure. Es tut mir leid.	▶ ¡Cuánto lo siento!
	equivocarse	sich irren, sich verwählen	▶ Hola, ¿Juan? – No, te equivocas, soy Martín, el hermano de Juan.
	¡perdón!	Entschuldigung!	**F** pardon!
	oír	hören	**L** audire [**E** audio] **F** ouïr ▶ ¿Oyes algo? – No, no oigo nada.
	la señal	der Signalton	**E/F** signal ▶ Tienes que hablar después de escuchar la señal, no antes.
	Deje su recado *(loc.)*	Hinterlassen Sie eine/Ihre Nachricht.	
	el contestador automático	der automatische Anrufbeantworter	**F** répondeur
Paso 3	**practicar**	praktizieren, durchführen	
E 1	el/la indígena	der/die Ureinwohner/in, der/die Eingeborene, der Indio/die Indiofrau	**E** indigene **F** indigène *sin.* nativo, -a *ant.* extranjero, -a ▶ Me interesa mucho la cultura de los indígenas mexicanos.
	precolombino, -a *adj.*	präkolumbisch, präkolumbianisch	**F** précolombien
	el título	der Titel, die Überschrift	
	la pelota	der Ball, die Kugel	
	la conquista	die Eroberung	**E** conquest **F** conquête
	la cancha	das Spielfeld	
	el campo	der Sportplatz, das Spielfeld; das Feld; das Fachgebiet	**L** campus **E** camp, campus **F** champ
	llamado, -a *adj.*/ < *p.p.* < llamar	sogenannter, -e	*FAM.* llamar, llamarse
	golpear	schlagen	
	el codo	der Ell(en)bogen	**F** coude ▶ No se puede tocar la pelota con el codo, sólo con los pies o la cabeza.
	la rodilla	das Knie	**F** rotule
	la cadera	die Hüfte	
	el objetivo	das Ziel	**E** objective **F** objectif
	apuntar	verbuchen, notieren, erzielen	*FAM.* apunte
	el tanto	der Punkt, das Tor	
	enviar	*hier:* (Ball) schießen; schicken, versenden	**E** to envoy **F** envoyer *sin.* mandar *ant.* recibir ▶ ¿Me puedes enviar los apuntes de la clase por e-mail?
	devolver (-ue-) *p.p.:* vuelto	*hier:* (Ball) zurückschießen; zurückgeben, wiedergeben	**E** to devolve **F** être dévolu,e ▶ Mañana tengo que devolver los libros a la biblioteca.
	pasar; pasado, -a *adj.* < *p.p.*	passieren, überschreiten; (herüber)reichen; vergangen	**F** passer *FAM.* pasado ▶ Vivimos aquí desde el año pasado.

	la raya; a rayas	der Strich, Streifen, die Linie; gestreift	
	el partido	das sportliche Spiel, die Partie; die politische Partei, die Interessengemeinschaft	**E** party **F** parti ▶ Todos los domingos mis hermanos juegan un partido de fútbol con sus amigos.
	la pared	die Wand; die Mauer	**F** paroi *sin.* el muro ▶ Todas las paredes de mi casa son blancas.
	el significado < *p.p.* < significar	die Bedeutung	**F** signifié
	profundo, -a *adj.*	tief	**E** profound **F** profond
	el sentido < *p.p.* < sentir	die Bedeutung, der Sinn	**L** sensus [*p.p.* < sentire] **E** sens **F** sense *FAM.* sentir ▶ ¡Esto no tiene sentido!
	religioso, -a *adj.*	religiös	**E** religious **F** religieux, -se ▶ En España y Latinoamérica hay muchos colegios religiosos.
	la demostración	die Vorführung	**E** demonstration **F** démonstration
	el símbolo	das Symbol, Sinnbild	*FAM.* simbólico
	la luna	der Mond	**F** lune ▶ Muchas personas no pueden dormir bien en las noches de luna llena.
	el movimiento	die Bewegung	[**L** movere] **E** movement **F** mouvement ▶ La Tierra está en movimiento.
	la bóveda celeste	das Himmelsgewölbe	**F** voûte céleste *sin.* el cielo ▶ Los poetas usan las palabras 'bóveda celeste' para hablar del cielo.
	la fertilidad	die Fruchtbarkeit	**E** fertility **F** fertilité
	la tierra	die Erde; der Erdboden	**L** terra **F** terre
E 3	**el/la jugador/a**	der/die Spieler/in	**F** joueur *FAM.* jugar ▶ Las jugadoras de nuestro equipo de baloncesto no son muy altas.
	la bola	die Kugel, der Ball	
	lleno, -a *adj.*	voll; vollbesetzt, satt	**L** plenus [**F** plein] ▶ El bar está lleno.
	la competición	der Wettbewerb, Wettkampf	**E** competition **F** compétition
	el punto	der (Wertungs-)Punkt	
	a favor (de) *loc.*	zugunsten, für	**F** en faveur (de)
	en contra	dagegen	*ant.* a favor de
E 5	**divertido, -a** *adj./* < *p.p.* < divertir	amüsant, lustig	[**E** to divert] **F** divertissant *ant.* aburrido, -a ▶ La última película de Pérez Ibáñez es muy divertida.
	el tenis	das Tennis	▶ A las cuatro menos cuarto hay un partido de tenis.
	la natación	Schwimmen	
	el bungee jumping	Bungeespringen	▶ Es peligroso el bungee jumping, ¿no?
E 6	**el programa**	das Programm	
E 7	**utilizar**	verwenden, benutzen	**E** to utilize **F** utiliser

aso 4

E 1	**el concierto**	das Konzert	▶ ¿Vais al concierto conmigo? – No podemos. Salimos de viaje esta tarde.
	ir de copas	etwas trinken gehen	la copa = *das (Stiel-)Glas*

	la exc̲ursión	der Ausflug	**E/F** excursion *sin.* el viaje ▶ Mañana hacemos una excursión al campo.
	fuera *adv.*	auswärts; außer Haus; außerhalb	**L** foras
E 2	**la frecuencia**	die Frequenz; die Häufigkeit	con frecuencia = a menudo
	normalmente *adv.*	normalerweise	
	raramente *adv.*	selten	**F** rarement
	dar una vuelta	spazieren gehen	*sin.* dar un paseo
	el bricolaje	das Basteln, Heimwerken	**E/F** bricolage
	chatear	chatten	**E** to chat
E 3	la cartelera	die Litfaßsäule; das Veranstaltungsprogramm	
E 4	**la propuesta**	der Vorschlag	**F** propos ▶ La señora López tiene una propuesta muy buena para la excursión de la próxima semana.
	ac̲eptar	annehmen, akzeptieren	**E** to accept **F** accepter
	rechazar	ablehnen; zurückweisen	
	vale *interj.*	einverstanden, in Ordnung	
E 5	**la postal**	die Postkarte	¡Ojo! carta = *Brief* ▶ Todavía tengo que enviar unas postales.
	la canoa	das Kanu, Kajak	
	la trajinera	*mex. Bezeichnung für best. Wasserfahrzeuge auf dem Xochimilco-See*	
E 6	el canal	der Kanal	
	el mercado	der Markt	**E** market **F** marché ▶ A los turistas les gusta mucho ir al mercado y mirar todo lo que hay allí.
	el/la turista	der/die Tourist/in	*FAM.* turismo
	el barrio	das Stadtviertel	

Paso 5

E 1	**pedir (-i-)**	bestellen	**L** petere
	el calamar	der Tintenfisch	
	la caña	das Glas Bier vom Fass	*sin.* la cerveza
	invitar	einladen	**E** to invite **F** inviter
	¡oiga! *interj.* < oír	Hören Sie (bitte)!	
	la tapa	das Appetithäppchen	
	el cortado	der Kaffee mit wenig Milch	*FAM.* cortar
	el bocadillo	das Sandwich, das belegte Brötchen	
	el jamón	der Schinken	**F** jambon
	cobrar	kassieren	▶ ¡Me cobra, por favor! = *Zahlen, bitte!*
	la leche	die Milch	**F** lait ▶ ¿Tomamos una caña? – Prefiero un café con leche.
E 4	**la cuenta**	die Rechnung	*FAM.* contar ▶ ¡La cuenta, por favor! = ¡Me/nos cobra, por favor!
	la tortilla	die Tortilla, das (span.) Omelett	
	el azúcar	der Zucker	**E** sugar **F** sucre

E 5	**la mayoría**	die Mehrheit, der überwiegende Teil	[L maior, -oris] *FAM.* mayor
	de pie	im Stehen	[L pes, -dis F pied] ▶ Lo siento, pero tenemos que esperar de pie. estar de pie = *stehen*
	delante de *prep.*	vor	*ant.* detrás de
	la barra	die Theke, der Tresen	
	la silla	der Stuhl	▶ ¿Me traes otra silla, por favor?
	el bollo	das Brötchen; das Hefegebäck	
	el aperitivo	der Aperitif; Appetithappen	*sin.* (2) tapa
	el vino	der Wein	L vinum E wine F vin
E 7	el ballet	das Ballett	
	la danza	der Tanz	
	regional *adj.*	regional	*FAM.* región
	arqueológico, -a *adj.*	archäologisch	el museo arqueológico

Etapa 5

Paso 1	**de compras**	beim Einkaufen	*FAM.* comprar
E 1	la pirámide	die Pyramide	
	el alimento	das Nahrungsmittel, Lebensmittel; der Nährwert	[E alimentary] F aliment *sin.* la comida ▶ En los grandes supermercados puedes encontrar todo tipo de alimentos.
	los cereales	das Getreide	E cereal F céréale
	la fruta	die Frucht, das Obst	▶ La ensalada de frutas se llama también macedonia.
	el pescado	der Fisch *(als Speise)*	▶ En el norte de España se come mucho pescado.
	el huevo	das Ei	F œuf ▶ ¿Qué te parece un huevo duro?
	la verdura	das Gemüse	F verdure ▶ Comen mucha verdura en casa de mi novio.
	la legumbre	die Hülsenfrüchte; das Gemüse	E legume F légume, légumineuse *sin.* la verdura ▶ Hay que comer muchas legumbres.
	la grasa; graso, -a *adj.*	das Fett; fett	E grease F graisse; gras ▶ No es bueno comer mucha grasa.
	conocer (-zc-)	kennen(lernen)	L cognoscere [E connoisseur] F connaître
	los dulces	die Süßspeisen; die Süßigkeiten	[L dulcis *adj.* F doux, ce *adj.* E dulcet] F douceurs
E 2	**el pollo**	das Hühnchen	[F poulet] ▶ ¿Prefiere el pollo con arroz o con patatas?
	la manzana	der Apfel	
	la pera	die Birne	E pear F poire ▶ A mis hijos les gusta mucho este pastel de peras.
	la lenteja	die Linse	E lentil F lentille ▶ En este restaurante preparan unas lentejas buenísimas.
	la lechuga	der Kopfsalat	E lettuce F laitue

	el yogur	der Joghurt	▶ ¿Cómo? ¿Tú le pones yogur a la ensalada?
	el aceite (de oliva)	das (Oliven-)Öl	▶ Ya no hay aceite de oliva en casa. ¿Qué hago? – Vas a comprarlo. No te queda otra.
	el tomate	die Tomate	▶ ¿Cuándo preparo la ensalada de tomates? Lo más rápido posible.
	el pan	das Brot	**L** panis **F** pain ▶ Voy a comprar dos barras de pan, ¿de acuerdo?
	la pasta	die Teigwaren; die Nudeln; die Paste	**E** paste **F** pâte ▶ En casa casi todos los domingos comemos pasta.
	el arroz	der Reis	▶ ¿Qué te pido? ¿Pollo con arroz o tortilla española?
	la patata	die Kartoffel	**E** potato **F** patate *sin.* la papa ↔ papá ▶ ¿A cuánto están las patatas?
	el salami	die Salami	▶ ¿Quieres un bocadillo de salami?
	el plátano	die Banane(nstaude); die Platane	*sin.* la banana ▶ Mi fruta preferida es el plátano.
	la cereza	die Kirsche	**E** cherry **F** cerise ▶ ¿A cuánto están las cerezas? – Cuestan seis euros el kilo.
E 3	**mínimo, -a** *adj.* **el mínimo**	sehr klein, winzig, minimal; das Minimum	**L** minimus **E** minimum **F** minime
	necesario, -a *adj.*	notwendig, erforderlich	**L** necessarius **E** necessary **F** nécessaire
	el producto	das Produkt, Erzeugnis	
	los (productos) lácteos	die Milchprodukte	**F** produits laitiers
	los hidratos de carbono	die Kohlehydrate	[**E** carbohydrate] **F** hydrates de carbone
	cuál/es *pron. interr.*	welche, -r, -s	**L** qualis **F** quel/le/s ▶ ¿Cuál es el valor de este cuadro?
	verde *adj.*	grün	**F** vert, e *FAM.* verdura ▶ Estos plátanos no me gustan, están demasiado verdes.
	rojo *adj.*	rot	**E** russet **F** roux, sse
	maduro, -a	reif	**L** maturus **E** mature **F** mûr, e ▶ Estos plátanos están muy maduros. ¿No tiene plátanos verdecitos?
E 4	**el supermercado, el súper**	der Supermarkt	**E** supermarket **F** supermarché
	la razón	der Grund, die Begründung; die Vernunft	**L** ratio, -onis **E** reason **F** raison ▶ Tienes razón.
	barato, -a *adj.*	billig	*ant.* caro, -a
	el comercio	der Laden, das Geschäft	**E/F** commerce *sin.* la tienda, el negocio ▶ Poca gente compra los alimentos en los pequeños comercios. La mayoría prefiere los supermercados.
	el sitio	die Stelle, der Ort, Platz	**E/F** site *sin.* el lugar ▶ ¿Conoces un sitio tranquilo para ir de vacaciones?
	igual *adj.*	(genau) gleich, (sehr) ähnlich; eben	**E** equal **F** égal ▶ Lo veo igual que Vds.

la docena	das Dutzend	**E** dozen **F** douzaine *FAM.* doce ▶ Tengo que comprar una docena de postales para enviar a mis amigos y a mi familia.
medio, -a *adj.*	halb; Mittel-	**L** medius [**E** medium] **F** moyen
el kilo(gramo)	das Kilo(gramm)	
el filete	die Scheibe *(Fleisch oder Fisch)*	
entero, -a *adj.*	ganz	**E** entire **F** entier, ière *sin.* completo, -a ▶ Voy a comprar un pescado entero, somos cuatro para comer.
la harina	das Mehl	**F** farine
el paquete	die Packung	**E** packet **F** paquet ▶ ¿Puede darme un paquete de leche y medio kilo de tomates?
la botella	die Flasche	**E** bottle **F** bouteille
el litro	der Liter	a/por litros = *literweise*
el embutido	die Wurst	
el queso	der Käse	**E** cheese ▶ En Alemania hay una gran variedad de quesos.
el gramo	das Gramm	**E** gram(me) **F** gramme *FAM.* el kilo(gramo)
la unidad	die (Gewichts-, Maß-)Einheit	**E** unity **F** unité ▶ La bolsa de manzanas tiene ocho unidades.
existir	existieren, vorhanden sein	**E** to exist **F** exister
el hipermercado	großer Supermarkt	**E** hypermarket **F** hypermarché ▶ ¿Por qué no vamos a hacer las compras a un hipermercado?
vender	verkaufen	**L** vendere **E** to vend **F** vendre *ant.* comprar ▶ Aquí venden el vino sólo en botellas de dos litros.
no sólo ... sino también *adv.*	nicht nur ... sondern auch	▶ No sólo mi hermano mayor sino también Miguel, su compañero de clase, trabajan de camareros durante las vacaciones.
el disco	die Schallplatte; die CD	**E** disk **F** disque ¡Ojo! Dt. *Disco (Diskothek)* = discoteca ▶ Mi abuela todavía tiene discos. Nosotros tenemos sólo CDs.
la ropa	die Kleidung	▶ ¿Puedo ayudarles? – Sí, estamos buscando una tienda de ropa.
el mueble	das Möbelstück	**F** meuble
el ajo	der Knoblauch	**F** ail ▶ La mayoría de las comidas españolas se preparan con ajo.
la vitamina	das Vitamin	
la naranja; naranja *adj.*	die Orange, Apfelsine; orangefarben	**E/F** orange

el limón; limón *adj.*	die Zitrone; zitronengelb	**E** lemon ▶ Te sienta bien este vestido color limón.
el hueso	der Knochen	**F** os ▶ La leche y el yogur son muy bueno para los huesos porque tienen calcio.
el calcio	das Calcium	**E/F** calcium
la vista	das Sehvermögen, die Sehleistung; die Aussicht, das Panorama, der Blick, die Sicht	**F** vue *FAM.* ver
la circulación	der Kreislauf	**E/F** circulation
los frutos secos	das Trockenobst	**F** fruits secs
aportar	liefern; bringen, zuführen	**F** apporter
la proteína	das Protein	
la zanahoria	die Karotte, Mohrrübe	
dar	geben	**L** dare
la energía	die Energie	
¿para qué? *pron. interr.*	wozu? zu welchem Zweck?	▶ ¿Para qué necesitas el dinero? Voy a hacer un viaje en verano.
malo, -a *adj.*	schlecht	**L** malus **F** mal *ant.* bueno, -a
estar de acuerdo (con)	einverstanden sein (mit)	**F** être d'accord ▶ Si estáis de acuerdo nos vemos en med hora enfrente del instituto.
ponerse moreno, -a	braun werden	
la memoria	das Gedächtnis, die Gedächtnisleistung; die Erinnerung	**L** memoria **E** memory **F** mémoire hacer memoria = *nachdenken*
la cerveza	das Bier	▶ Ahora en España se bebe mucha cerveza
el pelo	das Haar	**F** poil ▶ Manolo tiene el pelo largo.
E 6 la alimentación	die Ernährung	**E/F** alimentation *FAM.* alimento ▶ Es importante hablar en los colegios sobre la importancia de una buena alimentación.
rico, -a *adj.* (en)	reich (an), -reich; köstlich, fein *(Speisen)*, wohl schmeckend	**E** rich (in) **F** riche (en) ▶ Este plato es rico en vitaminas. Es un plato muy rico.
el componente	der Bestandteil, die Komponente	▶ ¿Cuáles son los componentes más importantes de ...?
el colesterol	das Cholesterin	**E** cholesterol **F** cholestérol ▶ ¿Sabes que tienes el colesterol alto?
la fibra	der Ballaststoff, die Faser	**E/F** fibre ▶ Mi médico dice que tengo que comer más alimentos con fibra.
la caloría	die Kalorie	▶ Este plato tiene pocas calorías.
alimentarse	sich ernähren	**F** s'alimenter *FAM.* alimento, alimentació ▶ ¿Te alimentas bien? – Claro que sí.
cambiar	sich ändern	**E** to change **F** changer ▶ Esto no puede cambiar de hoy a mañana
dar su opinión	seine Meinung äußern	▶ Puedes dar tu opinión.
demasiado, -a, -os, -as *adj.* **demasiado** *adv.*	zu viel/e	▶ Creo que trabajas demasiado.

Paso 2

E 1	**el zapato**	der Schuh	▶ Está como niño con zapatos nuevos. = *Er ist vollauf zufrieden.*
	el remedio *(am.)*	das Heilmittel, Medikament	**E** remedy **F** remède *sin.* el medicamento ▶ Necesitamos comprar algunos remedios para el viaje.
	el medicamento	das Medikament	▶ Tengo que comprar unos remedios/medicamentos en la farmacia. ¿Toma usted los medicamentos todos los días?
	la droguería	die Drogerie	
	la perfumería	die Parfümerie	
	el estanco	der Tabak(waren)laden	
	el perfume	das Parfüm	*FAM.* perfumería
	el antibiótico	das Antibiotikum	
	el jabón	die Seife	**F** savon ▶ ¿Dónde compras el jabón, en la farmacia o en el supermercado?
	el sello	die Briefmarke	**E** seal **F** sceau ▶ En España también puedes comprar sellos en un estanco.
	el resto	der Rest; das Übrige	
	el champú	das Shampoo	
	la crema solar	die Sonnenschutzcreme	**F** crème solaire
	la aspirina	das Aspirin	▶ ¿Tienes una aspirina? – No, pero yo también tengo dolor de cabeza.
	el cigarrillo	die Zigarette	▶ Ya no hay cigarillos. ¿Qué hago? – Deja de fumar.
E 2	**el precio**	der Preis	**L** pretium **E** price **F** prix ▶ ¿Cuál es el precio de estos zapatos negros? – Un momento, por favor. Voy a preguntarlo.
¡Ojo!	**tan, tanto; tanto, -a, -os, -as**	so, so viel, so sehr; so viel/e	
E 3	**la cebolla**	die Zwiebel	
	el pimiento	die Paprika	**E** pimiento **F** piment ▶ No voy a comprar pimientos porque están muy caros.
	la frutería	der Obstladen	*FAM.* la fruta
	la batería	*hier:* das Schlagzeug	
E 4	**inteligente** *adj.*	intelligent; klug, gescheit	**E** intelligent
	el tren	der Zug	**E/F** train
	costar (-ue-)	kosten	▶ ¿Cuánto cuesta este vestido? – 95 euros.
E 6	**verdecito, -a** *adj.*	noch nicht ganz reif, noch etwas grün	
	póngame	geben Sie mir	▶ Póngame medio kilo de judías.
	mejor *adv.*	besser	**L** melior **F** mieux ▶ ¡Mejor no miro! No quiero mirar.
	el céntimo	der Cent	**F** centime
	total *adj.*; **en total** *adv.*	total, ganz, gänzlich, vollständig; insgesamt	**F** au total
	la vuelta	das Wechselgeld	▶ ¡Quédese con la vuelta!

E 8	**el/la cliente**	der/die Kunde/in	**E/F** client ▶ El cliente siempre tiene razón.
	desear	wünschen	**L** desiderare **E** to desire **F** désirer ▶ ¿Qué desea?
	subir	steigen; *(Preise)* anziehen	**L** subire **F** subir ▶ Los precios están subiendo mucho.
	aquel, -lla, -llo *pron. dem.*	dieser, -e, -s, der, die, das dort	*sin.* ese, -a, -o ▶ Prefiero aquellas peras, están más maduras.
E 9	el envase	die Verpackung, der Behälter	
	la bolsa	die Tüte; der Beutel	**E** purse **F** bourse ▶ El dependiente pone los tomates, las patatas y los pimientos en una bolsa.
	la lata	die Dose	▶ ¿Puedes ayudarme? Abre la lata de tomates, por favor.
	la caja	die Schachtel	**F** caisse
	la galleta	der Keks	**F** galette
	el atún	der Thunfisch	**E** tuna **F** thon
	la mantequilla	die Butter	▶ ¿Me pasas la mantequilla, por favor?
E 13	**la nevera**	der Kühlschrank	
E 14	**el/la intelectual; intelectual** *adj.*	der/die Intellektuelle; intellektuell	
	el/la yupi (yuppie)	der/die Yuppie	
	el/la millonario/a	der/die Millionär/in	
Paso 3	**el buzón**	der Briefkasten	
E 1	**el metro**	die U-Bahn, Metro	**E** metropolitan **F** métro
	la cabina de teléfonos	die Telefonzelle	**F** cabine téléphonique
	la oficina de correos; los Correos	das Postamt; die Post	[**F** courrier] ▶ ¿Para ir a Correos, por favor?
	la avenida	die Allee, der Boulevard	**E/F** avenue
	la esquina	die Ecke	▶ ¿Hay una cabina de teléfonos por aquí cerca? – Sí, sí, en la esquina.
	la parada	die Haltestelle	
	el autobús	der Bus	
E 2	**el (medio de) transporte**	das Verkehrs-/Transportmittel	**F** moyen de transport
	bajo *prep.*; **bajo, -a** *adj.*	unter; klein (Körpergröße); tief(liegend)	**F** bas *(prep.) sin.* debajo de *ant.* encima de; *(adj.) sin.* pequeño, -a *ant.* alto, -a ▶ Mi hermano es más bajo que yo.
	ancho, -a	breit, weit	▶ Chile es un país largo, pero no es ancho.
	amarillo	gelb	
E 3	**los vaqueros**	die Jeans	*FAM.* vaca
	la camisa	das Hemd	**F** chemise
E 4	**perdido, -a** *adj.*/ < *p.p.* < **perder (-ie-)**	verloren; verlieren; vergeuden; zerstören; ruinieren	**L** perdere **F** perdu, perdre ▶ Pierdes mucho tiempo.
	girar (a)	abbiegen (nach)	*ant.* seguir (todo) recto ▶ Para llegar a la Plaza Mayor tenéis que girar en la primera calle a la izquierda.
	a la derecha	rechts	**F** droite ▶ A la derecha de la parada hay una tienda de muebles italianos.

	a la izquierda	links	▶ Ese edificio a la izquierda es el museo de la ciudad.
	seguir	weitergehen	**L** sequi **F** suivre
	recto, -a *adj.*	geradeaus	**L** rectus ▶ Sigues todo recto.
	cruzar	überqueren; kreuzen	[**E** to cruise] **F** croiser *sin.* atravesar ▶ Para tomar el autobús tienes que cruzar la calle.
	de paseo	beim Spaziergang	
	el plano (de la ciudad)	der Stadtplan	**F** plan de la ville
E 5	**beber**	trinken	**L** bibere **F** boire ▶ Nunca bebe alcohol.
	cocinar	kochen	▶ Me gusta mucho cocinar cuando tengo tiempo.
E 6	**la entrada** *p.p.* < **entrar**	die Eintrittskarte; der Eingang	[**L** intratus < intrare] **E** entry **F** entrée ▶ Tenemos que comprar todavía las entradas para esta noche.
	la dirección	die Richtung; die Adresse	**E/F** direction *sin.* el camino *(Richtung)*, el domicilio *(Adresse)* ▶ ¿Tienes la dirección de Luis? Quiero enviarle una postal desde Madrid.
E 7	**la ampolla**	die Blase	**F** ampoule ▶ Estos zapatos son muy elegantes pero tengo ampollas en los pies.
	llevar	tragen *(auch Kleidung)*; bringen; führen	**F** lever ▶ ¿Qué llevas en la mochila? – Libros y diccionarios.
	la tirita	das Heftpflaster	
	esperar	warten	**L** sperare **F** espérer ▶ Tenéis que esperar un momento. Estoy hablando con María.
	la picadura	(Insekten-)Stich	[**E** pique, piquant] **F** piqûre
	la quemadura	die Brandwunde, Verbrennung	la quemadura de sol
	la tos	der Husten	**F** toux ▶ No puedo ir al colegio, tengo mucha tos.
	la fiebre	das Fieber	**E** fever **F** fièvre ▶ ¿Tiene fiebre tu hijo?
	la pomada	die Salbe	**E** pomade **F** pommade ▶ Vamos a ponerle una pomada especial sobre la quemadura.
	la pastilla	die Tablette	**E/F** pastille
	el jarabe	der Sirup	
	el problema	das Problem	▶ Piensa siempre en sus problemas.
	el rol	die Rolle (auch Theater, Film)	**E** role **F** rôle *sin.* el papel ▶ A mi hermana le encantan los juegos de roles.
	el/la empleado/a < *adj./p.p.* < **emplear**	der/die Angestellte	**E** employee **F** employé, e
	el cuerpo	der Körper	
	la garganta	die Kehle, der Rachen, *laienhaft* Hals	
E 8	**el consultorio**	die *(Arzt-)*Praxis; die Sprechstunde	▶ ¿Sabes cuál es la dirección del consultorio del Doctor Mendía? – Sí, calle Ramón y Cajal 54.

	el/la paciente	der/die Patient/in	
E 9	**adelante**, *inf.* **adelantar**	*etwa:* Kommen Sie herein!; vorwärts	atrás ↔ adelante
	la temperatura	die Temperatur; das Fieber	*sin.* la fiebre ▶ Suben las temperaturas. No tienes temperatura, ¿no?
	el resfrío	die Erkältung	*FAM.* frío

Etapa 6

Paso 1

Texto	**el sombrero**	der Hut	▶ ¿Por qué llevas sombrero?
	la chaqueta	die Jacke, das Jackett	**E** jacket **F** jaquette ▶ Esta chaqueta te queda muy bien.
	la falda	der Rock	▶ ¿Qué tal me queda esta falda? – Te queda perfecta.
	el jersey	der Pullover	**E/F** jersey ▶ Busco un jersey. – ¿Y cómo lo quiere? – Todavía no sé. Estoy mirando.
	negro, -a *adj.*; **el negro**	schwarz; das Schwarz	**F** noir ▶ Me encanta tu camisa negra.
	marrón *adj.*; **el marrón**	(kastanien)braun; das (Kastanien-)Braun	**F** marron
	azul *adj.*; **el azul**	blau; das Blau	**F** azur/é ▶ Estoy buscando una falda como ésta en azul.
	rebajado, -a *adj.* (a)	heruntergesetzt, reduziert (auf)	*FAM.* bajo
	violeta *adj.*; **el violeta**	violett; das Violett	
	gris *adj.*; **el gris**	grau; das Grau	**F** gris
E 2	**el traje**	der Anzug	▶ Son demasiado largos los pantalones de este traje, ¿no?
E 4	el puesto	der (Markt-, Messe-)Stand	**E** post *sin.* la tienda (en un mercado)
	bonito, -a *adj.*	hübsch	▶ Sí, sí. Es una chaqueta muy bonita.
	el color	die Farbe	**E** color **F** couleur ▶ Este color no me gusta nada. No va con el color de mi pelo.
	exacto, -a *adj.*; **exactamente** *adv.*	genau, sorgfältig	**E** exact/ly **F** exact/ement *sin.* correcto, -a; correctamente ▶ Esto es exactamente lo que busco.
	lila *adj.*; **el lila**	lila, fliederfarben; das Lila	**E** lilac **F** lilas
	la manga	der Ärmel	**F** manche ▶ Prefiero aquella camisa verde de mangas largas.
	probarse (-ue-)	anprobieren	**L** probare [**E** proband] ▶ ¿Y si te pruebas un número más grande?
	ahí *adv.*	dort	**L** ad hic *an diesem Ort*
	la cortina	der Vorhang	▶ Tienes que abrir las cortinas.
	estrecho, -a *adj.*	eng, schmal, enganliegend	**E** strait **F** étroit *ant.* ancho, -a
	la talla	die (Konfektions-)Größe	**F** taille [**E** tailor] tamaño *(Körpergröße)* ↔ talla ▶ Esta falda es demasiado estrecha. ¿No tiene una talla más grande?
	mediano, -a *adj.*	mittlere, -r, -s; mittelmäßig	**E** median **F** médian ▶ Busco una camisa blanca de talla mediana.
	el algodón	die Baumwolle	▶ ¿Tiene también una camisa así de algodón? – Sí, aquí tiene.

E 8	**el amor**	die Liebe	**L** amor **F** amour
E 10	**frío, -a** *adj.*	gefühlskalt; *(Temperatur)* kalt	**E** frigid **F** froid *ant.* caliente ▶ Hoy es el día más frío del año.
	la bañera	die Badewanne	**F** baignoire
Paso 2			
Texto	**la duda**	der Zweifel	[**L** dubitare] **E** doubt **F** doute
	la melancolía	die Schwermut, Melancholie	
	la luz	das Licht	**L** lux, -cis
	el oro	das Gold	▶ Eso no se paga con todo el oro del mundo.
	la naturaleza	die Natur	
	dinámico, -a *adj.*	dynamisch, voll innerer Kraft	
	la sangre	das Blut	**L** sanguis, -inis **F** sang
	la pasión	die Leidenschaft, Passion	
	la fuerza	die Kraft, Stärke; die Macht	**E/F** force
	el fuego	das Feuer	**E** focus **F** feu ▶ Mi color preferido es el rojo, el color del fuego.
	agresivo, -a *adj.*	angriffslustig, aggressiv	
	el otoño	der Herbst	**E** autumn **F** automne ▶ En Europa el otoño empieza en septiembre y en América del Sur en marzo.
	realista *adj.*	realistisch	
	representar	verkörpern, darstellen	**E** to represent **F** représenter
	la introversión	die Introvertiertheit	
	la armonía	die Harmonie	
	la amistad	die Freundschaft	**L** amicitia **F** amitié
	el cielo	der Himmel	**L** caelum **F** ciel
	la paz	der Frieden	**L** pax, -cis **E** peace **F** paix
	la pureza	die Reinheit, Keuschheit	[**E** pure] [**F** pur] ▶ Me encanta la pureza del aire en las montañas.
	el silencio	die Ruhe, Stille	**E/F** silence
	el misterio	das Geheimnis; das Rätsel	**E** mystery **F** mystère
	la muerte	der Tod	**L** mors, -tis [**E** mortal] **F** mort
	adaptado, -a *adj.*; **adaptar (a)**	bearbeitet; anpassen an	**E** adapted; to adapt **F** adapté; adapter ▶ En clase de español leemos textos adaptados a nuestro vocabulario.
E 3	**viceversa** *adv.*	umgekehrt	**E/F** vice versa *sin.* al contrario ▶ Podemos traducir del español al alemán y viceversa.
	pacífico, -a *adj.*	friedlich, friedfertig	**E** pacific **F** pacifique
E 5	**el gusto**	der Geschmack	**F** goût con mucho gusto
	la salsa	Salsa (Tanz)	
	la sangría	die Sangría (Rotweinbowle); der Aderlass, Verlust	
	el tango	der Tango *(argentin. Volkstanz; europ. Gesellschaftstanz im langsamen $^2/_4$-Takt)*	
	recordar (-ue-) (algo a alg.; a alg. que)	(sich) erinnern an	**E** to record *aufzeichnen* *sin.* acordarse de *ant.* olvidar(se de) ▶ No puedo recordar su apellido.

	contrario, -a *adj.*	entgegengesetzt, gegenteilig	**E** contrary (to) **F** contraire (à)
	el contrario	das Gegenteil	al contrario
E 6	la moda	die Mode	la tienda de moda; estar de moda
	la corrida < *p.p.* < correr	der Stierkampf	[**L** currere]
	maravilloso, -a *adj.*	wunderschön, wunderbar	**E** marvellous **F** merveilleux, se *sin.* excelente, fantástico ▶ Hoy es un día maravilloso para mí, salgo de vacaciones.
E 9	**allá** *adv.*	dort, da; dorthin	más allá del texto *sin.* allí
	la arena	der Sand; die Stierkampfarena	**E** arena **F** arène/s ▶ Me gusta mucho caminar por la arena.
	casero, -a *adj.*	hausgemacht	*FAM.* casa
	regresar	zurückkehren	**E** to regress **F** régresser *sin.* volver
	la paloma	die Taube	▶ En la plaza siempre hay muchas palomas porque los turistas les dan comida.
	el conejo	das Kaninchen	
	la libertad	die Freiheit	**L** libertas, -atis **E** liberty **F** liberté
	el trigal	das Weizenfeld	
	la estrella	der Stern	**F** étoile ▶ La noche está muy clara y se ven muchas estrellas.
	llorar	weinen, heulen	**F** pleurer
	el porvenir	die Zukunft	
	la identidad	die Identität	
	el cigarro	die Zigarre	**E** cigar **F** cigare *FAM.* cigarillo
	saltar (a/c)	springen (über)	**F** sauter, assaut ▶ Cuando mi hija está contenta siempre empieza a saltar.
	la ventana	das Fenster	▶ Esta ventana no cierra bien.
	el pastor	der Hirte, Schäfer; der Pfarrer	**F** pasteur
	mojar	nass machen, befeuchten	**F** mouiller
	tirar	ziehen	**F** tirer
	perseguir (-i-)	verfolgen	**L** persequi **E** to persecute **F** persécuter
	la maravilla	das Wunder	[**E** to marvel] **F** merveille *FAM.* maravilloso ▶ Este libro es una maravilla.
	la patria	die Heimat, das Vaterland	**L** patria **F** patrie
	el ave, las aves	der Vogel	*sin.* el pájaro ▶ En mi país hay una gran variedad de aves.
	el instrumento	das (Musik-)Instrument; das Werkzeug	▶ ¿Sabes tocar un instrumento?
	la cuerda	die Saite	**E** cord **F** la corde ▶ La guitarra española tiene seis cuerdas.
	el cuadro	das Bild, Gemälde	**F** cadre
	reír	lachen	**L** ridere **F** rire *FAM.* sonrisa
	la igualdad	die Gleichheit	**E** equality **F** égalité *FAM.* igual
	ecológico, -a *adj.*	ökologisch, umweltfreundlich	*FAM.* ecología
	el trigo	der Weizen	*FAM.* trigal ▶ Argentina es un país que exporta mucho trigo.

Paso 3	**por fin** *adv.*	endlich	
Texto	**el jardín**	der Garten	**F** jardin
	el techo	das Dach	**F** toit *sin.* el tejado ▶ La casa es muy antigua y tiene techos muy altos.
	la chimenea	der Kamin	**E** chimney **F** cheminée
	el desván	der Dachboden	
	el piso	das Stockwerk; die Wohnung	▶ El piso que queremos comprar es demasiado caro.
	la planta baja	das Erdgeschoss	
	el sótano	das Untergeschoss, der Keller	[**E** subterranean] [**F** souterrain] *ant.* el ático ▶ Usamos el sótano para poner las cosas que no necesitamos.
	el balcón	der Balkon	
	el garaje	die Garage	**E/F** garage plaza de garaje: *Garagenstellplatz*
	la escalera	die Treppe	**F** escalier ▶ No quiero una casa con escaleras.
	el/los escalón/ones	die Stufe(n)	
E 2	la inmobiliaria	die Immobilienfirma	[**F** immobilier, ère *adj.*].
	vacío, -a *adj.*	leer	*ant.* lleno, -a ▶ Tenemos el sótano vacío, si quieres puedes poner tus muebles allí.
	el dormitorio	das Schlafzimmer	**E** dormitory *FAM.* dormir
	el salón	das Wohnzimmer	
	el comedor	das Esszimmer	*FAM.* comer
	el (cuarto de) baño	das Badezimmer	**F** salle de bains *FAM.* bañera ▶ Buscamos una casa con dos baños.
	la cocina	die Küche	**E** kitchen **F** cuisine
	el trastero	die Abstellkammer	
	pleno, -a *adj.*	voll; voll und ganz; *hier:* mitten im	**L** plenus **F** plein, -e *FAM.* lleno en pleno día = *am hellichten Tag*
	el ático	das Penthouse	**E** attic *sin.* el desván *ant.* el sótano ▶ Mi hermana vive en un ático pequeño pero con vistas al mar. Es precioso.
	urgente *adj.*	dringend, eilig	**E/F** urgent venta urgente
	la oportunidad	die (günstige) Gelegenheit, das Sonderangebot; die Chance	**E** opportunity **F** opportunité *sin.* la ocasión ▶ Es una oportunidad única para viajar y aprender la lengua.
	excelente *adj.*	exzellent, hervorragend; *hier:* herrlich	**E/F** excellent *ant.* pésimo ▶ Olivia tiene notas excelentes, por eso sus padres están muy contentos.
	soleado, -a *adj.*/ < *p.p.* < solear	sonnig	**F** ensoleillé *FAM.* sol
	amplio, -a *adj.*	groß, geräumig	**L** amplus **E/F** ample *ant.* estrecho, -a
	la categoría	die Kategorie; die Qualität	*sin.* el nivel ▶ Pepe vive en un edificio antiguo pero de categoría. (de categoría – *der gehobenen/Luxusklasse)*
E 3	**la desventaja**	der Nachteil	*ant.* la ventaja
E 5	**aparcar**	parken	▶ ¿Dónde vas a aparcar el coche? – Al lado del museo.

	cortar	mähen, schneiden	▶ En verano mis hijos ganan un poco de dinero cortando el césped de los vecinos.
	el césped	der Rasen	▶ Este césped parece una alfombra.
	regar	sprengen, gießen, bewässern	**E** to irrigate **F** irriguer
	la comida	das Essen, die Mahlzeit	*FAM.* comer, comedor ▶ Tienes que lavarte las manos antes de la comida.
	ducharse	duschen	**F** se doucher
	el diente	der Zahn	**F** dent ▶ Me lavo los dientes y vamos.
	peinarse	sich kämmen	**F** se peigner
	la terraza	die (Dach-)Terrasse, der Balkon	*sin.* el balcón
	el lavadero	die Waschküche	
	el producto de limpieza	das Putz-/Reinigungsmittel	[**F** produit d'entretien]
E 6	**la alfombra**	der Teppich	
	la cama	das Bett	▶ Cuando estoy en la cama me duermo en seguida.
	el colchón	die Matratze	
	el espejo	der Spiegel	▶ El espejo y la lámpara son muy antiguos.
	la estantería	das Regal	la estantería de libros *FAM.* estar
	la lámpara	die Lampe, Leuchte	
	la lavadora	die Waschmaschine	
	la radio	das Radio(gerät)	
	el sofá	das Sofa	
	el televisor	das Fernsehgerät, der Fernseher	
E 9	**la madera**	das Holz	▶ A mi marido le gusta trabajar con madera y hace muchos muebles de la casa.
	el metal	das Metall	
	el cristal	das Glas; die Fensterscheibe	**F** cristal ▶ Las puertas de cristal son peligrosas para los niños.

Etapa 7

Paso 1 *Texto*	**la pintura**	das Gemälde, Bild; die Farbe	**E** picture **F** peinture *FAM.* pintor *sin.* el cuadro ▶ Las pinturas de Dalí son famosas en todo el mundo.
	la delicia	die Wonne, das Entzücken	[**E** delicious] **F** délices *sin.* el placer ▶ Esta comida es una delicia.
	hacia *prep.*	nach, gen, gegen	▶ No conozco bien el camino. ¿Y si vamos hacia el norte?
	el albergue juvenil	die Jugendherberge	**F** auberge de jeunesse ▶ No tiene mucho dinero. Por eso pasó la noche en el albergue juvenil.
	distinto, -a *adj.*	verschieden	**E/F** distinct *sin.* diferente *ant.* igual ▶ En cada región hay distintos dialectos.
	llover	regnen	▶ Llueve sin parar.
	estupendo, -a *adj.*	toll, großartig, herrlich	**E** stupendous *sin.* maravilloso, fantástico, excelente *ant.* pésimo ▶ En las Islas Canarias hay un clima estupendo.

	loco, -a *adj.*	verrückt	▶ ¿Estáis locas? No podemos irnos de vacaciones este año con estos precios.
	tener ganas de	Lust haben zu	▶ Tengo ganas de ir al Perú contigo. ¿Qué te parece?
	disfrutar (de)	(etwas) genießen	▶ Disfrutamos del tiempo libre.
	el abrazo	die Umarmung	▶ Un abrazo *(Briefschluss)*
E 3	**ayer** *adv.*	gestern	**F** hier *ant.* hoy, mañana ▶ Ayer visitamos el Museo del Prado.
E 4	**diario, -a; el diario**	täglich; das Tagebuch; die (Tages-)Zeitung	**E** diary ▶ A mí no me gusta escribir diarios de viaje.
	el alojamiento	die Unterkunft, das Quartier	**E** lodgement **F** logement ▶ A estas horas no se encuentra alojamiento.
	elegir	aussuchen, wählen	**E** to elect **F** élir ▶ Me gustan las dos postales, no sé cuál elegir.
E 5	**la distancia**	die Entfernung, Distanz	**E/F** distance ▶ ¿Qué distancia hay entre Madrid y Barcelona?
E 6	**el avión**	das Flugzeug	**F** avion ▶ El avión es más rápido pero prefiero viajar en tren.
	anteayer	vorgestern	**F** avant-hier ▶ ¿Cuándo regresan tus padres? Ya están en Múnich. Llegaron anteayer por la noche.

Paso 2	**¿Qué tiempo hace?**	Wie ist das Wetter?	
Texto	**el invierno**	der Winter	**F** hiver ▶ En las vacaciones de invierno vamos a esquiar.
	el hemisferio	die Hemisphäre, Erdhalbkugel	el hermisferio norte ↔ el hemisferio sur
	la fecha	das Datum, der Termin	▶ ¿Qué fecha es hoy? Es el cinco de marzo.
	el trópico	der Wendekreis	**E** tropic **F** tropique
	seco, -a *adj.*	trocken	**F** sec ▶ Los países del Mediterráneo tienen un clima seco.
	lluvioso, -a *adj.*	regnerisch, regenreich	**F** pluvieux *FAM.* llover; *ant.* seco, -a
	la altura	die Höhe	*FAM.* alto ▶ ¡Qué impresionante! La altura de ese monumento debe de ser de unos cincuenta metros.
	fresco, -a *adj.*	frisch, kühl	
	el calor	die Hitze	**F** chaleur ▶ ¿Puedes abrir la ventana? Tengo mucho calor.
	la suerte	das Glück; das Schicksal, Los; der Zufall	**L** sors, -tis **E/F** sort ▶ ¡Mucha suerte!
	precioso, -a *adj.*	wunderschön, entzückend	**E** precious **F** précieux *FAM.* precio *sin.* hermoso, -a *ant.* horrible ▶ Hace un tiempo precioso. ¿Vamos a la playa?
	el árbol	der Baum	**L** arbor, -oris **F** arbre ▶ ¿Cuáles son los árboles típicos de esta zona?
	el fenómeno	das Erscheinungsbild, Phänomen	▶ Las cataratas de Iguazú son un fenómeno natural muy impresionante. Las visité el mes pasado.

	el cambio	der Wechsel, Wandel; die Änderung	▶ El cambio del clima es un problema para el planeta.
	el planeta	der Planet, *hier:* die Erde	*sin.* la tierra
	calentar	erwärmen, aufwärmen	▶ Voy a calentar mi café, está frío.
	traer, traigo	(her-, mit-)bringen	**L** trahere *ziehen, schleppen* **F** traîner ▶ ¿Qué les traigo?¿Nos trae la cuenta?
	la consecuencia	die Folge	**E** consequence **F** conséquence ▶ A decir verdad ... yo no puedo imaginarme las consecuencias del cambio del clima.
	el medio ambiente	die Umwelt	▶ ¿Cómo proteger nuestro medio ambiente?
E 1	**el viento**	der Wind	**L** ventus **E/F** vent ▶ ¿Qué te pones con este viento?
	la niebla	der Nebel	▶ No me gusta conducir con esta niebla.
	despejado, -a *adj./* < *p.p.* < despejar	*(Wetter)* blau, wolkenlos, heiter	
	espectacular *adj.*	sensationell, spektakulär, aufsehenerregend	▶ Son espectaculares las fotos que nos enseñó tu padre.
	el hielo	das (Natur-, Glatt-)Eis; Eis(würfel)	**F** gel helado ↔ hielo cp. pág. 211 ▶ Hoy no puedes ir en bicicleta al colegio, hay hielo en las calles.
	nacer (-zc-); **nacido, -a** *adj.*	sprießen *(Pflanzen)* ; geboren werden; geboren	**L** nascere **F** naître ▶ ¿Cuándo naciste? – Nací el 2 de febrero de 1982.
	la nieve	der Schnee	**F** neige *FAM.* nevada ▶ En muchos países hay gente que no conoce la nieve.
	la lluvia	der Regen	**F** pluie *FAM.* llover ▶ El partido no se juega por la lluvia.
	la tormenta	der Sturm	**F** tourmente *(lit.)*
	tronar (-ue-)	donnern	▶ Está tronando, va a venir una tormenta.
E 3	**la fuente**	der Brunnen; die Quelle *(auch Informations-)*	**L** fons, -tis **E** fountain **F** fontaine agua de la fuente
	nevar (-ie-)	schneien	*FAM.* nevada, nieve ▶ La semana pasada nevó mucho. ¿Qué te parece un fin de semana en las montañas?
	nublado, -a *adj./* < *p.p.* < nublar	bewölkt	▶ Está nublado hoy. En lugar de irme a la playa voy a visitar un museo.
	máximo, -a *adj., sup.* de grande	Höchst-, Maximal-	
E 4	la previsión	die Vorhersage	**E** prevision **F** prévision ▶ A las ocho quiero escuchar la previsión del tiempo para mañana.
E 5	**según** *prep.*	nach (Ansicht von), laut, gemäß	**L** secundum
	exagerar	übertreiben, zu weit gehen	**E** to exaggerate **F** exagérer ▶ Según mi familia mi primo exagera siempre. Lleva chaqueta también en la playa.

	la experiencia	die Erfahrung	**E** experience **F** expérience *sin.* la práctica ▶ Tiene mucha experiencia como profesor, por eso sus clases son tan interesantes.
E 6	el anexo	der Anhang	**E** annex **F** annexe
Paso 3 *Texto*	rural *adj.*	ländlich	▶ El turismo rural es un fenómeno relacionado con el movimiento ecológico de los años ochenta y noventa del siglo pasado.
	la masa	die große Anzahl; die Masse	▶ El turismo de masas comenzó en los años sesenta del siglo XX.
	ofrecer (-zc-)	(an)bieten	**L** offerre **E** to offer **F** offrir
E 2	**referirse (a)**	sich beziehen (auf)	**L** referre *zurückbringen* **E** to refer to **F** se référer à
	el destino	der Zielort, Bestimmungsort	**E/F** destination *sin.* la dirección ▶ Los pasajeros con destino a Madrid tienen que presentarse en la puerta número 3.
	(estar) situado, -a	liegen	**E** (to be) situated **F** (être) situé, e
	comenzar (-ie-)	anfangen, beginnen	**E** to commence **F** commencer
	a principios de	zu Beginn, zu Anfang	
	la construcción	der Bau; das Gebäude	**E/F** construction
	la capacidad	*hier:* die Bettenkapazität; die Fähigkeit; die Leistungsfähigkeit, die Aufnahmekapazität	**E** capacity **F** capacité
	auténtico, -a *adj.*	echt, wahr	**E** authentic **F** authentique
	el corazón	das Herz, der Mittelpunkt	**L** cor, -dis [**E** cordial] **F** cœur
	el congreso	der Kongress, die Fachtagung	
	la exposición	die Ausstellung	**E/F** exposition ▶ Estuvimos en una exposición de arte moderno.
	unos/as *pron. indef.*	einige, manche	*sin.* algunos, -as
	la sierra	die Gebirgskette	**E** sierra *sin.* las montañas ▶ Mis tíos tienen una casita en la sierra.
	proteger	schützen	**E** to protect **F** protéger
	crear	schaffen	**E** to create **F** créer
	el pescaíto frito	verschiedene in Öl gebratene Fische	
	ir de bares	einen Kneipenbummel machen	
	divertirse	sich vergnügen, sich amüsieren	**F** se divertir *ant.* aburrirse ▶ Me divertí muchísimo en la fiesta de Ramiro.
	el amanecer	das Morgengrauen, der Tagesanbruch	*sin.* el alba *ant.* el atardecer ▶ Nos encanta ver el amanecer en la sierra.
E 4	**positivo, -a** *adj.*	positiv	
	negativo, -a	negativ	
	la creación	die Schaffung	**E/F** creation
	el contacto	die Berührung, der Kontakt	
	añadir	hinzufügen	**L** addere *ant.* quitar ▶ Hay que añadir un poco de aceite de oliva.

E 6	**el debate**	die Debatte	
	frente a *prep.*	angesichts, gegenüber, vor	[**L** frons, -tis] [**E/F** front]
	causar	hervorrufen, verursachen	**E** to cause **F** causer ▶ El turismo masivo causa problemas.
	convencional *adj.*	herkömmlich, konventionell	
E 8	**algún, alguno, -a** *adj. indef.*	(irgend)jemand, -einer; irgendwelche	[**L** aliquis + unus]
	algunos, -as, *pron. indef.*	einige, manche	
	ningún, ninguno, -a *pron. indef.*	keiner, niemand	**L** nec unus
	concentrarse	sich konzentrieren	
E 9	**el folleto**	die Broschüre	
E 10	**el proyecto**	das Projekt, der Plan, das Vorhaben	
	organizar	organisieren	

Paso 4

E 2	**la gasolina**	das Benzin	**E** gasoline **F** gazole, gas-oil
	la nafta	das Erdöl; (LA) das Benzin	*sin.* la gasolina ▶ ¿Cuánto cuesta el litro de nafta en tu país?
	la plata	das Silber; (LA) das Geld	[**E** plate]
	la mamá	die Mama; (LA) die Mutter	
	la tienda de campaña	das Zelt	**E** tent **F** tente
	la carpa	(LA) das Zelt	
	el colectivo	(LA) der Bus	
	la estampilla	(LA) die Briefmarke	**F** estampille *Stempel*
	la papa	(LA) die Kartoffel	papá ↔ papa
E 3	exótico, -a *adj.*	exotisch, fremdländisch	
	el senderismo	das Wandern	
	histórico, -a *adj.*	historisch	
	cultural *adj.*	Kultur-, kulturell	
	descansar	sich ausruhen, sich erholen	
E 8	**el personaje**	die Person; die Persönlichkeit; *(theat.)* die Figur, Gestalt	**F** personnage *sin.* la personalidad *FAM.* persona
	el tuno	Musiker in einer Studentenkapelle (tuna)	
	el oso	der Bär	**F** ours ▶ A los niños les encanta mirar a los osos en el zoo.
	el músico	der Musiker	
	callejero, -a *adj.*	Straßen-	*FAM.* calle
E 9	**la acción**	die Tätigkeit; die Handlung	**L** actio, -onis **E/F** action
	la mímica	die Mimik, das Mienenspiel, Gebärdenspiel	
	los demás *adj. indef.*	die übrigen, die anderen	

Etapa 8

Paso 1 Texto

el curso	der Kurs	**L** cursus **E** course **F** cours ▶ El año pasado un chico de mi clase hizo un curso de español en una escuela de idiomas en Salamanca.
el/la guía; la guía	der/die (Reise-)Führer/in; der (Stadt-)Führer *(in Buchform)*	▶ No conozco bien la ciudad. Tenemos que comprar una guía. Hace siete años mi padre trabajó de guía.
la enciclopedia	die Enzyklopädie, das Lexikon	▶ Consulta en la enciclopedia desde cuándo Madrid es la capital de España.
el resumen	die Zusammenfassung, das Resümee	[**E** to resume] **F** resumé ▶ ¿Puedes hacer un resumen de la situación?
el aspecto	das Aussehen, der Anblick	**F** aspect ▶ Tienes un aspecto muy cansado.
la muralla	die (Stadt-)Mauer	**F** muraille ▶ Todavía quedan partes de la muralla antigua.
alrededor (de) *adv.*	um ... herum, ringsum	▶ Vamos a hacer un viaje alrededor del mundo.
comercial *adj.*	Handels-	**E/F** commercial *FAM.* comercio ▶ El centro comercial está a unos cincuenta metros de aquí.
el kilómetro	der Kilometer	▶ Este Mercedes va a 240 kilómetros por hora.
el/la pescador/a	der/die Fischer/in	**F** pêcheur *FAM.* pescado ▶ Tenemos una casa en un pequeño pueblo de pescadores al norte de España.
la pesca	der Fischfang	**F** pêche
realizar	ausführen, durchführen	**E** to realize **F** réaliser
la época	die Epoche, der Zeitraum	*sin.* el tiempo ▶ la época de lluvias
el Imperio Romano; el imperio	das Römische Weltreich, das Römische Imperium; das Imperium, (Kaiser-)Reich	**E** the Roman Empire **F** l'Empire romain
el templo	der Tempel	
el/la dios/a; Dios	der Gott/die Göttin; Gott	**L** Deus **F** dieu/déesse Dios = *(der alleinige, einzige) Gott* *sin.* Señor, Creador ▶ Zeus es el padre de los dioses griegos. Creo en Dios.
debajo de *prep.*	unter, unterhalb von	▶ ¿Dónde están las maletas? – Debajo de la cama.
la administración	die Verwaltung	**E/F** administration
la provincia	die Provinz	*FAM.* provincial ▶ ¿Cuántas provincias hay en España? – 50.
el circo	der Zirkus; die (römische) Rennbahn	
el/la espectador/a	der/die Betrachter/in; der/die Zuschauer/in	**E** spectator **F** spectateur *sin.* el público ▶ Los espectadores se divierten mucho con la película.
el espectáculo	das Schauspiel, Spektakel	**E/F** spectacle *FAM.* espectador

	el anfiteatro	das Amphitheater	**E** amphitheatre **F** amphithéâtre ▶ Si vas a Tarragona tienes que visitar el anfiteatro romano.
	luchar (por)	kämpfen (für)	
	el gladiador	der Gladiator	
	el/la arqueólogo/a	der/die Archäologe/-in	un equipo de arqueólogos
	pensar (-ie-)	glauben, denken	[**E** pensive] **F** penser ▶ Pienso que no tienes razón.
	Cristo	Christus	
	el/la artesano/a	der/die Handwerker/in	**E/F** artisan
	el/la comerciante < comerciar	der/die Händler/in	[**E** commerce] **F** commerçant/e
	la antigüedad	das Altertum, die Antike	**E** antiquity **F** Antiquité ▶ En la antigüedad había luchas de gladiadores en los anfiteatros.
	el emperador	der Imperator, Kaiser	**L** imperator, -oris **E** emperor **F** empereur
E 2	la autopista	die Autobahn	
	el tráfico	der Verkehr; der Handel	**E** traffic **F** trafic *sin.* el comercio
	europeo, -a *adj.*; **el/la europeo/a**	europäisch; der/die Europäer/in	
	la carretera	die (Land-, Schnell-)Straße	*sin.* la autovía, la autopista ▶ Para llegar a Santiago tienes que tomar la carretera que va a La Coruña.
	el camión	der LKW, Laster, Lastwagen	**F** camion
	la parte	der Teil	**L** pars, -tis **E/F** part
	descubrir	erfinden; entdecken, enthüllen, herausfinden	**E** to discover **F** découvrir
E 3	**la Península Ibérica; la península**	die Iberische Halbinsel; die Halbinsel	**E** peninsula **F** péninsule ▶ España y Portugal forman la Península Ibérica.
	el carro	das Fuhrwerk, die Karre	**E** chariot **F** char
	la bebida < *adj.*/ < *p.p.* < **beber**	das Getränk	[**L** bibere] *FAM.* beber
	agradable *adj.*	angenehm; (Person) nett, sympathisch	▶ Tu madre es muy agradable.
	la movida (col.) < *adj.*/ < *p.p.* < **mover**	die (kulturelle, etc.) Szene; der Bereich, in dem sich etwas abspielt	
E 4	**la Comunidad Autónoma**	die autonome Region *(entspricht in etwa dem Bundesland)*	*sin.* la región ▶ ¿Cuál es la Comunidad Autónoma más grande de España? – Castilla y León. En España hay 17 Comunidades Autónomas.
	el noreste o nordeste	der Nordosten	¡Ojo! noroeste (NW) ≠ noreste (NE)
	continúa, *inf.* continuar	mach weiter!; weitermachen	[**E** to continue] **F** continuer *sin.* seguir ▶ La calle continúa hasta el puerto.
	la vía	*hier:* der Weg	**L** via **E** via *(prep.)* **F** voie, via *(prep.)* vía de medios de transporte = *Transportweg*; *sin.* el camino

Paso 2 Texto	el naranjo	der Orangenbaum	*FAM.* naranja ▶ El naranjo es el árbol que da la naranja.
	el/la agricultor/a	der/die Bauer/Bäuerin	[**E** agriculture] **F** agriculteur, trice *sin.* el/la campesino/a ▶ El gobierno ayuda a los jóvenes agricultores.
	cultivar	anbauen, anpflanzen	**E** to cultivate **F** cultiver
	la almendra	die Mandel	**E** almond **F** amande
	la uva	die Traube	[**F** uval]
	la panadería	die Bäckerei	▶ Una tienda en que se vende pan se llama panadería.
	la peluquería	der Friseursalon	*sin.* salón de peluquería *FAM.* pelo
	la carnicería	die Metzgerei, Fleischerei	▶ En la carnicería enfrente de nuestra casa venden solamente carne de pollo, de vaca y de cerdo.
E 1	**contento, -a** *adj.* **(con)** (estar)	zufrieden (mit)	**L** contentus [*adj.* /*p.p.* < continere] **E/F** content ▶ No ganaba mucho, pero estaba contenta con lo que tenía.
	desde hace *prep.*	seit (+ Zeitraum)	desde ↔ desde hace, desde que ▶ Vivimos en este barrio desde hace cinco años.
	además *adv.*	außerdem, ferner	*sin.* también
	regularmente *adv.*	regelmäßig, in regelmäßigen Abständen	[**E** regular] **F** régulièrement ▶ Mi novia juega regularmente al tenis.
	la maestra	die Lehrerin	
	lamentablemente *adv.*	bedauerlicherweise, leider	[**E** lamentable] **F** lamentablement
	cuando *conj.*	(jedesmal) wenn; als; sobald *(subj.)*	**L** quando **F** quand; de vez en cuando si *(falls)* ↔ cuando; ¿cuándo? ↔ cuando
	la granja	der Bauernhof; die (Hühner-)Farm	**E/F** grange *sin.* la finca ▶ Ahora que ya no trabaja vive en una granja y cultiva frutas y legumbres.
	Marruecos	Marokko	(→ Países extraeuropeos, pág. 223/224)
	al principio *adv.*	anfangs, am Anfang	[**F** principe] *ant.* al final
E 3	fijarse en	achtgeben auf	
	la diferencia	der Unterschied	**E** difference **F** différence
	tratar de + *inf.*	versuchen (etw. zu tun)	
Paso 3 Texto	**el/la vecino/a**	der/die Nachbar/in	[**E** vicinage] **F** voisin ▶ A veces hay problemas entre los vecinos.
	el helado < *adj.*/< *p.p.* < helar	das (Speise-)Eis	[**E** gelation, gelid] **F** geler *FAM.* hielo cp. pág. 206
	el tabaco	der Tabak	
	frecuentemente *adv.*	häufig	*sin.* a menudo, con frecuencia
	rock *adj.*; el rock	Rock; die Rockmusik	la música rock
	ensayar	proben, üben	[**E** essay] **F** essayer ▶ Nuestro grupo de música ensaya todos los sábados.
	el baile	der Tanz	
	latinoamericano, -a *adj.*	lateinamerikanisch	
	por supuesto *adv.*	selbstverständlich, natürlich	▶ ¿Me trae una cerveza? – Por supuesto.
	la barra	die Theke, der Tresen	

horrible *adj.*	schrecklich	**E/F** horrible *ant.* estupendo ▶ Hace un tiempo horrible, prefiero quedarme en casa.
aprovechar	von Nutzen sein, gut bekommen; ausnutzen	▶ ¡Que aproveche! = *Guten Appetit!*
acabar de + *inf.*	soeben etwas getan haben	▶ Acaban de llegar tus hermanos.
anunciar	bekanntgeben, verkünden; vorhersagen	**E** to announce **F** annoncer ▶ Anunciaron mal tiempo para el fin de semana.
caliente *adj.*	warm, heiß	*ant.* frío, -a ▶ Me gusta tomar el café muy caliente.
la ducha	die Dusche	▶ ¿Cómo? ¿Tú prefieres la ducha a la bañera?
funcionar	funktionieren	
el fontanero	der Installateur, Klempner	
el/la marroquí; marroquí *adj.*	der/die Marokkaner/in; marokkanisch	▶ Es de Marruecos; es marroquí.
arreglar	(Zimmer) aufräumen; in Ordnung bringen; reparieren	
seguramente *adv.*	mit Sicherheit, sicherlich	[**E** sure] **F** sûrement ▶ Seguramente Silvia va a llegar más tarde porque tiene que trabajar.
la electricidad	die Elektrizität, der Strom	
de maravilla	wunderbar	
el hambre	der Hunger	**L** fames, -is [**E** famine] **F** faim ▶ Por la mañana me levanto con mucha hambre.
la merluza	der Seehecht	merluza a la romana = *frittierte Seehechtfilets im Backteigmantel*
la crema catalana	Cremespeise mit Karamellkruste	
el postre	die Nachspeise	▶ Como postre tenemos flan o fruta.
lugareño, -a *adj.*; el/la lugareño/a	dörflich, kleinstädtisch; der/die Dorfbewohner/in	*FAM.* lugar
desgraciadamente *adv.*	unglücklicherweise, leider	[**F** disgracieusement]
nadie *pron. indef.*	niemand	*ant.* alguno
ocuparse de	sich kümmern um, sich beschäftigen mit	**L** occupare **F** s'occuper
quedarse (con)	bleiben (bei)	▶ Nos quedamos con nuestros amigos.
el/la suegro/a	der/die Schwiegervater/-mutter	▶ Mi suegra vive en una granja al sur de Málaga.
enfermo, -a *adj.*	krank	**E** infirm **F** infirme *(versehrt, gebrechlich, altersschwach)*
la pena	die Trauer; die Traurigkeit	**L** poena **E** pain **F** peine ¡Qué pena! = *Schade!*
el windsurf	das Windsurfen	
pasear	spazieren gehen; spazieren führen	*sin.* dar un paseo ▶ Paseó dos horas por el centro de la ciudad.
E 3 **la cuestión**	die Frage	**E/F** question *sin.* la pregunta *ant.* la respuesta

	la perspectiva	die Perspektive, der Anblick	▶ Es cuestión de perspectiva. *(Das ist Ansichtssache.)*
	el argumento	das Argument; *(theat.)* die Handlung, das Thema	**E/F** argument
E 4	la expresión	der Ausdruck	**E/F** expression
	la cara	die Miene; das Gesicht	
	triste *adj.*	traurig, betrübt, bekümmert	**L** tristis [**E** tristesse] **F** triste
	estresado, -a *adj.*/ < *p.p.* < estresar	gestresst	**E** stressed **F** stressé, e
	curioso, -a *adj.*	neugierig; kurios	**E** curious **F** curieux, se
	relajado, -a *adj.*/ < *p.p.* < relajar	entspannt, relaxed	**E** relaxed **F** relâché, e
	fastidiado, -a *adj.*/ < *p.p.* < fastidiar	gelangweilt, angeödet	*ant.* contento, -a ▶ Estoy bastante fastidiado con este dolor de cabeza.
	optimista *adj.*	optimistisch	
	comprensivo, -a *adj.*/	verständnisvoll	**F** compréhensif
	frustrado, -a *adj.*/ < *p.p.* < frustrar	frustriert	
	interesado, -a *adj.*	interessiert	
	horrorizado, -a *adj.*/ < *p.p.* < horrorizar	entsetzt	▶ Mi abuela está horrorizada con la moda actual.
	el humor	der Humor, die Laune	**E** humour **F** humeur
	agotado, -a *adj.*/ < *p.p.* < agotar	erschöpft, abgespannt	
	sorprendido, -a *adj.*/ < *p.p.* < sorprender	überrascht	**E** surprised **F** surpris ▶ ¿Por qué estás tan sorprendida? ¿No lo sabías ya?
	la sed	der Durst	**F** soif ▶ ¿Tienes sed? ¿Qué quieres beber?
Paso 4	**mudarse**	umziehen	[**L** mutare]
Texto	**bienvenido, -a** *adj.*	willkommen	**F** bienvenu(e), s
	el lío	das Durcheinander	
	la azotea	die Dachterrasse	
	la planta	die Pflanze	**E** plant **F** plante ▶ Tenemos muchas plantas en la terraza, nos encantan.
	sentirse (-ie-)	sich fühlen	▶ No me siento bien. Voy a tomar una aspirina.
	estar harto *(de alg./una cosa)*	(einer Sache) überdrüssig sein, es satthaben	
	la empresa	die Firma, das Unternehmen, der Betrieb	[**E** enterprise] [**F** entreprise]
	el taxi	das Taxi	▶ Cuando hace mal tiempo tomo un taxi para ir a la empresa.
	la idea	der Gedanke, die Idee	▶ ¡Ni idea! *(Keine Ahnung!)*
	suficiente *adj.*	genügend, genug, ausreichend	**E** sufficient **F** suffisant *sin.* bastante *ant.* insuficiente, poco, -a ▶ Tenéis suficiente lugar en el piso nuevo. Es precioso.
	ni hablar	ganz zu schweigen von	

	gastar	(Geld) ausgeben, investieren	**E** to waste
E 3	gratis *adv.*	gratis, kostenlos	
	el/la alcalde/esa	der/die Bürgermeister/in	
	parar	anhalten, stoppen, Einhalt gebieten	**L** parare **F** parer
	migratorio, -a *adj.*	Wanderungs-,	**E** migratory **F** migratoire la sangría migratoria = *die Abwanderung* ▶ En primavera llegan muchas aves migratorias.
	sufrir	erleiden, erfahren, erleben	**E** to suffer **F** souffrir
	rural *adj.*	ländlich	
	apenas *adv.*	kaum, nicht einmal; knapp	**F** à peine
	instalarse	sich ansiedeln, sich niederlassen	**E** to instal(l) **F** s'installer
	el ayuntamiento	das Rathaus; der Gemeinderat, Stadtrat	
	el huerto	der Gemüsegarten	[**E/F** horticulture] *sin.* la huerta ▶ En nuestro huerto tenemos muchas verduras como tomates, pimientos, lechuga.
	la hectárea	der Hektar	
	el riego	die Bewässerung	
	la posibilidad	die Möglichkeit	**E** possibility **F** possibilité *sin.* la oportunidad ▶ Tito tiene la posibilidad de estudiar en la universidad pero no quiere hacerlo.
	criar	züchten	**F** créer
	el animal	das Tier	**E/F** animal
	pastar	weiden, grasen	[**E** pasture] [**F** pâture]
	la piscina	das Schwimmbad	**F** piscine
	el embalse	der Stausee, die Talsperre	▶ El embalse más grande de España es el de Alcántara al norte de Cáceres.
	la vela	der Segelsport, das Segeln	**F** voile
E 5	**la agencia**	die Agentur, Vertretung	**E** agency **F** agence ▶ Mi padre trabaja de guía para una agencia de viajes.
	la publicidad	die Werbung	**E** publicity **F** publicité
	el eslogan	der Slogan, das Schlagwort	
	motivar	motivieren, begründen, (Interesse) wecken	
	el interés	das Interesse; die Bedeutung; der Nutzen, Vorteil	[**L** interesse] **E** interest **F** intérêt *FAM.* interesado ▶ Sólo miras por tu interés.
E 6	similar *adj.*	ähnlich, gleichartig	

Etapa 9

Paso 1

E 1	**la costumbre**	die Sitte, der Brauch, die Angewohnheit	**L** consuetudo, -inis **E** custom **F** coutume ▶ Es una de sus costumbres.
E 2	**la situación**	die Lage, Situation	**F** situation géographique

E 3	**geográfico, -a**	geografisch	
	la superficie	die Oberfläche; die Fläche	**E/F** surface **F** superficie *sin.* la extensión ▶ ¿Qué superficie tiene Argentina?
	la población	die Bevölkerung; der Ort, die Ortschaft	**E/F** population *sin.* los habitantes ▶ La mayoría de la población de Argentina está formada por inmigrantes.
E 4	**atlántico, -a** *adj.*	atlantisch	
	exportar	(Waren) exportieren, ausführen	
	la yerba mate	die Matepflanze, der Matetee	**F** maté ▶ La yerba mate se cultiva en la provincia de Misiones.
	la soja	die Soja	
E 5	**el final**	das Ende, der Schluss	**E/F** final ▶ Al final del curso vamos a Barcelona.
	el dato	die Angabe	**L** datum [*p.p.* < dare] **E** data [**F** date]
	la bandera	die Fahne, Flagge, das Banner	
	el sistema político	das politische System	
	el/la presidente	der/die Präsident/in	
	la agricultura	der Ackerbau, die Landwirtschaft	**E/F** agriculture *FAM.* agricultor ▶ Hoy poca gente se dedica a la agricultura.
	la ganadería	die Viehzucht	
	la exportación	die Ausfuhr, der Export	*FAM.* exportar
	el asado < *p.p.* < asar	der Braten	
	la extensión	die Ausdehnung, Fläche	**E/F** extension *sin.* la superficie ▶ Brasil es el país de mayor extensión en América del Sur.
	celeste *adj.*	Himmels-; hellblau	**F** céleste
	el descubrimiento	die Entdeckung; die Erfindung	**E** discovery **F** découverte el Descubrimiento = *die Entdeckung Amerikas* *FAM.* descubrir
	la independencia	die Unabhängigkeit	**E** independence **F** indépendance ▶ ¿Cuándo empezó la Guerra de Independencia contra los franceses? – En 1808.
	federal *adj.*	föderativ, Bundes-	**E** federal **F** fédéral
	católico,-a	(römisch-) katholisch	
	económico, -a *adj.*	Wirtschafts-, wirtschaftlich	**E** economic **F** économique ▶ Tiene excesivas dificultades económicas y quiere dejar los estudios.
	el gaucho	der Gaucho *(berittener südamerikanischer Viehhirte)*	

Paso 2

E 2	el/la navegante	der Seefahrer	[**E** navigator] **F** navigant ▶ Los antiguos navegantes necesitaban meses para llegar al Nuevo Mundo.
	fundar	gründen	**L** fundare **E** to found **F** fonder ▶ La Real Academia de la Lengua Española se fundó en 1714.

incendiar	anzünden, in Brand stecken	**F** incendier
el virreinato	das Vizekönigtum, -reich	**E** viceroyalty **F** vice-royauté
la autoridad	die Macht, Staatsgewalt, Autorität	**L** auctoritas, -atis **E** authority **F** autorité
el/la virrey/virreina	der/die Vizekönig/in	**E** viceroy **F** vice-roi, vice-reine *FAM.* virreinato
el/la criollo/a; criollo, -a *adj.*	der/die Kreole/in; kreolisch	**E** creole **F** créole
la revolución	die Revolution	▶ ¿En qué año comenzó la Revolución Francesa?
la colonia	die Kolonie	
la guerra	der Krieg	**E** war **F** guerre ▶ ¿Sabes cuáles son las colonias que perdió España en la guerra contra Estados Unidos? – Sí, claro. Son Cuba, Puerto Rico y Filipinas.
declarar	(Krieg) erklären	**E** to declare **F** déclarer ▶ Cuba fue el último país de Latinoamérica en declarar la independencia de España en 1898.
el/la muerto/a < *p.p.* < morir	der/die Tote	[**E** mortal] **F** mort
morir (-ue-); *p.p.* **muerto**	sterben	**L** mori **F** mourir *FAM.* muerto
el/la inmigrante	der/die Einwanderer/in, der/die Immigrant/in	**E/F** immigrant ▶ Muchos inmigrantes no tienen papeles.
trágicamente *adv.*	auf tragische Art und Weise; tragisch, erschütternd, ergreifend	
el/la cantante	der/die Sänger/in	▶ Joan Manuel Serrat es un famoso cantante catalán.
pobre *adj.*	arm, bedürftig, elend	**L** pauper **F** pauvre
votar	abstimmen; wählen	**E** to vote **F** voter
las elecciones	die Wahlen	**E** election **F** élection
la presidencia	die Präsidentschaft, das Präsidentenamt	
el golpe militar	der Militärputsch	**F** coup d'Etat militaire
derrocar	stürzen, herabstürzen	
la dictadura	die Gewaltherrschaft, Diktatur	
la democracia	die Demokratie, Volksherrschaft	
caracterizar	charakterisieren, kennzeichnen	
participar	teilnehmen	**E** to participate **F** participer ▶ ¿Quieres participar en el torneo de baloncesto?
Texto la sociedad	die Gesellschaft *(auch ökon.)*	**E** society **F** société
formado, -a *adj./* < *p.p.* < formar	gebildet; bilden	[**L** forma] **E** formed **F** formé
el/la mestizo/a; mestizo, -a *adj.*	der/die Mestize/in; der männliche/weibliche Mischling; Mischlings-	**E** mestizo

el/la mulato; mulato, -a *adj.*	der/die Mulatte/in; dunkelbraun	**E** mulatto **F** mulâtre/esse *sin.* mestizo, -a
el/ la propietario/a	der/die Besitzer/in, der/die Eigentümer/in; der/die Grundbesitzer/in	**E** proprietor **F** propriétaire *sin.* el/la dueño/a *ant.* el/la inquilino/a ▶ El señor Urquiza es el propietario del piso. Nosotros somos inquilinos.
el/la esclavo/a; esclavo, -a *adj.*	der/die Sklavin; sklavisch, Sklaven-	▶ Los negros se vendían como esclavos.
las tareas domésticas	die Hausarbeit	[**L** domesticus] [**E** domestic] **F** travaux domestiques
el/la abogado/a	der/die Rechtsanwalt/anwältin	**E** advocate **F** avocat ▶ Mi suegro es abogado y mi marido también.
el sacerdote	der Priester	**L** sacerdos, -tis [**E** sacerdotal] **F** sacerdoce *(Priesteramt)*
lejos *adv.*	weit (entfernt)	a lo lejos = *in der Ferne* *ant.* cerca ▶ ¿Vives lejos de aquí?
la diversión	das Vergnügen, die Unterhaltung, der Zeitvertreib	**E/F** diversion
el caballo	das Pferd	**F** cheval ▶ El caballo de Don Quijote se llamaba Rocinante.
la procesión	die Prozession	
E 4 **la forma**	die Form	*FAM.* formado
el territorio	das (Staats-)Gebiet	**E** territory **F** territoire ▶ Gibraltar es territorio inglés.
la tribu	der Stamm	**E** tribe **F** tribu
el /la jefe/a	das (männliche/weibliche) Oberhaupt; der/die Chef/in	**E** chief **F** chef ▶ ¿Cómo? ¿Conoces al jefe de la empresa?
el cacique	der Kazike	
adelantado, -a *adj./* < *p.p.* < adelantar	fortgeschritten	*FAM.* ¡Adelante!
en cambio *adv.*	dagegen	*sin.* por el contrario *FAM.* cambio climático
evolucionado, -a *adj./* < *p.p.* < evolucionar	entwickelt	[**F** évolutionniste]
adorar (a)	anbeten, vergöttern	**E** to adore **F** adorer ▶ Los Incas adoraban al Sol.
encender (-ie-)	(an)zünden, (Feuer) entfachen	**L** incendere [**E** incendiary] **F** incendier
el arma	die Waffe	**L** arma **F** arme
común *adj.*	gängig, üblich, gewöhnlich	**L** communis **E** common **F** commun
el arco	der Bogen *(auch architekt.)*	**E** arch **F** arc ▶ El arco y la flecha eran las únicas armas que tenían los indígenas.
la flecha	der Pfeil	[**E** fletcher] **F** flèche
construir	bauen	**E** to construct **F** construir
la piedra	der Stein	**F** pierre ▶ La casa estaba construida de piedra.
soler hacer algo	etw. zu tun pflegen, gewohnt sein etwas zu tun	**L** solere
envenenar	vergiften	[**E** venom] [**F** venin]
el jugo	der Saft	**E** juice **F** jus

E 5	**la clave**	der Schlüssel	**F** clé la palabra clave = *das Schlüsselwort* ¡Ojo! clave ↔ llave
	valiente *adj.*	tapfer, kühn	**L** valens, -entis < valere **E** valient **F** vaillant
	la bota	der Stiefel	
	moreno, -a *adj.*	dunkelhaarig, dunkelhäutig; braungebrannt	▶ ¿Conoces a ese chico alto de pelo moreno?
	la nariz	die Nase	
	aguileño, -a *adj.*	Adler-	**E** aquiline **F** aquilin *ant.* recto, -a ▶ San Martín tenía nariz aguileña.
	la boca	der Mund	**F** bouche ▶ Desde que llegó mi padre no abrió la boca.
	enérgico, -a *adj.*	energisch	
	el ojo	das Auge	**L** oculus **F** œil
	la descripción	die Beschreibung	**E/F** description ▶ Necesitamos una descripción exacta de la persona.
E 6	el libertador	der Befreier	[**E** liberty]
	el sable	der Säbel	**E/F** sabre
	el brazo	der Arm	**F** bras
	adornar (con/de)	schmücken (mit)	**E** to adorn **F** orner *sin.* decorar ▶ En Navidad los niños adornan el árbol.
	la medalla	die Medaille	
Texto	**la mezcla**	die (Ver-)Mischung	*FAM.* mezclado
	el/la bisabuelo/a	der/die Urgroßvater/mutter	**F** bisaïeul los bisabuelos = *die Urgroßeltern* la bisa *fam.* = *die Uroma* ▶ Mis bisabuelos eran alemanes, de Colonia.
	fumar	rauchen	**F** fumer
	la pipa	die Pfeife	**E/F** pipe
	la arruga	die Falte	[**F** rugueux]
	el caso	der Fall	**L** casus **E** case **F** cas en este caso
	el rasgo	der (Gesichts-)Zug	
	la piel	die Haut	**F** peau ▶ Tiene la piel muy blanca como su madre.
	oscuro, -a *adj.*	dunkel	**L** obscurus **E** obscure **F** obscur
	los ojos rasgados	die Schlitzaugen	*FAM.* rasgo
	el varón	der Mann; das Kind (männlich)	*sin.* el hombre ▶ Viviana tiene dos varones y una niña.
	parecerse a	ähneln, aussehen wie	**L** parescere [< parere] **F** paraître
	evidentemente *adj.*	offensichtlich, offenbar	[**E** evident] **F** évidemment
	el gen	das Gen	**L** genus *Ursprung* **E** gen **F** gène
	dominante *adj.*	dominant	
	emigrar	auswandern, emigrieren	
	concretamente *adv.*	*hier:* und zwar, nämlich, genauer gesagt	**F** concrètement
	la aldea	das Dorf, der Weiler	
	resumir	zusammenfassen	**E** to resume **F** résumer ▶ ¿Puedes resumir el texto?

	el/la nene/a *fam.*	der kleine Junge, das kleine Mädchen	
	la perdiz	das Rebhuhn	**E** partridge **F** perdrix
	el/la cazador/a	der/die Jäger/in	
	atrás *adv.*	hinten, nach hinten	▶ Tienes que ponerte atrás.
	durísimo *adv.*	sehr/äußerst hart	
	irse	(fort-, weg-)gehen	**L** ire **F** s'en aller
	el nacimiento	die Geburt	[**L** nasci] [**F** naissance] la fecha de nacimiento
	el documento	die Urkunde, das Dokument	
	el/la viudo/a	der Witwer/die Witwe	**F** veuf/ve ▶ La pobre es viuda y tiene cuatro niños.
	vivo, -a *adj.*	am Leben, lebend(ig)	**L** vivus [**E** to vivify] **F** vif
	lindo, -a *adj.*	schön	
	orgullosísimo, -a *adj.*; **orgulloso, -a** *adj.*	sehr stolz; stolz	**F** orgueilleux
	el/la luchador/a; luchador, -a *adj.*	der/die Kämpfer/in; kämpferisch	**F** lutteur *FAM.* luchar ▶ Tiene una vida difícil pero es una mujer muy luchadora.
Paso 3 *Texto*	**el ejército**	das Heer	**L** exercitus [**E** exercise]
	conocido, -a *adj.* (entre) < *p.p.* < conocer	bekannt (bei)	[**L** cognoscere] **F** [connaître,] connu
	el/la porteño/a; porteño, -a *adj.*	der/die Einwohner/in von Buenos Aires; aus Buenos Aires	
	quien *pron. rel.*	der, die, das, welcher, -e, -es	**L** quem [< qui] **F** qui
	el ataque	der Angriff, die Attacke	
	el desarrollo	die Entwicklung, Entfaltung, das Wachstum	
	expulsar	vertreiben, verjagen, verdrängen	**F** expulser *sin.* echar ▶ La profesora lo expulsó de la clase.
	la cadena	die Kette	**E** chain **F** chaîne
	acontecimiento	das Ereignis, Geschehnis, die Begebenheit	la cadena de acontecimientos = *Handlungskette*
E 2	ortográfico, -a *adj.*	orthografisch; *hier:* in der Rechtschreibung	el cambio ortográfico
	sacar	herausnehmen, herausziehen	*FAM.* sacapuntas ▶ ¿Puedes sacar los libros de la bolsa?
	vocálico, -a *adj.*	vokalisch, Vokal-	
E 3	**el paréntesis**	die Klammer	**F** parenthèse
	la salud	die Gesundheit	**L** salus, -utis [**E** salutary] **F** salut
	a causa de *prep.*	wegen, aufgrund	[**L** causa] **F** à cause de
	el/la mulo/a	das Maultier	**F** mule ▶ Cuando mis abuelos eran pequeños iban a la escuela montados en una mula.
E 5	**la biografía**	die Biografie	

Paso 4

E 1	**rizado, -a** *adj.* < *p.p.* < rizar	gelockt, lockig	
E 3	**anoche** *adv.*	gestern Abend, gestern Nacht	**L** ad noctem ▶ Mi hermano dijo anoche que los chicos fueron muy amables.

Paso 5

E 1	**el chiste**	der Witz	
Texto	**la práctica**	das Praktikum	
	el banco	die Bank	
	mostrar (-ue-)	zeigen	**E** to demonstrate **F** montrer *sin.* enseñar ▶ El chico nos mostró el camino.
E 2	**la verdulería**	der Gemüseladen, Gemüsestand	*sin.* tienda o puesto de verdura
	el morrón *(LA)*	die rote Paprika	
	el poroto *(LA)*	die Bohne	
	No importa.	Das macht nichts.	
	la frutilla *(LA)*	die Erdbeere	
	la banana	die Banane	*sin.* el plátano
	el durazno	der Pfirsich	
E 4	**resolver**	lösen	**E** to resolve **F** résoudre resolver una tarea
	internacional *adj.*	international	
	llamar la atención de u.p.	jmds. Aufmerksamkeit erregen	
	la empanada [< empanar]	die gefüllte Teigpastete	
	el valle	das Tal	**E** valley **F** vallée ▶ Después de caminar muchas horas llegaron al valle.
	la llama	das Lama	

Topónimos

Ciudades del mundo

Amberes	Antwerpen	**La Habana**	Havanna
Aquisgrán	Aachen	**La Haya**	Den Haag
Atenas	Athen	**Lieja**	Lüttich
Augsburgo	Augsburg	**Lisboa**	Lissabon
Basilea	Basel	**Londres**	London
Berlín	Berlin	**Lucerna**	Luzern
Berna	Bern	**Maguncia**	Mainz
Bolonia	Bologna	**Marsella**	Marseille
Brujas	Brügge	**Milán**	Mailand
Bruselas	Brüssel	**Moscú**	Moskau
Burdeos	Bordeaux	**Múnich**	München
Coblenza	Koblenz	**Nápoles**	Neapel
Colonia	Köln	**Niza**	Nizza
Copenhague	Kopenhagen	**Nueva York**	New York
Dresde	Dresden	**Núremberg**	Nürnberg
Estambul	Istanbul	**París**	Paris
Estocolmo	Stockholm	**Pekín**	Peking
Estrasburgo	Straßburg	**Ratisbona**	Regensburg
Florencia	Florenz	**Roma**	Rom
Fráncfort	Frankfurt	**Salzburgo**	Salzburg
Friburgo	Freiburg	**Varsovia**	Warschau
Gante	Gent	**Venecia**	Venedig
Génova	Genua	**Viena**	Wien
Hamburgo	Hamburg	**Zurich**	Zürich

Ciudades españolas *(Die Provinzhauptstädte (capitales de provincia) erscheinen fettgedruckt, die Regionalhauptstädte (capitales de autonomía) wurden zusätzlich unterstrichen.)*

Albacete	Elche	**Lugo**	**Santander**
Alicante	Gijón	**Madrid**	**Santiago de Compostela**
Almería	**Girona**	**Málaga**	**Segovia**
Aranjuez	**Granada**	**Mérida**	**Sevilla**
Ávila	**Guadalajara**	**Murcia**	**Soria**
Badajoz	Guernica	**Orense**	**Tarragona**
Barcelona	**Huelva**	**Oviedo**	**Teruel**
Bilbao	**Huesca**	**Palencia**	**Toledo**
Burgos	**Jaén**	**Palma de Mallorca**	Úbeda
Cáceres	Jerez de la Frontera	**Pamplona/Iruña**	**Valencia**
Cádiz	**La Coruña**	**Pontevedra**	**Valladolid**
Castellón de la Plana	**Las Palmas de Gran Canaria**	Ronda	Vigo
Ciudad Real	**León**	**Salamanca**	**Vitoria-Gasteiz**
Córdoba	**Lérida, Lleida**	**San Sebastián**	**Zaragoza**
Cuenca	**Logroño**	**Santa Cruz de Tenerife**	

División autonómica de España

Andalucía	Andalusien	andaluz, -a	andalusisch
Aragón	Aragonien	aragonés, -esa	aragonesisch
(Principado de) **Asturias**	(Fürstentum) Asturien	asturiano, -a	asturisch
Baleares	Balearen	balear	balearisch
Canarias	Kanaren	canario, -a	kanarisch
Cantabria	Kantabrien	cantábrico, -a	kantabrisch
Cataluña, Catalunya	Katalonien	catalán, -ana	katalanisch
Castilla-La Mancha	Kastilien-La Mancha	castellano-manchego, -a	aus Kastilien-La Mancha
Castilla y León	Kastilien-León	castellano-leonés, -esa	aus Kastilien-León
Extremadura	Extremadura	extremeño, -a	aus Extremadura
Galicia	Galicien	gallego, -a	galicisch
La Rioja	Rioja	riojano, -a	aus La Rioja
País Vasco, Euskadi	Baskenland	vasco, -a	baskisch
(Comunidad de) **Madrid**	Madrid	madrileño, -a	aus Madrid
(Región de) **Murcia**	Murcia	murciano, -a	aus Murcia
(Comunidad Foral de) **Navarra**	(Regionalrechtsgebiet) Navarra	navarro, -a	navarresisch
(Comunidad) Valencia(na)	Valencia	valenciano, -a	aus Valencia

Países europeos — Europäische Länder

Albania	Albanien	albanés, -a	albanisch
Alemania	Deutschland	alemán, -ana	deutsch
Andorra	Andorra	andorrano, -a	andorranisch
Austria	Österreich	austríaco, -a	österreichisch
Bélgica	Belgien	belga *m/f*	belgisch
Bielorrusia	Weißrussland	bielorruso, -a	weißrussisch
Bosnia	Bosnien	bosnio, -a	bosnisch
Bulgaria	Bulgarien	búlgaro, -a	bulgarisch
Croacia	Kroatien	croata *m/f*	kroatisch
Dinamarca	Dänemark	danés, -esa	dänisch
Eslovaquia	Slowakei	eslovaco, -a	slowakisch
Eslovenia	Slowenien	esloveno, -a	slowenisch
España	Spanien	español, -a	spanisch
Estonia	Estland	estonio, -a	estisch
Finlandia	Finnland	finlandés, -esa	finnisch
Francia	Frankreich	francés, -esa	französisch
Gran Bretaña	Großbritannien	británico, -a	britisch
Grecia	Griechenland	griego, -a	griechisch
Holanda	Holland	holandés, -esa	holländisch
Hungría	Ungarn	húngaro, -a	ungarisch
Inglaterra	England	inglés, -esa	englisch
Irlanda	Irland	irlandés, -esa	irisch

Islandia	Island	islandés, -esa	isländisch
Italia	Italien	italiano, -a	italienisch
Letonia	Lettland	letón, -ona	lettisch
Lituania	Litauen	lituano, -a	litauisch
Luxemburgo	Luxemburg	luxemburgués, -esa	luxemburgisch
Macedonia	Mazedonien	macedonio, -a	mazedonisch
Malta	Malta	maltés, -esa	maltesisch
Moldavia	Moldawien	moldavo, -a	moldawisch
Mónaco	Monaco	monesgasco, -a	monegassisch
Noruega	Norwegen	noruego, -a	norwegisch
Países Bajos	Niederlande	neerlandés, -esa	niederländisch
Polonia	Polen	polaco, -a	polnisch
Portugal	Portugal	portugués, -esa	portugiesisch
Reino Unido	Vereinigtes Königreich	británico, -a	(britisch)
República Checa	Tschechische Republik	checo, -a	tschechisch
Rumania	Rumänien	rumano, -a	rumänisch
Rusia	Russland	ruso, -a	russisch
Suecia	Schweden	sueco, -a	schwedisch
Suiza	Schweiz	suizo, -a	schweizerisch
Ucrania	Ukraine	ucrani(an)o, -a	ukrainisch
Vaticano, Ciudad del	Vatikanstadt	vaticano, -a	vatikanisch
Yugoslavia	Jugoslawien	yugoslavo, -a	jugoslawisch

Países extraeuropeos / Außereuropäische Länder

América del Norte	Nordamerika	norteamericano, -a	nordamerikanisch
Canadá	Kanada	canadiense	kanadisch
Estados Unidos	USA, Vereinigte Staaten	estadounidense	US-amerikanisch
América Central	Zentralamerika/ Mittelamerika	centralamericano, -a	zentralamerika-nisch/mittelame-rikanisch
Belice	Belize	belicense; beliceño, -a	belizisch
Costa Rica	Costa Rica	costarricense, costarriqueño, -a	costa-ricanisch
El Salvador	El Salvador	salvadoreño, -a	salvadorianisch
Guatemala	Guatemala	guatemalteco, -a	guatemaltekisch
Honduras	Honduras	hondureño, -a	honduranisch
México	Mexiko	mexicano, -a	mexikanisch
Nicaragua	Nicaragua	nicaragüense	nicaraguanisch
Panamá	Panama	panameño, -a	panamaisch
Caribe	Karibik	caribeño	karibisch
Bahamas	Bahamas	bahamés, -esa	baham(a)isch
Barbados	Barbados	barbadense	barbadisch
Cuba	Kuba	cubano, -a	kubanisch
Haití	Haiti	haitiano, -a	hait(ian)isch

→ **Jamaica**	Jamaika	jamaicano, -a	jamaikanisch
Puerto Rico	Puerto Rico	puertorriqueño, -a	puertoricanisch
República Dominicana	Dominikanische Republik	dominicano, -a	dominikanisch
Trinidad	Trinidad	trinitario, -a	trinidadisch
América del Sur	Südamerika	sudamericano, -a	südamerikanisch
Argentina	Argentinien	argentino, -a	argentinisch
Bolivia	Bolivien	boliviano, -a	bolivianisch
Brasil	Brasilien	brasileño, -a; brasilero, -a	brasilianisch
Chile	Chile	chileno, -a	chilenisch
Colombia	Kolumbien	colombiano, -a	kolumbianisch
Ecuador	Ecuador	ecuatoriano, -a	ecuadorianisch
Guyana	Guyana	guayanés, -esa	guayanisch
Paraguay	Paraguay	paraguayo, -a	paraguayisch
Perú	Peru	peruano, -a	peruanisch
Uruguay	Uruguay	uruguayo, -a	uruguayisch
Venezuela	Venezuela	venezolano, -a	venezolanisch
Asia	Asien	asiático, -a	asiatisch
Arabia Saudita	Saudiarabien	saudí	saudiarabisch
China	China	chino, -a	chinesisch
Filipinas	Philippinen	filipino, -a	philippinisch
India	Indien	indio, -a	indisch
Indonesia	Indonesien	indonesio, -a	indonesisch
Israel	Israel	israelí	israelisch
Japón	Japan	japonés, -esa	japanisch
Malasia	Malaysia	malasio, -a	malaysisch
Tailandia	Thailand	tailandés, -esa	thailändisch
Turquía	Türkei	turco, -a	türkisch
África	Afrika	africano, -a	afrikanisch
Argelia	Algerien	argelino, -a	algerisch
Egipto	Ägypten	egipcio, -a	ägyptisch
Etiopía	Äthiopien	etíope	äthiopisch
Libia	Libyen	libio, -a	libysch
Marruecos	Marokko	marroquí	marokkanisch
Túnez	Tunesien	tunecino, -a	tunesisch
Australia y Oceanía			
Australia	Australien	australiano -a	australisch
Nueva Zelanda	Neuseeland	neozelandés, -esa	neuseeländisch

Lerntipps

(siehe Estrategia ¿Cuál es tu estilo de aprendizaje? – Was für ein Lerntyp bist du?, S. 42)

Tipps für das Lernen durch das Sehen

Wenn du gut durch das Sehen lernst oder diesen Sinn eine größere Rolle beim Lernen spielen lassen möchtest, kannst du einige dieser Vorschläge ausprobieren. Alle bezwecken, die Sprache in etwas Sehbares zu verwandeln:

- Eine sehr einfache und effektive Technik ist das Gruppieren von Wörtern, die thematisch zusammengehören. Versuche dir beim Lernen Situationen vorzustellen und denke an den Wortschatz, der dazu passt. Schreibe diesen anschließend auf und erstelle auf diese Weise allmählich ein thematisches Vokabelheft.
- Beschrifte Bilder. Bild und Schrift bilden zusammen ein Ganzes, das du dir besser merken kannst. Noch besser ist es, wenn du selbst die Bilder zeichnest, beschriftest und dabei die Wörter laut aussprichst. Auf diese Weise aktivierst du drei Sinne gleichzeitig: das Sehen, die Bewegung und das Hören.
- Wenn das Zeichnen nichts für dich ist, kannst du versuchen, die Wörter zu visualisieren: Verbinde Wörter und Wendungen mit bildhaften Vorstellungen. Im Allgemeinen gilt: je absurder und lustiger, desto einfacher kann man sie sich einprägen.
- Deine Wohnung ist eine unendliche Quelle für die Erfindung und das Ausprobieren von Lernstrategien. Du könntest damit anfangen, indem du Listen mit neuen Wörtern zuhause aufhängst. Du siehst sie dann immer in alltäglichen Situationen und lernst dabei unbewusst.
- Eine andere Möglichkeit ist, die Wohnung in ein Bildwörterbuch zu verwandeln: Hefte an Möbel und Gebrauchsgegenstände Zettel mit den entsprechenden Bezeichnungen.
- Und zuletzt vergiss nicht, so viel wie möglich in der Zielsprache zu lesen.

Tipps zum Lernen durch das Hören

Das Hören spielt eine sehr wichtige Rolle beim Erlernen einer Sprache und soll daher ausreichend geübt werden.

- Dein Lehrwerk enthält bereits sehr viele Hörmaterialien, die du dir immer wieder anhören kannst. Dabei kannst du Teile wiederholen oder einzelne Wörter und Sätze laut nachsprechen. Dies kannst du aber auch ohne Tonaufnahmen tun. Versuche, so viel wie möglich laut zu sprechen.
- Und was hört man lieber als Musik? Versuche also, möglichst viel Musik in der Zielsprache zu hören und achte dabei besonders auf die Texte. Diese sind normalerweise leicht zu finden. Lass dich aber nicht entmutigen, wenn du nicht alles verstehst. Lieder sind oft schwierig zu verstehen und es ist schon gut, wenn du dich beim Zuhören an die Sprache gewöhnst.
- Auch wenn ihr zu mehreren gemeinsam lernt, könnt ihr Dialoge einüben, euch gegenseitig Wörter abfragen und versuchen, freie Rollenspiele zu machen.
- Am besten lernst du natürlich von und mit einem Muttersprachler. Warum probierst du nicht, im Tandem zu lernen? Dabei verbesserst du nicht nur deine Fremdsprachenkenntnisse, sondern lernst sicherlich nette und interessante Menschen kennen.
- Bist du wieder allein, kannst du die Dialoge des Lehrwerkes mehrmals hören und dir Notizen machen. Versuche dann, anhand deiner Notizen einen ähnlichen Dialog zu sprechen.

Tipps zur Aktivierung anderer Kanäle

- Schreibe viel. Auch wenn du die Vokabeln im Buch siehst, merkst du sie dir besser, wenn du sie zum Beispiel in dein eigenes – thematisches – Vokabelheft einträgst.
- Auch in der Wohnung kannst du vieles machen: berühre (oder rieche, schmecke ...) die Gegenstände, deren Bezeichnung du lernen möchtest. Wenn du Verben lernst, kannst du versuchen, die Tätigkeiten auszuführen, die sie bezeichnen. Wenn du dabei die Wörter laut sprichst, verbindest du Bewegung und Hören.
- Aber auch die Melodie deiner Stimme kann Bewegung in dein Lernen bringen. Studiere Texte wie ein Schauspieler eine neue Rolle. Sprich leise, laut, langsam, schneller, versetze dich in verschiedene Gemütszustände, um Sätze zu sprechen und bewege dich dabei entsprechend. Dies könnt ihr natürlich auch zu zweit oder zu dritt versuchen. Gleichzeitig könnt ihr Dialoge und Rollenspiele inszenieren und szenisch darstellen. Es macht Spaß und funktioniert!

(aus Conejo et. al., Zum einen Ohr rein, zum anderen auch, Bayreuth, 2005)

Transkription des Dialogs zu Etapa 5, Paso 1, E 6 Una entrevista (S. 80)

Presentadora: Buenas noches y bienvenidos a "La salud en casa". Esta noche tenemos en el estudio al Doctor Bernardino, especialista en alimentación y autor del libro "¡A comer, pero bien!". Buenas noches, Doctor Bernardino.

Doctor Bernardino: Buenas noches.

Presentadora: En su libro "¡A comer, pero bien!" usted habla de las ventajas de llevar una dieta equilibrada. ¿Por qué un nuevo libro sobre este tema?

Doctor Bernardino: Creo que la gente todavía sabe poco sobre alimentación. Hay poco tiempo para comer ... pero si queremos es muy fácil llevar una dieta sana.

Presentadora: ¿Muy fácil?

Doctor Bernardino: Sí, hay que comer un poco de todo, pero con moderación.

Presentadora: Pero, entonces, ¿no hay alimentos más sanos que otros?

Doctor Bernardino: Claro que sí. Existen seis grupos diferentes: grasas, carnes y pescados, lácteos y huevos, verduras y legumbres, frutas e hidratos de carbono. Las grasas, por ejemplo, hay que comerlas pero en pequeñas cantidades ya que son necesarias, porque dan energía.

Presentadora: Aha. ¿Y la carne y el pescado?

Doctor Bernardino: Tienen muchas proteínas. Si es posible hay que comer pescado una o dos veces por semana.

Presentadora: ¿Y que me dice usted de la carne de cerdo?

Doctor Bernardino: No es bueno comer muy frecuentemente carne de cerdo porque tiene mucha grasa. Pero, ¿por qué no disfrutar de un buen jamón de vez en cuando?

Presentadora: Esta dieta me está gustando ... ¿Y la leche y los huevos?

Doctor Bernardino: También aportan muchas proteínas, tantas como la carne y el pescado. Claro que no hay que comer más de tres o cuatro huevos por semana a causa del colesterol.

Presentadora: Bien, ahora háblenos de las verduras y las legumbres.

Doctor Bernardino: ¡Ah! ¡Son muy importantes en una buena dieta! Pero se deben cocinar poco tiempo y con poca agua para conservar las vitaminas.
Las legumbres son también muy ricas en proteínas y en hierro, por ejemplo las lentejas. Si las combinas con patatas o cereales son un alimento muy completo.

Presentadora: Bueno, me está entrando hambre. Para terminar, díganos algo sobre las frutas y sobre los hidratos de carbono.

Doctor Bernardino: Las frutas son tan buenas como las verduras, o mejor, porque como normalmente se comen frescas, conservan sus vitaminas y sus sales minerales. Debemos tomar al menos dos frutas al día.
Los hidratos de carbono son importantísimos en una dieta sana por sus vitaminas y por su fibra. Deberíamos comer cada día un plato con pasta, arroz, miga de pan, patatas, pizzas. Además tienen muy poca grasa.

Presentadora: Bueno, Doctor Bernardino, le agradezco mucho su presencia y su información. Estoy segura de que vamos a comer mejor a partir de ahora. Buenas noches.

Doctor Bernardino: Gracias a usted y buenas noches.

Alphabetisches Vokabelverzeichnis

a causa de	wegen, aufgrund **9**
a favor (de)	zugunsten, für **4**
a fines de	am Ende des/der **3**
a mediodía	mittags, zur Mittagszeit **4**
a menudo	häufig, oft **2**
a principios de	zu Beginn, zu Anfang **7**
¿A qué te dedicas?	Was machst du beruflich? **2**
a ver	mal sehen **1**
a/al	zu, nach, in **2**
abogado/a	der/die Rechtsanwalt/-anwältin **9**
abrazo	die Umarmung **7**
abrir	öffnen **3**
abuelo/a; abuelos	der Großvater/die Großmutter; die Großeltern **2**
aburrido, -a	langweilig **3**
aburrirse	sich langweilen **2**
acabar de	soeben *etwas getan* haben **8**
acción	die Tätigkeit; die Handlung **7**
aceite (de oliva)	das (Oliven-)Öl **5**
aceptar	annehmen, akzeptieren **4**
acontecimiento	das Ereignis, Geschehnis, die Begebenheit **9**
acostarse	sich hinlegen, zu Bett gehen **4**
actividad	die Tätigkeit, Beschäftigung; die Aktivität **3**
activo, -a	aktiv, tätig **3**
actor, actriz	der/die Schauspieler/in **1**
actualmente	zurzeit, augenblicklich **2**
adaptado, -a; adaptar (a)	bearbeitet; anpassen (an) **6**
adelantado, -a	fortgeschritten 9
adelante	*etwa:* Kommen Sie herein!; vorwärts **5**
además	außerdem, ferner **8**
¡adiós!	Auf Wiedersehen! *fam.* Tschüs! **1**
adivinar	(er)raten **3**
administración	die Verwaltung 8
¿adónde?	wohin? **4**
adorar (a)	anbeten, vergöttern 9
adornar	schmücken (mit) **9**
aeropuerto	der Flughafen **3**
agencia	die Agentur, Vertretung **8**
agotado, -a	erschöpft, abgespannt **8**
agradable	angenehm; *(Person)* nett, sympathisch **8**
agresivo, -a	angriffslustig, aggressiv **6**
agricultor	der/die Bauer/Bäuerin 8
agricultura	der Ackerbau, die Landwirtschaft **9**
agua; aguas	das Wasser; *(Pl)* das Gewässer **3**
aguileño, -a	Adler- 9
ahí	dort **6**
ahora	jetzt, nun **1**
aire	die Luft **2**
ajo	der Knoblauch **5**
a la derecha	rechts **5**
a la izquierda	links **5**
al lado de; al lado	neben; daneben **3**
al principio	anfangs, am Anfang **8**
albergue juvenil	die Jugendherberge **7**

alcalde/esa	der/die Bürgermeister/in 8
aldea	das Dorf, der Weiler **9**
alegre	fröhlich **1**
alemán/ana; alemán; alemán, -ana	der/die Deutsche; das Deutsche; deutsch **1**
alfombra	der Teppich **6**
algo	etwas **3**
algodón	die Baumwolle **6**
algún, alguno, -a; algunos, -as	(irgend)jemand, -einer; irgendwelche; einige, manche **7**
alguno, -a	irgendein, -e **2**
alimentación	die Ernährung 5
alimentarse	sich ernähren 5
alimento	das Nahrungsmittel, Lebensmittel; der Nährwert 5
allá	dort, da; dorthin **6**
allí	dort, da; dorthin **1**
almendra	die Mandel 8
almorzar	zu Mittag essen **3**
alojamiento	die Unterkunft, das Quartier 7
alrededor (de)	um … herum, ringsum **8**
alto, -a	laut; groß *(Körpermaß);* hoch *(Preis, Qualität, Temperatur, Posten)* **1**
altura	die Höhe **7**
alumno/a	der/die Schüler/in; der/die Student/in **3**
ama de casa	die Hausfrau **2**
amanecer	das Morgengrauen, der Tagesanbruch **7**
amarillo	gelb **5**
americano/a; americano, -a	der/die *(Süd- oder Nord-)*Amerikaner/in; *(süd- oder nord-)*amerikanisch **1**
amigo/a	der/die Freund/in **1**
amistad	die Freundschaft **6**
amor	die Liebe **6**
amplio, -a	groß, geräumig 6
ampolla	die Blase **5**
añadir	hinzufügen **7**
ancho, -a	breit, weit **5**
anexo	der Anhang 7
anfiteatro	das Amphitheater 8
anillo	der Ring 3
animal	das Tier **8**
año	das Jahr **2**
anoche	gestern Abend, gestern Nacht **9**
anteayer	vorgestern **7**
antes; antes de	zuvor, vorher, vorhin; vor **3**
antibiótico	das Antibiotikum 5
antigüedad	das Altertum, die Antike 8
antiguo, -a	alt, ehemalig **1**
antipático, -a	unsympathisch **3**
anunciar	bekanntgeben, verkünden; vorhersagen **8**
anuncio	die (Werbe-)Anzeige, die (Zeitungs-)Annonce **2**
aparcar	parken **6**
aparecer	erscheinen, auftauchen **4**
apellido	der Nachname **2**
apenas	kaum, nicht einmal; knapp **8**

aperitivo	der Aperitif; Appetithappen 4
aportar	liefern; bringen, zuführen 5
apoyar	stützen, unterstützen; anlehnen **3**
aprender	lernen **3**
aprovechar	von Nutzen sein, gut bekommen; ausnutzen **8**
apuntar	verbuchen, notieren, erzielen **4**
apunte	die Notiz; *(Pl.)* die Aufzeichnungen; die Mitschrift; die Unterlagen 4
aquel, aquella, aquello	dieser, -e, -es, der, die, das dort **5**
aquí	hier **1**
árabe	der/die Araber/in; das Arabische; arabisch **1**
árbol	der Baum **7**
árbol genealógico	der Stammbaum 2
arco	der Bogen *(auch architekt.)* 9
arena	der Sand; die Stierkampfarena **6**
argentino/a; argentino, -a	der/die Argentinier/in; argentinisch 3
argumento	das Argument; *(theat.)* die Handlung, das Thema **8**
arma	die Waffe 9
armonía	die Harmonie 6
arqueológico, -a	archäologisch 4
arqueólogo	der/die Archäologe/in 8
arquitecto/a	der/die Architekt/in **1**
arquitectura	die Architektur, Baukunst 1
arreglar	(Zimmer) aufräumen; in Ordnung bringen; reparieren **8**
arroz	der Reis **5**
arruga	die Falte **9**
arte/artes	die Kunst **1**
artesano/a	der/die Handwerker/in 8
artículo	der (Zeitungs-)Artikel; der Artikel *(gramm.)* **2**
asado	der Braten **9**
así	so **2**
asignatura	das Schulfach **3**
aspecto	das Aussehen, der Anblick **8**
aspirina	das Aspirin **5**
ataque	der Angriff, die Attacke 9
ático	das Penthouse **6**
atlántico, -a	atlantisch **9**
atracción	die Attraktion 1
atrás	hinten, nach hinten **9**
atún	der Thunfisch **5**
aula	das Klassenzimmer; der Fachraum; der Hörsaal **3**
aunque	obwohl, auch wenn **3**
auténtico, -a	echt, wahr **7**
autobús	der Bus **5**
autopista	die Autobahn 8
autoridad	die Macht, Staatsgewalt, Autorität **9**
ave	der Vogel **6**
avenida	die Allee, der Boulevard **5**
avión	das Flugzeug **7**
ayer	gestern **7**
ayudar	helfen **3**
ayuntamiento	das Rathaus; der Gemeinderat, Stadtrat **8**
azotea	die Dachterrasse 8
azúcar	der Zucker **4**
azul; azul	blau; das Blau **6**

bachillerato	das Abi(tur) **2**
badminton	Badminton 3
bailar	tanzen **2**
baile	der Tanz **8**
bajo; bajo, -a	unter; klein (Körpergröße); tief(liegend) **5**
balcón	der Balkon **6**
ballet	das Ballett 4
baloncesto	Basketball; der Basketballsport **3**
banana	die Banane 9
banco	die Bank **9**
bandera	die Fahne, Flagge, das Banner **9**
bañera	die Badewanne **6**
bar	die Kneipe, das Stehcafé **1**
barato, -a	billig **5**
barco	das Schiff **3**
barra	die Theke, der Tresen 4, 8
barrio	das Stadtviertel **4**
básket, básquet(bol)	der Basketballsport 3
bastante	ziemlich (viel); genug; ausreichend **2**
batería	*hier:* das Schlagzeug 5
beber	trinken **5**
bebida	das Getränk **8**
bedel	der/die Hausmeister/in 2
biblioteca	die Bibliothek, Bücherei **3**
bien	gut, richtig; schön; ganz **1**
bienvenido, -a	willkommen **8**
bilingüe	zweisprachig, bilingual **2**
biografía	die Biografie **9**
bisabuelo/a	der/die Urgroßvater/-mutter 9
bizcocho	(LA) Kuchen; Biskuit 3
blanco, -a	weiß **3**
boca	der Mund **9**
bocadillo	das Sandwich, das belegte Brötchen **4**
bola	die Kugel, der Ball 4
bolígrafo, boli	der Kugelschreiber **3**
bollo	das Brötchen; das Hefegebäck 4
bolsa	die Tüte; der Beutel **5**
bonito, -a	hübsch **6**
bota	der Stiefel **9**
botella	die Flasche **5**
bóveda celeste	das Himmelsgewölbe 4
brazo	der Arm **9**
bricolaje	das Basteln, Heimwerken 4
bueno, -a	gut; schön; stark; richtig; milde **1**
bungee jumping	Bungeespringen 4
buscar	suchen **1**
buzón	der Briefkasten **5**

caballo	das Pferd **9**
cabeza	der Kopf **4**
cabina de teléfonos	die Telefonzelle 5
cacique	der Kazike 9
cada uno/una	ein/e jeder/jede **1**

cadena	die Kette **9**
cadera	die Hüfte **4**
café	der Kaffee, das Café **4**
cafetería	das Café, Kaffeehaus; die Cafeteria 3
caja	die Schachtel **5**
calamar	der Tintenfisch 4
calcio	das Calcium 5
calentar	erwärmen, aufwärmen **7**
caliente	warm, heiß **8**
calle	die Straße **1**
callejero, -a	Straßen- 7
calor	die Hitze **7**
caloría	die Kalorie 5
cama	das Bett **6**
camarero/a	der/die Kellner/in **2**
cambiar	sich ändern **5**
cambio	der Wechsel, Wandel; die Änderung **7**
camino	der Weg **1**
camión	der LKW, Laster, Lastwagen **8**
camisa	das Hemd **5**
campo	der Sportplatz, das Spielfeld; das Feld; das Fachgebiet **4**
caña	das Glas Bier vom Fass; das Rohr; das Schilf 4
canal	der Kanal 4
canario/a; canario,- a	der/die Kanare/in; kanarisch 1
cancha	das Spielfeld 4
canción	das Lied **3**
canoa	das Kanu, Kajak 4
cansado, -a	müde **4**
cantante	der/die Sänger/in **9**
cantar	singen **3**
capacidad	*hier:* die Bettenkapazität; die Fähigkeit; die Leistungsfähigkeit, die Aufnahmekapazität **7**
capital	die Hauptstadt **1**
cara	die Miene; das Gesicht **8**
característico, -a (de)	charakteristisch (für) **1**
caracterizar	charakterisieren, kennzeichnen 9
carne	das Fleisch **3**
carnicería	die Metzgerei, Fleischerei **8**
caro, -a	teuer **4**
carpa	(LA) das Zelt 7
carrera	das (Universitäts-)Studium; die Karriere, Laufbahn; das (Wett-)Rennen **4**
carretera	die (Land-, Schnell-)Straße **8**
carro	das Fuhrwerk, die Karre 8
carta	der Brief; die Spielkarte **2**
cartel	das Plakat, der Anschlag, das Schild **3**
cartelera	die Litfaßsäule; das Veranstaltungsprogramm 4
casa	die Wohnung, das Haus **2**
casado, -a	verheiratet **2**
casarse (con)	heiraten **2**
casero, -a	hausgemacht **6**
casi	fast, beinahe **3**
caso	der Fall **9**
castellano; castellano, -a	das Spanische; spanisch **1**
casualidad	der Zufall **2**
catalán/ana; catalán; catalan, -ana; català	der/die Katalane/in; das Katalanische; katalanisch **1**
catarata	der Wasserfall, Katarakt 1
catedral	die Kathedrale **1**
categoría	die Kategorie; die Qualität 6
católico, -a	(römisch-)katholisch 9
causar	hervorrufen, verursachen **7**
cazador/a	der/die Jäger/in 9
cebolla	die Zwiebel **5**
cedé	die CD/s **3**
celebrar	feiern **3**
celeste	Himmels-; hellblau 9
cenar	zu Abend essen, dinieren **4**
céntimo	der Cent 5
centro	das Zentrum **1**
cerca (de)	nahe (bei) **2**
cerdo	das Schwein **3**
cereales	das Getreide 5
cereza	die Kirsche **5**
cerrar	schließen, (ab)sperren **3**
cerveza	das Bier **5**
césped	der Rasen 6
champú	das Shampoo 5
chaqueta	die Jacke, das Jackett **6**
charlar (de)/(con)	schwatzen (über); plaudern (mit) **2**
chatear	chatten 4
chicle	der Kaugummi 3
chico/a	der Junge, das Mädchen **1**
chimenea	der Kamin **6**
chiste	der Witz **9**
cielo	der Himmel **6**
ciencia ficción	die Science-Fiction 3
ciencias (naturales)	die Naturwissenschaften 3
ciencias sociales	die Sozial-/Gesellschaftswissenschaften 3
cigarillo	die Zigarette 5
cigarro	die Zigarre 6
cine	das Kino; die Filmkunst, der Film **1**
cinta adhesiva	das Klebeband **3**
circo	der Zirkus; die (römische) Rennbahn 8
circulación	der Kreislauf 5
ciudad	die Stadt **1**
claro	klar, natürlich **2**
clase	die Klasse; der Unterricht; das Klassenzimmer **2**
clave	der Schlüssel **9**
cliente	der/die Kunde/Kundin **5**
clima	das Klima **1**
club	der Klub, die Klubanlage 3
cobrar	kassieren **4**
coche	das Auto, der Wagen **1**
cocina	die Küche **6**
cocinar	kochen **5**
codo	der Ell(en)bogen **4**
colchón	die Matratze **6**
colectivo	(LA) der Bus 7
colesterol	das Cholesterin 5
colegio, cole	die Schule **2**
colombiano/a; colombiano, -a	der/die Kolumbianer/in; kolumbianisch **1**

colonia die Kolonie **9**
color die Farbe **6**
comedor das Esszimmer **6**
comenzar anfangen, beginnen **7**
comer essen **3**
comercial Handels- 8
comerciante der/die Händler/in 8
comercio der Laden, das Geschäft 5
comida das Essen, die Mahlzeit **6**
como wie; so wie; als **1**
¿cómo? wie? **1**
compañero/a der/die Mitschüler/in, *hier:* der/die Banknachbar/in, der/die Mitarbeiter/in, der/die Kollege/in, der/die Kamerad/in, der/die Freund/in **1**
compartir (con) teilen (mit) **2**
competición der Wettbewerb, Wettkampf 4
completar ergänzen, vervollständigen 1
completo, -a vollständig (eingerichtet), komplett; vollkommen; voll(besetzt); ausverkauft **2**
componente der Bestandteil, die Komponente 5
comprar (ein)kaufen **4**
comprensivo, -a verständnisvoll **8**
común gängig, üblich, gewöhnlich **9**
Comunidad Autónoma die autonome Region *(entspricht in etwa dem Bundesland)* **8**
con mit **2**
coñac, coñá der Cognac, Weinbrand 1
concentrarse sich konzentrieren 4, 7
concierto das Konzert **4**
concretamente *hier:* und zwar, nämlich, genauer gesagt **9**
conejo das Kaninchen 6
conexión der Anschluss, die Verbindung *(technisch)* **2**
congreso der Kongress, die Fachtagung 7
conocer kennen(lernen) **5**
conocido, -a (entre) bekannt (bei) **9**
conocimientos die Kenntnisse **2**
conquista die Eroberung 4
consecuencia die Folge **7**
construcción der Bau; das Gebäude **7**
construir bauen **9**
consultorio die (Arzt-)Praxis; die Sprechstunde **5**
contacto die Berührung, der Kontakt 7
contar erzählen; zählen **3**
contento, -a (con) zufrieden (mit) **8**
contestador automático der automatische Anrufbeantworter **4**
contestar antworten **3**
continente der Kontinent, Erdteil **1**
continúa, continuar mach weiter!, weitermachen 8
contrario, -a; contrario entgegengesetzt, gegenteilig; das Gegenteil **6**
contraste der Gegensatz, Kontrast **1**
controlar kontrollieren **3**
convencional herkömmlich, konventionell 7
copia die Kopie; der Abzug; das Exemplar 3

corazón das Herz, der Mittelpunkt **7**
correcto, -a richtig 1
correr rennen, laufen **3**
corresponder entsprechen 1
corrida der Stierkampf **6**
cortado der Kaffee mit wenig Milch **4**
cortar mähen, schneiden **6**
cortina der Vorhang **6**
cosa der Gegenstand, die Angelegenheit, Sache **2**
costa die Küste **1**
costar kosten **5**
costumbre die Sitte, der Brauch, die Angewohnheit **9**
creación die Schaffung 7
crear schaffen **7**
creer glauben **2**
crema catalana *Cremespeise mit Karamellkruste* 8
crema solar die Sonnenschutzcreme 5
criar züchten 8
criollo/a; criollo, -a der/die Kreole/Kreolin; kreolisch 9
cristal das Glas; die Fensterscheibe 6
Cristo Christus 8
cruzar überqueren, kreuzen **5**
cuaderno das Heft **1**
cuadro das Bild, Gemälde **6**
cuál/es welche, -r, -s **5**
cuando (jedesmal) wenn; als; sobald *(subj.)* **8**
cuando wenn **3**
¿cuándo? wann? **2**
¿cuánto, -a, -os, -as? wie viel? **3**
¿cuánto? wie viel/e? **1**
cuarto das Viertel **3**
(cuarto de) baño das Badezimmer **6**
cuenta die Rechnung **4**
cuerda die Saite 6
cuerpo der Körper **5**
cuestión die Frage **8**
cultivar anbauen, anpflanzen 8
cultura die Kultur **1**
cultural Kultur-, kulturell **7**
cumpleaños der Geburtstag **3**
cumplir (años) ... alt werden; Lebensjahr vollenden **3**
curioso, -a neugierig; kurios **8**
curso der Kurs **8**

danza der Tanz 4
dar geben **5**
dar su opinión seine Meinung äußern **5**
dar una vuelta spazieren gehen **4**
darse cuenta de (etw.) (be)merken 3
dato die Angabe **9**
de acuerdo einverstanden, o.k. **2**
de compras beim Einkaufen **5**
de maravilla wunderbar **8**
¿de parte de quién? Wer ist am Apparat? Wer spricht? *(am Telefon)* **4**
de paseo beim Spaziergang 5
de pie im Stehen **4**

de/del/de la/de los/de las	von, aus (dem, der, den) 1
debajo de	unter, unterhalb von 8
debate	die Debatte 7
deber	müssen; sollen; schulden 3
deberes	die Hausaufgaben 3
decir	sagen 4
declarar	*(Krieg)* erklären 9
dejar (de)	aufhören (etw. zu tun); hinterlassen (Nachricht) 3
Deje su recado.	Hinterlassen Sie eine/Ihre Nachricht. 4
delante de	vor 4
delicia	die Wonne, das Entzücken 7
demasiado, -a, -os, -as; demasiado	zu viel/e 5
democracia	die Demokratie, Volksherrschaft 9
demostración	die Vorführung 4
dependiente/a	der/die Verkäufer/in 2
deporte	der Sport 3
derrocar	stürzen, herabstürzen 9
desarrollo	die Entwicklung, Entfaltung, das Wachstum 9
desayunar	frühstücken 4
desayuno	das Frühstück 4
descansar	sich ausruhen, sich erholen 7
describir	beschreiben 1
descripción	die Beschreibung 9
descubrimiento	die Entdeckung; die Erfindung 9
descubrir	erfinden; entdecken, enthüllen, herausfinden 8
desde	von, von ... aus 1
desde hace	seit (+ Zeitraum) 8
desear	wünschen 5
desgraciadamente	unglücklicherweise, leider 8
desordenado, -a	unordentlich, schlampig; ungeordnet 2
despejado	*(Wetter)* blau, wolkenlos, heiter 7
despertador	der Wecker 4
despertarse	aufwachen 4
después de	nach 3
destino	der Zielort, Bestimmungsort 7
desván	der Dachboden 6
desventaja	der Nachteil 6
detrás de	hinter 3
devolver	*hier:* (Ball) zurückschießen; zurückgeben, wiedergeben 4
día	der Tag 2
diálogo	der Dialog, das Zwiegespräch 1
diario, -a; diario	täglich; das Tagebuch; die (Tages-)Zeitung 7
dibujar	zeichnen 3
dibujo	das Zeichnen, die Zeichnung 3
diccionario	das Lexikon, Wörterbuch 3
dictadura	die Gewaltherrschaft, Diktatur 9
diente	der Zahn 6
diferencia	der Unterschied 8
diferente	verschieden; anders 1
difícil	schwer; schwierig 3
dificultad	die Schwierigkeit 4
diga/dígame	Ja? Hallo? *(Eröffnung eines Telefonats von der Empfängerseite)* 2

dinámico	dynamisch, voll innerer Kraft 6
dinero	das Geld 3
dios/a; Dios	der Gott/die Göttin; Gott 8
dirección	die Richtung; die Adresse 5
director	der Direktor 2
disco	die Schallplatte; die CD 5
discoteca	die Disko(thek) 1
discutir	diskutieren 4
disfrutar (de)	(etwas) genießen 7
distancia	die Entfernung, Distanz 7
distinto, -a	verschieden 7
diversión	das Vergnügen, die Unterhaltung, der Zeitvertreib 9
divertido, -a	amüsant, lustig 4
divertirse	sich vergnügen, sich amüsieren 7
docena	das Dutzend 5
documento	die Urkunde, das Dokument 9
dolor	der Schmerz 4
dolor de cabeza	die Kopfschmerzen 4
domicilio	der Wohnsitz 2
dominante	dominant 9
domingo	Sonntag 3
don	*in Verbindung mit dem Vornamen gebrauchte spanische Titulierung eines älteren Herrn, dem man mit Respekt begegnet* 2
doña	*in Verbindung mit dem Vornamen gebrauchte spanische Titulierung einer älteren Dame, der man Respekt zollt* 2
¿dónde?	wo? 1
dormir(se)	schlafen, einschlafen 4
dormitorio	das Schlafzimmer 6
droguería	die Drogerie 5
ducha	die Dusche 8
ducharse	duschen 6
duda	der Zweifel 6
dulces	die Süßspeisen; die Süßigkeiten 5
durante	während 3
durazno	der Pfirsich 9
durísimo	sehr/äußerst hart 9
ecología	die Ökologie 3
ecológico, -a	ökologisch, umweltfreundlich 6
economía	die Wirtschaft; die Wirtschaftswissenschaft(en) 1
económico, -a	Wirtschafts-, wirtschaftlich 9
edad	das Alter; das Zeitalter 2
edificio	das Gebäude 3
Educación Física	Sport *(als Unterrichtsfach)* 3
Educación Plástica	Kunst *(als Unterrichtsfach)* 3
ejército	das Heer 9
él	er 1
el/la/los/las	der, die, das 1
elecciones	die Wahlen 9
electricidad	die Elektrizität, der Strom 8
electricista	der Elektriker 2
elegir	aussuchen, wählen 7
e-mail, emilio *(ugs.)*	die E-Mail 2
embalse	der Stausee, die Talsperre 8
embutido	die Wurst 5
emigrar	auswandern, emigrieren 9

emisora de televisión	der Fernsehsender 2
empanada	*die gefüllte Teigpastete* 9
emperador	der Imperator, Kaiser **8**
empezar (-ie-)	beginnen, anfangen **2**
empleado/a	der/die Angestellte **5**
empresa	die Firma, das Unternehmen, der Betrieb **8**
en	in, an, auf **1**
en cambio	dagegen **9**
en contra	dagegen **4**
encantar	verzaubern, beschwören; gefallen **3**
encender	(an)zünden, *(Feuer)* entfachen **9**
enciclopedia	die Enzyklopädie, das Lexikon 8
encima de	oben auf, über **3**
encontrar	finden; treffen **3**
encontrarse	sich treffen; sich befinden, sich fühlen **4**
energía	die Energie 5
enérgico, -a	energisch **9**
enfermera	die Krankenschwester **2**
enfermo, -a	krank **8**
enfrente de	gegenüber **3**
¡enhorabuena!	Glückwunsch! *(zu einem Prüfungserfolg oder Preis)* 3
ensalada	der Salat; *fam.* das Durcheinander **3**
ensayar	proben, üben 8
enseñar	lehren, unterrichten **4**
entender	verstehen; glauben **3**
entero, -a	ganz **5**
entonces	dann, also dann **2**
entrada	die Eintrittskarte; der Eingang **5**
entrar (en)	hineingehen (in), betreten; einreisen **3**
entre	zwischen **3**
entrevista	das Interview; das Treffen **2**
entrevistar (a alg.)	(jdn) interviewen 2
envase	die Verpackung, der Behälter 5
envenenar	vergiften 9
enviar	*hier:* (Ball) schießen; schicken, versenden **4**
época	die Epoche, der Zeitraum **8**
equipo	das Team, die Mannschaft **1**
equivocarse	sich irren, sich verwählen **4**
escalera	die Treppe **6**
escalón/escalones	die Stufe 6
esclavo/a; esclavo, -a	der/die Sklave/Sklavin; sklavisch, Sklaven- 9
escribir	schreiben **2**
escuchar	zuhören, anhören **1**
escuela	die Schule **3**
ese, esa, eso	dieser/diese/dies da/dort **2**
eslogan	der Slogan, das Schlagwort 8
España	Spanien **1**
español/a; español, -a	der/die Spanier/in; das Spanische; spanisch **1**
especial	besonders, speziell **2**
espectacular	sensationell, spektakulär, aufsehenerregend **7**
espectáculo	das Schauspiel, Spektakel **8**
espectador/a	der/die Betrachter/in; der/die Zuschauer/in 8
espejo	der Spiegel **6**
esperar	warten **5**
esquiar	Ski fahren, Ski laufen **4**
esquina	die Ecke **5**
estación, estaciones	die Station; der Bahnhof; die Haltestelle; die Jahreszeit **1**
estampilla	(LA) die Briefmarke 7
estanco	der Tabak(waren)laden **5**
estantería	das Regal **6**
estar	sein, sich befinden *(auch gesundheitlich)* **1**
estar de acuerdo (con)	einverstanden sein (mit) **5**
estar harto (de)	*(einer Sache)* überdrüssig sein, es satthaben **8**
estar situado, -a	liegen **7**
este	der Osten **1**
este, esta, esto	dieser, diese, dies *(in unmittelbarer Umgebung des Sprechers)* **2**
estrecho, -a	eng, schmal, enganliegend **6**
estrella	der Stern **6**
estresado, -a	gestresst **8**
estricto, -a	streng, strikt; peinlich genau **3**
estuche	das Federmäppchen **3**
estudiante	der/die Student/in; der/die Schüler/in **1**
estudiar	lernen, studieren; analysieren **1**
estudios	das (Hochschul-)Studium, die Studien 2
estupendo, -a	toll, großartig, herrlich **7**
etapa	die Etappe, der Abschnitt, die Phase, der Schritt **1**
eterno, -a	ewig; endlos 3
ético, -a	ethisch 3
euro	der Euro 3
Europa	Europa **1**
europeo, -a; europeo/a	europäisch; der/die Europäer/in **8**
euskera; euskera	das Baskische; baskisch **1**
evidentemente	offensichtlich, offenbar **9**
evolucionado, -a	entwickelt 9
exacto, -a; exactamente	genau, sorgfältig **6**
exagerar	übertreiben, zu weit gehen **7**
examen final	die Abschlussprüfung **4**
excelente	exzellent, hervorragend; *hier:* herrlich **6**
excursión	der Ausflug **4**
existir	existieren, vorhanden sein **5**
éxito	der Erfolg **4**
exótico, -a	exotisch, fremdländisch 7
experiencia	die Erfahrung **7**
explicar	erklären **3**
exportación	die Ausfuhr, der Export 9
exportar	*(Waren)* exportieren, ausführen 9
exposición	die Ausstellung **7**
expresión	der Ausdruck 8
expulsar	vertreiben, verjagen, verdrängen 9
extensión	die Ausdehnung, Fläche 9
extraordinario, -a	außergewöhnlich **1**

fábrica	die Fabrik 1
falda	der Rock **6**
falso, -a	unrichtig, falsch **1**
faltar	fehlen; brauchen **1**
familia	die Familie **2**
familiar	familiär, vertraut **2**
famoso, -a	berühmt, allseits bekannt **1**
fantástico, -a	fantastisch, fabelhaft, toll **1**
farmacéutico/a	der/die Apotheker/in **2**
farmacia	die Apotheke **2**
fastidiado, -a	gelangweilt, angeödet **8**
fecha	das Datum, der Termin **7**
federal	föderativ, Bundes- 9
¡felicidades!	(Herzlichen) Glückwunsch! *(zum Namenstag oder Geburtstag)* **3**
feliz	glücklich, zufrieden **3**
fenómeno	das Erscheinungsbild, Phänomen **7**
fertilidad	die Fruchtbarkeit 4
fibra	der Ballaststoff, die Faser 5
ficha	die Karteikarte 2
fiebre	das Fieber **5**
fiesta	das Fest **3**
figura	die Figur; die Gestalt **1**
fijarse en	achtgeben auf 8
fila	die Reihe **4**
filete	die Scheibe *(Fleisch oder Fisch)* 5
filología	die Philologie 2
fin de semana	das Wochenende **4**
final	das Ende, der Schluss **9**
flamenco	der Flamenco *(andalusisches (Tanz-)Lied)* **1**
flecha	der Pfeil 9
flor	die Blume **3**
folleto	die Broschüre **7**
fontanero	der Installateur, Klempner 8
forma	die Form **9**
formado, -a; formar	gebildet; bilden **9**
formar parte de	gehören zu **2**
foto(grafía)	das Foto, die Aufnahme **1**
fotógrafo/a	der Fotograf **2**
francés/esa; francés; francés, esa	der Franzose/die Französin; das Französische; französisch **1**
frecuencia	die Frequenz; die Häufigkeit **4**
frecuentemente	häufig **8**
frente a	angesichts, gegenüber, vor 7
fresco, -a	frisch, kühl **7**
frío, -a	gefühlskalt; *(Temperatur)* kalt **6**
frustrado, -a	frustriert **8**
fruta	die Frucht, das Obst **5**
frutería	der Obstladen 5
frutilla	die Erdbeere 9
frutos secos	das Trockenobst 5
fuego	das Feuer **6**
fuente	der Brunnen; die Quelle *(auch Informations-)* **7**
fuera	auswärts; außer Haus; außerhalb **4**
fuerza	die Kraft, Stärke; die Macht **6**
fumar	rauchen **9**
funcionar	funktionieren 8
fundar	gründen 9

fútbol	der Fußball **1**
futuro	die Zukunft *(auch grammatikalisch)* **2**
gallego/a; gallego	der/die Galicier/in; das Galicische **1**
galleta	der Keks **5**
ganadería	die Viehzucht 9
ganar	gewinnen, erreichen **2**
garaje	die Garage **6**
garganta	die Kehle, der Rachen, *laienhaft* „Hals" **5**
gasolina	das Benzin **7**
gastar	*(Geld)* ausgeben, investieren **8**
gaucho	der Gaucho *(berittener südamerikanischer Viehhirte)* 9
gen	das Gen **9**
generación	die Generation **3**
general	generell, allgemein; der General **2**
gente	die Leute **1**
geografía	die Erdkunde, Geografie 1
geográfico	geografisch **9**
gimnasia	die Gymnastik **4**
gimnasio	die Turnhalle 3
girar (a)	abbiegen (nach) **5**
glaciar; glaciar	der Gletscher; Gletscher- 1
gladiador	der Gladiator 8
golpe militar	der Militärputsch **9**
golpear	schlagen **4**
goma (de borrar)	der Radiergummi **3**
gracias	danke **1**
grado	die (Schul-)Klasse; der (akademische, Verwandtschafts-)Grad; die Stufe, das Niveau; Grad *(als naturwiss./techn. Maßeinheit)* **3**
gramo	das Gramm **5**
grande	groß; bedeutend **1**
granja	der Bauernhof; die (Hühner-)Farm **8**
grasa; graso, -a	das Fett; fett **5**
gratis	gratis, kostenlos **8**
gris	grau; das Grau **6**
grupo	die Gruppe, der Konzern **1**
guapo, -a	hübsch (anzusehen), gut aussehend **1**
guaraníes; guaraní	die Guaraní; Guaraní- 1
guerra	der Krieg **9**
guía	der/die (Reise-)Führer/in; der (Stadt-)Führer *(in Buchform)* **8**
guitarra	die Gitarre **1**
guitarrista	der/die Gitarrist/in 1
gustar	gefallen, mögen, schmecken **3**
gusto	der Geschmack **6**
habitación	das Zimmer **2**
habitante	der/die Bewohner/in **3**
hablar	sprechen, reden **1**
hacer	tun, machen **2**
hacia	nach, gen, gegen **7**

hambre	der Hunger **8**
harina	das Mehl 5
hasta	bis **1**
hay	es gibt **1**
hectárea	der Hektar 8
helado	das (Speise-)Eis **8**
hemisferio	die Hemisphäre, Erdhalbkugel 7
hermano/a; hermanos	der Bruder/die Schwester; die Geschwister **2**
hidratos de carbono	die Kohlehydrate 5
hielo	das (Natur-, Glatt-)Eis; Eis(würfel) **7**
hijo/a; hijos	der Sohn/die Tochter; die Kinder **2**
hipermercado	großer Supermarkt 5
historia	die Geschichte **3**
histórico, -a	historisch **7**
hobby	das Hobby 2
¡hola!	Hallo *(allgemeine informelle Begrüßungsformel unter Freunden und Bekannten bzw. gegenüber Jüngeren)* **1**
hombre	der Mann; der Mensch **2**
hora	die Stunde *(auch Schulstunde)*, die Uhrzeit; die Zeit **2**
horario	der Stundenplan **3**
horrible	schrecklich **8**
horrorizado, -a	entsetzt **8**
hospital	das Krankenhaus, die Klinik **2**
hotel	das Hotel **1**
hoy	heute **3**
huerto	der Gemüsegarten 8
hueso	der Knochen **5**
huevo	das Ei **5**
humor	der Humor, die Laune **8**
hundido, -a	versenkt 3
idea	der Gedanke, die Idee **8**
ideal	ideal **2**
identidad	die Identität 6
identificar	*hier:* zuordnen, erkennen 1
idioma	die Sprache **2**
igual	(genau) gleich, (sehr) ähnlich; eben **5**
igualdad	die Gleichheit 6
imaginar; imaginarse	sich vorstellen **2**
Imperio Romano; imperio	das Römische Weltreich, das Römische Imperium; das Imperium, das (Kaiser-)Reich **8**
imponerse	sich durchsetzen **4**
importante	wichtig, bedeutend **1**
impresionante	eindrucksvoll, beeindruckend; großartig **1**
incas; inca	die Inka; Inka- 1
incendiar	anzünden, in Brand stecken 9
independencia	die Unabhängigkeit **9**
independiente	unabhängig **2**
indígena	der/die Ureinwohner/in, der/die Eingeborene, der Indio/die Indiofrau 4, 9
información	die Information; die Auskunft **2**
informarse	sich informieren **3**
informática	die Informatik 2, 3

inglés/esa; inglés; inglés, -esa	der/die Engländer/in; das Englische; englisch **1**
inmigrante	der/die Einwanderer/in, der/die Immigrant/in **9**
inmobiliaria	die Immobilienfirma 6
instalarse	sich ansiedeln, sich niederlassen **8**
instituto	das Gymnasium **2**
instrumento	das (Musik-)Instrument; das Werkzeug **6**
intelectual	der/die Intellektuelle; intellektuell **5**
inteligente	intelligent; klug, gescheit **5**
intentar	versuchen; vorhaben **4**
interés	das Interesse; die Bedeutung; der Nutzen, Vorteil **8**
interesado, -a	interessiert **8**
interesante	interessant **1**
interesar	interessieren **2**
internacional	international **9**
íntimo, -a	intern, privat, intim **2**
introversión	die Introvertiertheit 6
investigación	die Untersuchung; die Forschung **2**
invierno	der Winter **7**
invitar	einladen **4**
ir de bares	einen Kneipenbummel machen **7**
ir de copas	etwas trinken gehen **4**
irse	(fort-, weg-)gehen **9**
isla	die Insel **1**
italiano/a; italiano; italiano, -a	der/die Italiener/in; das Italienische; italienisch **1**
jabón	die Seife **5**
jamón	der Schinken **4**
jarabe	der Sirup **5**
jardín	der Garten **6**
¡Je!	Hihi! 2
jefe	das (männliche/weibliche) Oberhaupt; der/die Chef/in **9**
jersey	der Pullover **6**
joven	der/die junge Mann/Frau; jung **2**
juego	das Spiel **3**
jueves	Donnerstag **3**
jugador/a	der/die Spieler/in **4**
jugar	spielen **3**
jugo	der Saft **9**
junto a	neben; an; (zusammen) mit **1**
junto, -a	zusammen, gemeinsam **4**
justicia	die Gerechtigkeit; das Recht 2
kilo(gramo)	das Kilo(gramm) 5
kilómetro	der Kilometer 8
lamentablemente	bedauerlicherweise, leider **8**
lámpara	die Lampe, Leuchte **6**
lápiz	der Bleistift **3**
largo, -a	lang; ausführlich **2**

lata	die Dose **5**
Latinoamérica	Lateinamerika **1**
latinoamericano, a; latinoamericano/a	lateinamerikanisch; der/die Lateinamerikaner/in, der/die Iberoamerikaner/in 8
lavadero	die Waschküche **6**
lavadora	die Waschmaschine **6**
lavar(se)	(sich) waschen **4**
lección	der Unterricht; die Vorlesung; die Lektion 4
leche	die Milch **4**
lechuga	der Kopfsalat **5**
leer	lesen **2**
legumbre	die Hülsenfrüchte; das Gemüse 5
lejos	weit (entfernt) **9**
lengua	die Sprache; die Zunge **1**
lengua castellana	das Spanische 3
lenteja	die Linse **5**
lento, -a	langsam; träge **3**
levantar	(hoch)heben **3**
levantarse	aufstehen; sich erheben **2**
libertad	die Freiheit **6**
libertador	der Befreier 9
libre	frei **2**
librería	die Buchhandlung; (LA) das Schreibwarengeschäft; die Bibliothek, Bücherei 3
libro	das Buch **1**
lila; lila	lila, fliederfarben; das Lila **6**
limitar (con)	(an)grenzen an **1**
limón	die Zitrone; zitronengelb **5**
lindo, -a	schön **9**
lío	das Durcheinander **8**
lista	die Liste **3**
literario, -a	literarisch **1**
literatura	die Literatur **1**
litro	der Liter **5**
llama	das Lama 9
llamado, -a	sogenannter, -e **4**
llamar	anrufen; rufen 4
llamar la atención de u.p.	jmds. Aufmerksamkeit erregen **9**
llamarse	heißen, sich nennen **2**
llegar	ankommen **3**
lleno, -a	voll; vollbesetzt, satt **4**
llevar	tragen *(auch Kleidung)*; bringen; führen **5**
llover	regnen **7**
lluvia	der Regen **7**
lluvioso, -a	regnerisch, regenreich **7**
lo mejor	das Beste 3
lo siento	Ich bedaure. Es tut mir leid. **4**
loco, -a	verrückt **7**
los demás	die übrigen, die anderen **7**
los/las dos	beide **2**
luchador/a; luchador, -a	der/die Kämpfer/in; kämpferisch 9
luchar (por)	kämpfen (für) **8**
luego	dann **2**
lugar	der Ort, die Ortschaft **2**
lugareño, -a; lugareño/a	dörflich, kleinstädtisch; der/die Dorfbewohner/in **8**
luna	der Mond **4**
lunes	Montag **3**
luz	das Licht **6**
madera	das Holz **6**
madre	die Mutter **2**
maduro, -a	reif **5**
maestra	die Lehrerin **8**
maestro	der Meister, Maestro; der Lehrer 1
majo, -a	hübsch, gut aussehend, nett; sympathisch **3**
mala suerte	das Unglück **4**
maleta	der Koffer **3**
malo, -a	schlecht **5**
mamá	die Mama; (LA) die Mutter 7
mañana	der Morgen; morgen **2**
mandar	schicken **2**
manga	der Ärmel 6
mano	die Hand **3**
mantequilla	die Butter **5**
manzana	der Apfel **5**
mapa	die Landkarte **1**
mapuches; mapuche	die Araukaner; araukanisch 1
mar	das Meer, die See **1**
maravilla	das Wunder 6
maravilloso, -a	wunderschön, wunderbar **6**
marido	der Ehemann, Ehegatte **1**
marrón; marrón	(kastanien)braun; das (Kastanien-)Braun **6**
marroquí; marroquí	der/die Marokkaner/in; marokkanisch 8
Marruecos	Marokko 8
martes	Dienstag **3**
más	mehr, in höherem Grade; noch **1**
masa	die große Anzahl; die Masse 7
matemáticas	die Mathematik 3
máximo, -a	Höchst-, Maximal- **7**
mayas; maya	die Maya; Maya- 1
mayor	älter **3**
mayoría	die Mehrheit, der überwiegende Teil **4**
medalla	die Medaille 9
mediano, -a	mittlere, -r, -s; mittelmäßig **6**
medicamento	das Medikament, die Arznei **5**
medicina	die Medizin **5**
médico/a	der Arzt/die Ärztin **2**
medio ambiente	die Umwelt **7**
medio de transporte	das Verkehrs-/Transportmittel **5**
medio, -a	halb; Mittel- **5**
mejor	besser **5**
melancolía	die Schwermut, Melancholie **6**
memoria	das Gedächtnis, die Gedächtnisleistung; die Erinnerung **5**
menor	jünger **3**
menos	weniger; vor *(bei genauer Zeitangabe)* **2**
mercado	der Markt **4**
merluza	der Seehecht 8
mes	der Monat **3**
mesa	der Tisch **3**
mestizo/a; mestizo, -a	der/die Mestize/Mestizin; der männliche/weibliche Mischling; Mischlings- 9

metal	das Metall 6
metro	die U-Bahn, Metro **5**
mezcla	die (Ver-)Mischung **9**
mezclar, mezclado, -a	vermischen, vermengen; vermischt, durcheinander **3**
mientras	während **4**
miércoles	Mittwoch **3**
migratorio, -a	Wanderungs- 8
millonario/a	der/die Millionär/in 5
mímica	die Mimik, das Mienenspiel, Gebärdenspiel 7
mínimo, -a; mínimo	sehr klein, winzig, minimal; das Minimum **5**
minuto	die Minute **4**
mirar	schauen, anschauen **4**
mismo, -a	der-, die-, dasselbe **3**
misterio	das Geheimnis; das Rätsel 6
mochila	der Rucksack; der Ranzen **3**
moda	die Mode 6
moderno, -a	modern **1**
mojar	nass machen, befeuchten 6
momento	der Augenblick **4**
montaña	das Gebirge **1**
montón	der Haufen **3**
monumento	das Denkmal, Monument, die Sehenswürdigkeit **1**
moreno, -a	dunkelhaarig, dunkelhäutig; braungebrannt **9**
morir; muerto	sterben; gestorben **9**
morrón	die rote Paprika 9
mostrar	zeigen **9**
motivar	motivieren, begründen, *(Interesse)* wecken 8
movida	die *(kulturelle, etc.)* Szene; der Bereich, in dem sich etwas abspielt 8
movimiento	die Bewegung **4**
mucho, -a; -os; -as mucho; muchísimo, -a; -os; -as; muchísimo	viel/e; sehr; sehr viel/e **1**
mudarse	umziehen **8**
mueble	das Möbelstück **5**
muerte	der Tod **6**
muerto/a	der/die Tote **9**
mujer	die Frau, Ehefrau **2**
mulato; mulato, -a	der/die Mulatte/Mulattin; dunkelbraun 9
mulo/a	das Maultier 9
mundo	die Welt **1**
muralla	die (Stadt-)Mauer 8
museo	das Museum **1**
música	die Musik; die Musikkapelle **2**
músico	der Musiker 7
muy	sehr **1**

nacer; nacido, -a	sprießen *(Pflanzen)*; geboren werden; geboren **7**
nacimiento	die Geburt **9**
nacional	national **1**
nada	nichts **1**
nadar	schwimmen **2**
nadie	niemand **8**
nafta	das Erdöl, (LA) das Benzin 7
naranja; naranja	die Orange, Apfelsine; orangefarben **5**
naranjo	der Orangenbaum 8
nariz	die Nase **9**
natación	schwimmen 4
natural	natürlich, Natur- **1**
naturaleza	die Natur **6**
navegante	der Seefahrer 9
necesario, -a	notwendig, erforderlich **5**
necesitar	brauchen, benötigen **2**
negativo, -a	negativ **7**
negro, -a; negro	schwarz; das Schwarz **6**
nene/a	der kleine Junge/das kleine Mädchen 9
nervioso, -a	nervös **3**
nevar	schneien **7**
nevera	der Kühlschrank **5**
ni hablar	ganz zu schweigen von 8
niebla	der Nebel **7**
nieto/a	der/die Enkel/in **2**
nieve	der Schnee **7**
ningún, ninguno, -a	keiner, niemand **7**
niño/a; niños	der Junge, das Mädchen; das *(jüngere leibliche/adoptierte)* Kind; die Kinder **3**
nivel	das Niveau **2**
no	nein **1**
No importa.	Das macht nichts. **9**
no sólo ... sino también	nicht nur ... sondern auch **5**
noche	die Nacht; der Abend **1**
nombre	der Name, die Bezeichnung **2**
noreste, nordeste	der Nordosten 8
normalmente	normalerweise **4**
norte	der Norden **1**
nosotros, -as	wir **1**
nota	die Note; der Vermerk, Hinweis, die Notiz **3**
novedad	die Neuigkeit **4**
novio/a	der/die *(feste)* Freundin; der/die Bräutigam/Braut **2**
nublado, -a	bewölkt **7**
nuera	die Schwiegertochter **2**
nuevo, -a	neu **1**
número	die Nummer, Zahl **1**
nunca	nie(mals) **2**

o/u	oder **1**
objetivo	das Ziel **4**
ocupado, ocupar	besetzt, belegt; beschäftigt; besetzen, einnehmen; beschäftigen; *(Amt, Posten)* innehaben/bekleiden **4**
ocuparse de	sich kümmern um, sich beschäftigen mit **8**
oeste	der Westen **1**
oficial	offiziell **1**
oficina de correos; Correos	das Postamt; die Post **5**
ofrecer	(an)bieten **7**
¡oiga!	Hören Sie (bitte)! **4**
oír	hören **4**

ojo	das Auge **9**
¡ojo!	Vorsicht! Aufgepasst! **1**
ojos rasgados	die Schlitzaugen 9
ópera	die Oper 1
oportunidad	die (günstige) Gelegenheit, das Sonderangebot; die Chance **6**
optimista	optimistisch **8**
orden (el)	die Ordnung; die Reihenfolge **4**
ordenador	der Computer **2**
ordenar	Ordnung schaffen, aufräumen; ordnen **2**
organizar	organisieren **7**
orgullosísimo, -a; orgulloso, -a	sehr stolz; stolz **9**
oro	das Gold **6**
ortográfico, -a	orthografisch; *hier:* in der Rechtschreibung 9
oscuro, -a	dunkel **9**
oso	der Bär **7**
otoño	der Herbst **6**
otro, -a	ein/e andere/er; noch eine/r; ein/e weitere/r **1**
¡oye!	hör mal! **2**
paciencia	die Geduld **3**
paciente	der/die Patient/in **5**
pacífico	friedlich, friedfertig 6
paddle	Paddleball 3
padre; padres	der Vater; die Eltern **2**
paella	die Paella *(Reispfanne mit Gemüse, Meeresfrüchten und Hühnerfleisch)* **1**
pagar	(be)zahlen **3**
país	das Land **1**
paisaje	die Landschaft **1**
palabra	das Wort, die Vokabel **1**
palacio	der Palast **1**
paloma	die Taube 6
pan	das Brot **5**
panadería	die Bäckerei **8**
papa	(LA) die Kartoffel 7
papá; papás	*fam.* der Papa; die Eltern **2**
papel	das Papier; die (Theater-, Film-)-Rolle **3**
papelería	das Schreibwarengeschäft 3
paquete	die Packung **5**
para	um zu; für **2**
¿para qué?	wozu? zu welchem Zweck? 5
parada	die Haltestelle **5**
parar	anhalten, stoppen, Einhalt gebieten **8**
parece; parecer	erscheinen **3**
parecerse a	ähneln, aussehen wie **9**
parecido, -a	ähnlich **1**
pared	die Wand; die Mauer **4**
paréntesis	die Klammer **9**
parque	der Park **1**
parte	der Teil **8**
participar	teilnehmen **9**
partido	das sportliche Spiel, die Partie; die *politische* Partei, die Interessengemeinschaft **4**

pasar; pasado, -a	passieren, überschreiten; (herüber)reichen; vergangen **4**
pasear	spazieren gehen; spazieren führen **8**
pasillo	der Gang, der Korridor **3**
pasión	die Leidenschaft, Passion 6
paso	der Schritt **1**
pasta	die Teigwaren; die Nudeln; die Paste 5
pastar	weiden, grasen 8
pastel	der Kuchen, das Gebäck, die Pastete 3
pastilla	die Tablette **5**
pastor	der Hirte, Schäfer; der Pfarrer 6
patata	die Kartoffel **5**
patio	der Hof; der Schulhof; der Innenhof **3**
patria	die Heimat, das Vaterland **6**
pausa	die Pause **4**
paz	der Frieden **6**
pedir	bestellen **4**
peinarse	sich kämmen **6**
película	der Film **3**
peligroso, -a	gefährlich, riskant **4**
pelo	das Haar **5**
pelota	der Ball, die Kugel **4**
peluquería	der Friseursalon **8**
pena	die Trauer; die Traurigkeit **8**
Península Ibérica; península	die Iberische Halbinsel; die Halbinsel **8**
pensar	glauben, denken **8**
pequeño, -a	klein **1**
pera	die Birne **5**
perdido, -a; perder	verloren; verlieren; vergeuden; zerstören, ruinieren **5**
perdiz	das Rebhuhn 9
¡perdón!	Entschuldigung! **4**
perfume	das Parfüm 5
perfumería	die Parfümerie 5
periódico	die Zeitung **2**
periodista	der/die Journalist/in **2**
permitir	erlauben, gestatten, zulassen **2**
pero	aber **1**
perseguir	verfolgen 6
persona	die Person **2**
personaje	die Person; die Persönlichkeit; *(theat.)* die Figur, Gestalt **7**
personalidad	die Persönlichkeit **2**
perspectiva	die Perspektive, der Anblick 8
pertenecer a (-zc-)	gehören zu **2**
pesca	der Fischfang, die Fischerei **8**
pescado	der Fisch *(als Speise)* **5**
pescador/a	der/die Fischer/in 8
pescaíto frito	*verschiedene in Öl gebratene Fische* 7
peso	der Peso 3
picadura	(Insekten-)Stich 5
piel	die Haut **9**
piedra	der Stein **9**
pimiento	die Paprika **5**
pintar	malen, anstreichen **2**
pintor	der Maler **1**
pintura	das Gemälde, Bild; die Farbe **7**

pipa	die Pfeife 9
pirámide	die Pyramide 1, 5
piscina	das Schwimmbad **8**
piso	das Stockwerk; die Wohnung **6**
pizarra	die Tafel **3**
plan	der Plan **4**
planeta	der Planet, *hier:* die Erde **7**
plano (de la ciudad)	der Stadtplan 5
planta	die Pflanze **8**
planta baja	das Erdgeschoss **6**
plata	das Silber; (LA) das Geld 7
plátano	die Banane(nstaude); die Platane **5**
plato	der Gang *(Essen)*, der Teller **1**
playa	der Strand **1**
plaza	der Platz **1**
pleno, -a	voll; voll und ganz; *hier:* mitten im **6**
población	die Bevölkerung; der Ort, die Ortschaft **9**
pobre	arm, bedürftig, elend **9**
poco, -a; poco	wenig **1**
poder	können **3**
polaco/a; polaco; polaco, -a	der/die Pole/in; das Polnische; polnisch **1**
policía	der/die Polizist/in; die Polizei **1**
pollo	das Hühnchen **5**
pomada	die Salbe **5**
poner	legen, stellen; durchstellen, verbinden *(am Telefon)* **3**
ponerse a	anfangen zu **4**
ponerse moreno	braun werden 5
póngame	geben Sie mir **5**
por ejemplo	zum Beispiel **1**
por eso	deswegen **3**
por fin	endlich **6**
por supuesto	selbstverständlich, natürlich **8**
poroto	die Bohne 9
¿por qué?	warum? **1**
porque	weil **3**
porteño/a; porteño, -a	der/die Einwohner/in von Buenos Aires; aus Buenos Aires 9
porvenir	die Zukunft 6
posar	posieren 3
posibilidad	die Möglichkeit **8**
posible	möglich **3**
positivo, -a	positiv **7**
postal	die Postkarte **4**
postre	die Nachspeise **8**
práctica	das Praktikum **9**
practicar	praktizieren, durchführen **4**
precio	der Preis **5**
precioso, -a	wunderschön, entzückend **7**
precolombino, -a	präkolumbisch, präkolumbianisch 4
preescolar	vorschulisch, Vorschul- 3
preferir, preferido	vorziehen, bevorzugen; bevorzugt, Lieblings- **3**
pregunta	die Frage **1**
preguntar (por)	fragen (nach) **2**
preparar; preparado, -a	vorbereiten, zubereiten; vorbereitet, fertig, bereit **2**
presencia	die Gegenwart, das Aussehen **2**
presidencia	die Präsidentschaft, das Präsidentenamt 9
presidente	der/die Präsident/in **9**
previsión	die Vorhersage 7
primaria	die Grundschule 3
primavera	der Frühling **3**
primo/a	der/die Cousin/Cousine **2**
Príncipe de Asturias	der spanische Kronprinz 2
privado, -a	privat; nicht öffentlich **3**
probarse	anprobieren **6**
problema	das Problem **5**
procesión	die Prozession 9
producto	das Produkt, Erzeugnis **5**
producto de limpieza	das Putz-/Reinigungsmittel 6
productos lácteos	die Milchprodukte 5
profesión	der Beruf **2**
profesor/a, profe	der/die Lehrer/in; der/die Professor/in **2**
profundo, -a	tief **4**
programa	das Programm **4**
pronto	früh, bald; bereit, zurstelle; sofort, unverzüglich **3**
propina	das Trinkgeld **2**
propio, -a	eigen **2**
propietario/a	der/die Besitzer/in, der/die Eigentümer/in; der/die Grundbesitzer/in **9**
propuesta	der Vorschlag **4**
proteger	schützen **7**
proteína	das Protein 5
provincia	die Provinz **8**
próximo, -a	nächster, -e, -es **4**
proyecto	das Projekt, der Plan, das Vorhaben **7**
publicidad	die Werbung **8**
público, -a; público	öffentlich, staatlich; das Publikum **3**
pueblo	das Dorf; das Volk **1**
puerta	die Tür; das Tor **3**
puerto	der Hafen **1**
pues	also; denn; dann **2**
puesto	der (Markt-, Messe-)Stand 6
punto	der (Wertungs-)Punkt **4**
puntual	pünktlich **3**
pureza	die Reinheit, Keuschheit 6
que	der, die, das; welcher, -e, -es **1**
¿qué tal?	Wie geht's? Wie ist/war ...? Was macht ...? **1**
¿qué tiempo hace?	Wie ist das Wetter? **7**
¿qué?	was (für ein)? **1**
quedar	sich verabreden; verbleiben, übrigbleiben; stehen **4**
quedarse (con)	bleiben (bei) **8**
quemadura	die Brandwunde, Verbrennung 5
querer (-ie-)	wollen; lieben **2**
querido, -a	lieb, geliebt *(auch als Anrede in persönlichen Briefen)* **4**
queso	der Käse **5**
quien	der, die, das, welcher, -e, -es **9**
¿quién? ¿quiénes?	wer? **1**

quinceañero/a	der/die Fünfzehnjährige 3
radio	das Radio(gerät) **6**
rápido, -a; rápido; rápidamente	schnell, rasch **4**
raramente	selten **4**
rasgo	der (Gesichts-)Zug 9
raya; a rayas	der Strich, Streifen, die Linie; gestreift **4**
razón	der Grund, die Begründung; die Vernunft **5**
real	königlich **1**
realista	realistisch **6**
realizar	ausführen, durchführen 8
rebajado, -a	heruntergesetzt, reduziert (auf) 6
rechazar	ablehnen; zurückweisen **4**
recibir	erhalten; empfangen; aufnehmen **2**
recordar	(sich) erinnern (an) **6**
recreo	die Pause *(in der Schule)* **3**
recto, -a	geradeaus **5**
referirse (a)	sich beziehen (auf) **7**
regalar	schenken **3**
regalo	das Geschenk **3**
regar	sprengen, gießen, bewässern **6**
región	die Region; die Gegend, das Gebiet **1**
regional	regional 4
regla	das Lineal; die Regel; das Maß **3**
regresar	zurückkehren **6**
regularmente	regelmäßig, in regelmäßigen Abständen **8**
reír	lachen **6**
relación	der Zusammenhang; das Verhältnis, die Beziehung **2**
relajado, -a	entspannt, relaxed **8**
religión	die Religion **3**
religioso, -a	religiös **4**
reloj	die Uhr **3**
remedio	das Heilmittel, Medikament **5**
repaso	*hier:* Rekapitulation, zusammenfassende Wiederholung 1
representar	verkörpern, darstellen 6
resfrío	die Erkältung **5**
residencia de estudiantes	das Studentenwohnheim 2
resolver	lösen **9**
respetar	respektieren, (be)achten, sich halten an **3**
respirar	atmen 4
responsabilidad	die Verantwortung **3**
restaurante	die (feinere) Gaststätte, das Restaurant **1**
resto	der Rest; das Übrige **5**
resultado	das Ergebnis, Resultat **3**
resumen	die Zusammenfassung, das Resümee **8**
resumir	zusammenfassen **9**
revisar	durchsehen 4
revolución	die Revolution **9**
rey/reina; los Reyes	der/die König/in; die spanischen Könige **1**

rico, -a (en)	reich (an), -reich; köstlich, fein *(Speisen)*, wohl schmeckend 5
riego	die Bewässerung 8
río	der Fluss **1**
rizado, -a	gelockt, lockig **9**
rock	Rock; die Rockmusik 8
rodilla	das Knie **4**
rojo	rot **5**
rol	die Rolle *(auch Theater, Film)* 5
romano/a; romano, -a	der/die Römer/in; römisch **1**
ropa	die Kleidung **5**
rosa	die Rose 3
ruido	das Geräusch, der Lärm **4**
rural	ländlich 1, 7, 8
ruso/a; ruso; ruso, -a	der/die Russe/in; das Russische; russisch **1**
sábado	Samstag **3**
saber	wissen; können; kennen **2**
sable	der Säbel 9
sacapuntas	der Spitzer **3**
sacar	herausnehmen, herausziehen **9**
sacerdote	der Priester **9**
salami	die Salami **5**
salir	herauskommen; abfahren **3**
salón	das Wohnzimmer **6**
salsa	Salsa *(Tanz)* **6**
saltar	springen (über) **6**
salud	die Gesundheit **9**
saludar	(be)grüßen, einen Gruß bestellen **3**
sangre	das Blut **6**
sangría	die Sangría *(Rotweinbowle)*; der Aderlass, Verlust **6**
seco, -a	trocken **7**
secretario/a	der/die Sekretär/in **2**
sed	der Durst **8**
seguir	weitergehen **5**
según	nach (Ansicht von), laut, gemäß **7**
segundo, -a	zweiter, -e, -es **3**
seguramente	mit Sicherheit, sicherlich **8**
sello	die Briefmarke **5**
selva	der Wald; der Dschungel **1**
semana	die Woche **4**
semestre	das Semester, Studienhalbjahr 4
señal	der Signalton **4**
senderismo	das Wandern **7**
señor/a	der Herr/die Frau **1**
sentarse; (estar) sentado, -a	sich setzen; sitzen **4**
sentido	die Bedeutung, der Sinn **4**
sentirse	sich fühlen **8**
ser	sein **1**
serio, -a	ernst, streng, seriös **2**
sí	ja; doch **2**
si	wenn, falls **3**
siempre	immer, stets **3**
sierra	die Gebirgskette 7
siglo	das Jahrhundert **1**
significado	die Bedeutung **4**

siguiente	folgend, nachstehend **1**
silencio	die Ruhe, Stille **6**
silla	der Stuhl **4**
símbolo	das Symbol, Sinnbild **4**
similar *adj.*	ähnlich, gleichartig 8
simpático, -a	sympathisch **2**
sin	ohne **4**
sistema político	das politische System 9
sitio	die Stelle, der Ort, Platz **5**
situación	die Lage, Situation **9**
sobre	über **1**
sobremesa	der Nachtisch, gemütliches Zusammensitzen nach dem Essen **4**
sobrino/a	der Neffe/die Nichte **2**
sociedad	die Gesellschaft *(auch ökon.)* **9**
sofá	das Sofa **6**
soja	die Soja 9
sol	die Sonne **1**
solamente	nur; einzig und allein **2**
soleado, -a	sonnig 6
soler hacer algo	etw. zu tun pflegen, gewohnt sein etwas zu tun **9**
sólo	nur **2**
solo, -a	einzig; allein; alleinstehend; einsam **2**
solución	die Lösung **3**
sombrero	der Hut **6**
sonar	klingeln, läuten **4**
sonreír	lächeln, schmunzeln **3**
sonrisa	das Lächeln, Schmunzeln, Grinsen **3**
sorprendido, -a	überrascht **8**
sótano	das Untergeschoss, der Keller **6**
subir	steigen; *(Preise)* anziehen **5**
suegro/a	der/die Schwiegervater/-mutter **8**
suerte	das Glück; das Schicksal, Los; der Zufall **7**
suficiente	genügend, genug, ausreichend **8**
sufrir	erleiden, erfahren, erleben **8**
superficie	die Oberfläche; die Fläche **9**
supermercado, súper	der Supermarkt **5**
sur	der Süden **1**
tabaco	der Tabak 8
talla	die (Konfektions-)Größe **6**
también	auch **1**
tampoco	auch nicht **3**
tan, tanto, tanto, -a, -os, -as	so, so viel, so sehr so viel/e **5**
tango	der Tango 2, 6
tanto	der Punkt, das Tor 4
tapa	das Appetithäppchen **4**
tarde	der Nachmittag; (zu) spät **3**
tareas domésticas	die Hausarbeit **9**
tarta	die Torte **3**
taxi	das Taxi 8
teatro	das Theater **1**
techo	das Dach **6**
Tecnología; tecnología	die Technik *(als Unterrichtsfach);* die Technologie **3**
tele(visión)	das Fernsehen **4**
teléfono	das Telefon **2**
(teléfono) móvil	das Handy 3
televisor	das Fernsehgerät, der Fernseher **6**
tema	das Thema **4**
temperatura	die Temperatur; das Fieber **5**
templo	der Tempel 8
temprano	früh **2**
tener (-ie-)	haben, halten **2**
tener ganas de	Lust haben zu **7**
tenis	das Tennis **4**
terminar; terminarse	*(die Schullaufbahn)* beenden, abschließen; *(etwas)* fertigstellen; fertig werden (mit); enden, zu Ende gehen **2**
terraza	die (Dach-)Terrasse, der Balkon **6**
terrible	schrecklich, furchtbar, entsetzlich; sehr groß *(Hunger)* **3**
territorio	das (Staats-)Gebiet 1, 9
texto	der Text **1**
tiempo	die Zeit; das Wetter **2**
tienda	der Laden, das (Einzelhandels-, Lebensmittel-)Geschäft **2**
tienda de campaña	das Zelt 7
tierra	die Erde; der Erdboden **4**
tijeras	die Schere **3**
tila	die Linde; der Lindenblütentee 4
tinta	die Tinte 4
tío/a	der Onkel/die Tante; *fam.* der Kerl, die Tussi **2**
típico, -a	typisch, bezeichnend, unverkennbar **1**
tipo	der Typ, die Art **2**
tirar	ziehen **6**
tirita	das Heftpflaster **5**
título	der Titel, die Überschrift **4**
tiza	die Kreide **3**
tocado	*hier:* getroffen 3
tocar, (tocado)	berühren; *(ein Instrument)* spielen; anstoßen; *hier:* getroffen **3**
todavía	noch **2**
todo, -a	ganz; jeder **2**
tomar	nehmen; trinken **4**
tomar nota(s)	mitschreiben, sich Notizen machen **4**
tomate	die Tomate **5**
tormenta	der Sturm **7**
toro	der Stier **1**
tortilla	die Tortilla, das (span.) Omelett 4
tos	der Husten **5**
total; en total	total, ganz, gänzlich, vollständig; insgesamt **5**
trabajar (de, como)	arbeiten (als) **1**
trabajo	die Arbeit **2**
tradición	die Tradition, der Brauch; die Gewohnheit **3**

tradicional	traditionell, herkömmlich 3
traer	(her-, mit-)bringen 7
tráfico	der Verkehr; der Handel 8
trágicamente	auf tragische Art und Weise; tragisch, erschütternd, ergreifend 9
traje	der Anzug 6
trajinera	*mex. Bezeichnung für best. Wasserfahrzeuge auf dem Xochimilco-See* 4
tranquilo, -a	ruhig, gelassen 2
trastero	die Abstellkammer 6
tratar de + *inf.*	versuchen *(etw. zu tun)* 8
tratarse (de)	sich handeln um 2
tren	der Zug 5
tribu	der Stamm 9
trigal	das Weizenfeld 6
trigo	der Weizen 6
triste	traurig, betrübt, bekümmert 8
tristeza	die Traurigkeit, der Trübsinn 6
tronar	donnern 7
trópico	der Wendekreis 7
tu	dein/er/e 1
tuno	Musiker in einer Studentenkapelle (tuna) 7
turco/a; turco; turco, -a	der/die Türke/in; das Türkische; türkisch 1
turismo	der Tourismus 1
turista	der/die Tourist/in 4
turístico, -a	touristisch 1
último, -a	letzter, letzte 3
un, -a; uno	ein, -er, -e; eins 1
único, -a	einzig; einzigartig, einmalig 2
unidad	die (Gewichts-, Maß-)Einheit 5
universidad	die Universität 1
universitario, -a; universitario/a	Universitäts-; der/die Student/in 1
unos/as	einige, manche 7
urgente	dringend, eilig 6
usar	benutzen; gebrauchen 3
utilizar	verwenden, benutzen 4
uva	die Traube 8
vaca	die Kuh 3
vacaciones	die Ferien, der Urlaub 1
vacío, -a	leer 6
vale	einverstanden, in Ordnung 4
valiente	tapfer, kühn 9
valle	das Tal 9
valor	der Wert, die Bedeutung; das Wertpapier 3
vaqueros	die Jeans 5
variado, -a	abwechslungsreich 1
variedad	die Vielfalt, Mannigfaltigkeit 1
varón	der Mann; das Kind (männlich) 9
vecino/a	der/die Nachbar/in 8
vela	der Segelsport, das Segeln 8
vender	verkaufen 5
venezolano/a, venezolano, -a	der/die Venezolaner/in; venezolanisch 1

venir (-ie-)	(an)kommen; geschehen, herkommen 2
ventaja	der Vorteil 3
ventana	das Fenster 6
ver	sehen 2
verano	der Sommer 3
¿verdad?	Stimmt doch? Nicht wahr? 2
verde	grün 5
verdecito, -a	noch nicht ganz reif, noch etwas grün 5
verdulería	der Gemüseladen, Gemüsestand 9
verdura	das Gemüse 5
vestido	das Kleid 3
vestirse	sich anziehen 4
vez/veces	das Mal 1
vía	*hier:* der Weg 8
viajar	reisen 3
viaje	die Reise, Fahrt 2
viceversa	umgekehrt 6
vida	das Leben 4
viejo, -a; viejos	(ur)alt; *fam.* die Alten (= die Eltern) 3
viento	der Wind 7
viernes	Freitag 3
vino	der Wein 4
violeta; violeta	violett; das Violett 6
virreinato	das Vizekönigtum, -reich 9
virrey/virreina	der/die Vizekönig/in 9
visitador	der Besucher; der Inspektor; der Vertreter 2
visitar	besuchen 2
vista	das Sehvermögen, die Sehleistung; die Aussicht, das Panorama, der Blick, die Sicht 5
vitamina	das Vitamin 5
viudo/a	der Witwer/die Witwe 9
vivir	leben, wohnen 2
vivo, -a	am Leben, lebend(ig) 9
vocálico, -a	vokalisch, Vokal- 9
volcán	der Vulkan 1
volver	zurückkehren 3
votar	abstimmen; wählen 9
voz	die Stimme; die Lautstärke 1
vuelta	das Wechselgeld 5
windsurf	das Windsurfen 8
y/e	und 1
ya	schon 1
ya no	nicht mehr 3
yerba mate	die Matepflanze, der Matetee 9
yerno	der Schwiegersohn 2
yo	ich 1
yogur	der Joghurt 5
yupi	der/die Yuppie 5
zanahoria	die Karotte, Mohrrübe 5
zapato	der Schuh 5
zona	die Zone, der Bereich 1

OCÉANO ATLÁNTICO
OCÉANO PACÍFICO
Mar de los Sargazos
Golfo de México
Mar Caribe
Grandes Llanuras
Montañas Rocosas
Montes Apalaches
ESTADOS UNIDOS
MÉXICO
Sierra Madre Occidental
Sierra Madre Oriental
Sierra Madre del Sur
Baja California
Golfo de California
Grandes Antillas
Pequeñas Antillas
Bahamas
CUBA
LA HABANA
SANTO DOMINGO
Port-au-Prince
Kingston
Nassau
San Juan
Puerto Rico
GUATEMALA
HONDURAS
Tegucigalpa
NICARAGUA
Managua
COSTA RICA
San José
PANAMÁ
Panamá
Belmopan
San Salvador
COLOMBIA
BOGOTÁ
MEDELLÍN
CALI
VENEZUELA
CARACAS
MARACAIBO
GUYANA
Georgetown
SURINAM
Paramaribo
Guayana Francesa
Cayenne
ECUADOR
QUITO
GUAYAQUIL
Macizo de las Guayanas
Islas Galápagos
MANAUS
BELÉM
São Luís
FORTALEZA
VANCOUVER
SEATTLE
PORTLAND
SAN FRANCISCO
SACRAMENTO
LOS ANGELES
SAN DIEGO
PHOENIX
DENVER
SALT LAKE CITY
DALLAS
HOUSTON
SAN ANTONIO
NEW ORLEANS
MIAMI
ATLANTA
CHICAGO
DETROIT
TORONTO
MONTRÉAL
BOSTON
NUEVA YORK
FILADELFIA
WASHINGTON
MONTERREY
CIUDAD DE MÉXICO
GUADALAJARA
1 Antigua y Barbuda
2 Bahamas
3 Barbados
4 Belice
5 Dominica
6 República Dominicana
7 Grenada
8 Guatemala
9 Haiti
10 Jamaica
11 Sant Christopher Nevis
12 Santa Lucía
13 San Vicente y Las Granadas
14 El Salvador